信息生态理论与应用

靖继鹏　张向先　主编

科学出版社

北京

内 容 简 介

本书是国家社科基金重大项目《网络信息生态链的形成机理与演进规律研究》（11&ZD180）的研究成果之一，受吉林大学研究生课程体系建设项目资助。本书密切结合当前我国信息生态学的发展现状，吸纳整合了近年来信息生态学领域的科研成果，系统地阐述了信息生态学理论及其应用的知识。内容包括绪论、信息生态学理论基础、信息生态系统理论、信息生态位理论、信息生态链理论、企业信息生态系统的构建、网络信息生态系统的构建、商务网站信息生态系统的构建与评价、信息生态理论在社会网络中的应用、信息生态理论在信息组织中的应用、信息生态理论在企业知识管理中的应用、信息生态理论在企业信息化建设和评价中的应用、信息生态理论与应用的发展趋势。本书立题新颖、富有创意，结构紧凑、内容充实，兼具科学性和前沿性。

本书可作为高等院校管理类专业、经济类专业，以及其他与信息科学相关专业的本科生和研究生教学用书，也可作为从事信息管理方面工作的广大管理人员和科技人员的参考用书。

图书在版编目（CIP）数据

信息生态理论与应用／靖继鹏，张向先主编 . —北京：科学出版社，2017. 1

ISBN 978-7-03-050929-1

Ⅰ. ①信⋯　Ⅱ. ①靖⋯ ②张⋯　Ⅲ. ①信息学–生态学–研究　Ⅳ. ①G201

中国版本图书馆 CIP 数据核字（2016）第 280392 号

责任编辑：李　敏　杨逢渤／责任校对：张凤琴
责任印制：徐晓晨／封面设计：李姗姗

科 学 出 版 社出版
北京东黄城根北街 16 号
邮政编码：100717
http://www.sciencep.com

北京京华虎彩印刷有限公司 印刷
科学出版社发行　各地新华书店经销

*

2017 年 1 月第 一 版　开本：787×1092　1/16
2018 年 1 月第二次印刷　印张：17 3/4
字数：420 000

定价：108.00 元
（如有印装质量问题，我社负责调换）

前　言

随着信息技术的快速发展和社会信息化进程的加快，人与信息环境的协调与可持续发展问题已引起国内外众多学者的普遍关注。学者们在研究如何使人与信息、信息环境之间得到协调和持续发展的同时，一门研究人、信息、环境之间关系的新兴学科——信息生态学开始成为国际上一个重要的学术研究领域。信息生态是指信息人与其周围信息环境的相互关系，即涉及信息人、信息、信息环境之间的相互影响和相互作用。信息生态学(Information Ecology)是一门世界范围内的新兴学科，是信息科学与生态科学相互交叉而出现的全新的研究领域，其目的在于利用生态学的观点与方法，对人、信息、信息环境之间的关系进行宏观考察与分析，对信息生态系统进行合理规划、布局和调控，解决信息生态失调现象，进而保持信息生态系统的平衡、稳定和有序。研究信息生态学对构建和谐社会，加速企业信息化、城市信息化、社会信息化的发展进程，以及促进社会的健康、可持续发展都具有重要的指导意义。

本书是国家社科基金重大项目《网络信息生态链的形成机理与演进规律研究》(11&ZD180)的研究成果之一，是目前国内较系统和深入论述信息生态理论与应用的专著。该书密切结合当前我国信息生态学的理论和实践，吸收了近年来信息生态学领域的科研成果，系统介绍了信息生态学的理论与应用知识。本书分为四个部分，共十三章。第一部分阐述信息生态学的基本理论，包括信息生态学的研究对象和研究内容、信息生态学理论基础、信息生态系统理论、信息生态位理论，以及信息生态链理论，即第1章至第5章；第二部分主要介绍信息生态系统的构建，包括企业信息生态系统的构建、网络信息生态系统的构建和商务网站信息生态系统的构建，即第6章、第7章和第8章；第三部分主要探讨信息生态学的应用问题，包括信息生态理论在社会网络、信息组织、企业知识管理和企业信息化建设中的应用，即第9章至第12章；第四部分主要是展望信息生态理论与应用的发展趋势，即第13章。

本书与同类著作相比较具有以下特点：第一，立题新颖、富有创意。本书对信息生态理论进行系统梳理与总结，并将信息生态理论与社会网络、信息组织、企业知识管理和企业信息化等有机结合。第二，结构紧凑、内容充实。本书较好地融合了我国目前信息生态学的理论与实践，而且内容基本含盖了信息生态学理论与实践的各个主要领域。第三，兼具科学性和前沿性。本书作为国家社科基金重大项目的研究成果，系统总结了近年来我国信息生态学领域的科研成果。

本书由吉林大学靖继鹏教授、张向先教授主编。第 1 章、第 5 章由张向先编写；第 2 章、第 3 章由李北伟编写；第 4 章、第 7 章由黄微编写；第 6 章、第 8 章由张海涛编写；第 9 章、第 10 章由马捷编写；第 11 章、第 12 章、第 13 章由王晰巍编写。在撰写过程中我们参考和引用了国内许多学者的著作和论文，在此谨向各位作者表示由衷的感谢！

本书可作为高等院校管理类专业、经济类专业，以及其他与信息科学相关专业的本科生和研究生教学用书，也可作为从事信息管理方面工作的广大管理人员和科技人员的参考用书。

由于信息生态学是一个新发展的交叉学科，有待研究和探索的问题很多，加上编著者水平所限，书中难免有漏误之处，恳请同行专家和广大读者不吝赐教。

作 者

2016 年 10 月

目 录

第1章 绪 论

随着信息技术的快速发展和社会信息化进程的加快，人与信息环境之间的协调与可持续发展问题已引起国内外众多学者的普遍关注。学者们在研究如何使人与信息、信息环境之间得到协调和持续发展的同时，一门研究人、信息、环境之间关系的新兴学科——信息生态学开始成为国际上一个重要的学术研究领域。信息生态是指信息人与其周围信息环境的相互关系，即涉及信息人、信息、信息环境之间的相互影响和相互作用的关系。信息生态学（information ecology）是一门世界范围内的新兴学科，是信息科学与生态科学相互交叉而出现的全新的研究领域，其目的在于利用生态学的观点与方法，对人、信息、信息环境之间的关系进行宏观考察与分析，对信息生态系统进行合理规划、布局和调控，解决信息生态失调现象，进而保持信息生态系统的平衡、稳定和有序。研究信息生态学对构建和谐社会，加速企业信息化、城市信息化、社会信息化的发展进程，以及促进社会的健康、可持续发展都具有重要的指导意义。

1.1 信息生态学的产生与发展

1.1.1 信息生态学的产生背景

信息科学发展到今天，信息技术日新月异、社会信息化日趋深入，人与信息环境之间的关系却出现了诸多矛盾与问题。怎样使人与信息、人与信息环境之间得到协调和持续发展，是信息生态学研究的重要使命。

1. 实践背景

随着人类社会的发展，人们对其生存环境及发展环境的要求越来越高。而信息社会的到来，使人们对信息的需求越来越大、对其依赖程度日益加深，然而目前在信息量暴增的同时，人类获取、吸收、消化信息的能力却在不断下降。信息超载、信息污染、信息侵犯、信息垄断、信息贫困、数字鸿沟等日益恶化的信息环境不仅对人们的正常生活、工作和企业生产、政府决策等造成了极大的影响，而且严重地影响着人类社会的发展进步，因此信息生态学的提出和研究具有非常重要的现实意义。

从信息生态系统视角对信息科学组织和高效利用以及如何对信息资源优化配置进行分析，从而达到对物质和能源科学置换的目的，是社会实现可持续发展的必由之路。信息生态学把人类的信息活动和信息环境因素作为一个统一的整体看待，避免了系统内人、信息、信息环境的相互分割。随着信息技术的迅猛发展，信息化进程的日趋加快，人与信息环境之间的协调和可持续发展问题愈发突出，信息生态问题已经成为人类必须面对的一个重大课题。

2. 学科背景

信息生态学的形成和发展是人类社会科学技术与经济发展共同作用的结果。作为一门新兴的交叉性学科，现代生态学的发展成果为信息生态学研究提供了有效的理论与方法，而信息技术的进步则为生态信息学的发展提供了有力的技术支撑与保障。

（1）现代生态学的发展趋势和信息需求

近 20 年来，生态科学取得了长足的进步，目前呈现出了新的发展趋势，其主要体现在：①复杂化和综合化。随着科技的进步，人类开发资源的能力日益增强，各种生态问题相互交织，各种生态危机层出不穷，生态学研究日趋复杂化和综合化。②长期化和全球化。过去那种有限空间尺度和短时间尺度的生态学研究已经难以解释当前日趋复杂和综合的生态环境现象和问题，进而要求进行长期的生态学定位和更大时空范围内的网络研究。为了解决当前日益严重的城市环境污染、生态破坏等区域性或地球变暖等全球性的环境问题，生态学研究的视角也逐渐从有限的空间尺度扩展到区域和全球，诸多全球性的国际协作项目如全球陆地观测系统/全球陆地观测网络等也相继建立起来。③研究手段日益现代化。随着生态学研究问题的日趋复杂化和综合化以及信息系统和计算机技术的飞速发展，研究者们希望借助数学模型来模拟生态系统现状并预测未来发展趋势，希望利用地理信息和遥感等先进技术来监测和分析各种生态现象。④研究目的转向生态系统的科学管理。当前，生态学研究的目的已经开始从对生态系统的适应向对生态系统的科学管理转变。

（2）信息技术在信息科学研究中广泛应用

信息生态学的技术核心是计算机技术等信息技术。20 世纪 70 年代微型计算机的面世特别是 1975 年个人电脑的出现，有力地促进了信息系统的自动化。20 世纪 80 年代后期，由数据库技术和网络技术相结合而产生的分布式数据库使信息系统的研究得到了长足发展。进入 20 世纪 90 年代，元数据的出现使得在因特网上科学查询信息成为可能，从而刺激了信息技术迅猛发展。

综上所述，信息生态学的形成与发展是历史发展的必然要求，是实践上升到理论的必然结果。

1.1.2　信息生态学的发展

1. 国外信息生态学的发展情况

信息生态学是一门新兴的交叉性学科，发源于 20 世纪 60 年代的美国，至今只有 50 多年的历史。纵观国外信息生态学的发展历程，作者将之划分为两个阶段。

（1）第一阶段（20 世纪 60 年代至 80 年代末期）：信息生态学的初始研究阶段

20 世纪 60 年代初期，著名传播学者马歇尔·麦克卢汉（H.M.McLuhan）首次提出了媒介生态的概念，他从传播技术的角度对信息生态学中信息传播的媒介对文化产生的生态影响、媒介和信息的关系等问题进行了深入的研究，提出了"媒介即信息""冷媒介和热媒介"及"地球村"等引人关注的观点。

1971 年，美国社会科学家威尼博格（G.M.Weinberg）出版了《计算机程序编写心理学》一书，从信息技术对社会伦理问题产生影响的角度，首先对信息生态中的伦理问题进行了研究，可称为国外最早涉足信息伦理学研究领域的学者之一。1975 年，加拿大渥太华大学哲学系沃杰霍夫斯基教授创立了知识生态学，对知识、人类及社会之间的相互关系进行了开创性的研究，初步构建了知识生态系统体系。1978 年，美国印第安纳大学学者布鲁克斯（B.C.Brookes）对社会科学进行了研究，从计算机对社会影响的角度，探讨了信息技术在社会与组织变革中的作用。

这一阶段的特点是由传播学、伦理学、社会学等学科的学者从各自学科的角度对涉及信息生态学的相关问题进行研究，发表及出版了一些论文和专著，其中涉及较多的是媒介生态问题，提出了一些信息生态学的理念和观点，但还没有形成一个统一的理论框架，也没有独立成为一个学科，且很少涉及信息生态学的应用与实践问题。

（2）第二阶段（20 世纪 80 年代末期至今）：信息生态学的发展阶段

1989 年，德国学者拉斐尔·卡普罗（R.Capurro）在哥本哈根举行的"信息与质量"研讨会上发表了论文《信息生态学进展》（*Towards an Information Ecology*），这是最早正式提出"信息生态学"概念的文献之一，他对信息生态学进行了初步研究，并讨论了信息污染、信息平衡、信息富有社会与信息贫乏社会之间的"数字鸿沟"等问题。1995 年，美国学者大卫·阿什德（D.L.Atheide）出版的《传播生态学——控制的文化范式》（*An Ecology of Communication: Cultural Formats of Control*）一书系统地研究了信息在传播过程中面临的生态问题，探讨了信息技术及其范式与政治、文化、社会现象之间的关系，强调要确立媒介与环境、人与自然和谐相处的新型价值观和资源观，构建正确的信息传播与消费模式，进而确保媒介生态的总体平衡和良性循环。1997 年，备受国内学者推崇的美国学者托马斯·达文波特（T.H.Davenport）与劳伦斯·普鲁萨克（L.Prusak）在深入研究企业信息化的基础上，提出了微观层次的信息生态学概念，他们认为信息生态学是指对组织内部信息利用方式产生影响的各个复杂问题采取整体的观点，显示在许多不同现象的相互作用时必须利用系统观来分析问题。1999 年，纳笛（B.A.Nardi）和欧戴（V.L.O'Day）合作撰写了《信息生态：用心使用技术》（*Information Ecologies: Using Technology with Heart*），对信息系统中信息技术与人的关系进行了探讨，将信息生态系统定义为"特定环境里由人、实践、价值和技术构成的一个系统"，认为信息生态系统里占核心地位的不是技术，而是由技术支持的人的活动。

进入 21 世纪之后，国外学者开始关注信息生态学的实践应用问题，利用信息生态学的理论与方法研究电子政府、电子商务、社交网站等网络环境中信息生态实践层面的诸多问题，取得了一大批丰硕的成果，有力地推动了信息生态学的发展。2001 年，B.Detlor 秉承了托马斯·达文波特的观点，认为信息生态学研究的主要内容是组织中的员工、政治与文化环境之间的相互关系，并探讨了信息生态对电子商务的影响。2005 年，C.T Marsden 在《自由、开放或关闭——信息生态学的方法》一文中从政策等因素入手探讨了一个通过数字传输的、有效竞争的新媒体市场所需的关键结构变化，为信息生态相关研究提供了很好的指引。2006 年，Snijkers、Grafton 等深入地研究了电子政务的信息生态问题。2008 年，Finin等分析了如博客、维基、网上论坛等社会化媒体与网络社区的信息生态问题。2010 年，Zhu Ling 等提出了"国家信息生态学"的观点，以一种更加宏观的角度来考察一个国家和全球的电子商务发展活动和过程，从信息生态学视角提出了建议和对策。2014 年，Vasiliou 等将信息生态学理论作为一个完整的认知体系，通过分析、构建信息流以理解"信息空间"中的合作学习活动；Eddy Brian 等运用信息生态学方法研究了社会生态系统适应性管理中的问题。

信息生态学在这一阶段逐渐形成了一个相对完整的理论体系，构建起了一个较为统一的理论框架，并不断地发展和完善，已经开始作为一门独立的学科出现。信息生态学的理论逐渐成熟，信息生态学的实践应用也日趋广泛。与此同时，学者们从其他学科视角出发也对信息生态学展开研究并取得了较为丰富的成果。总体而言，国外相关学者对信息生态学的讨论研究更注重于实践，即更多地关注于对其进行微观上的解释和应用。

2. 国内信息生态学的发展情况

国内信息生态学研究大约开始于 20 世纪 90 年代，与国外相比，虽然起步较晚但发展较快。总结国内信息生态学的发展历程，作者认为可以将之划分为 3 个阶段。

（1）第一阶段（20 世纪 90 年代初至 2005 年）：信息生态学研究的起步阶段

1990 年，张新时院士在国内较早提出了信息生态学的概念，不过其研究主要局限于生态学领域，以自然生态系统而非信息为研究对象，强调运用信息技术对自然生态系统进行建模并加以分析。1995 年，陈曙对信息生态系统的失调问题进行了探讨，据不完整分析，这是国内首篇从社会科学视角研究信息生态问题的文章。1996 年，陈曙对信息生态学进行了较为系统的研究，从信息超载、信息垄断、信息侵犯、信息污染和信息综合症五个方面剖析了信息生态失调的基本形态，又从信息的生产和消费、信息的储存和传递、信息的民主和法制、信息的污染和净化以及信息生态的综合治理五个方面论述了与之相应的信息生态平衡。1998 年，李美娣对信息生态系统的要素、功能和组成成分等问题进行了详细的探讨。2000 年，谢立虹从信息生态学角度分析了网络信息的生态环境和信息管理手段。2001 年，蒋录全在国内首次应用信息生态学理论对企业信息生态模型进行了研究。2003 年，蒋录全出版了《信息生态与社会可持续发展》，这是国内第一本系统地研究信息生态问题的学术专著；2004 年，支庭荣出版了《大众传播生态学》一书，提出了大众传播生态管理的思想。

这一时期国内关注信息生态学的人数较少，研究成果数量不多，学者们主要运用思辨的研究方法进行理论探讨，研究主题有限，基本没有涉及信息生态学的实践应用。

（2）第二阶段（2006~2012年）：信息生态学研究的发展阶段

随着信息生态学研究的逐步深入，很多学者开始重视这一新兴领域，并对信息生态系统、信息生态位、信息生态链等信息生态学的基础理论及其实践应用进行了深入研究。①对信息生态系统的研究。2006年，娄策群探讨了信息生态系统的构成要素及其相互作用，阐述了信息生态平衡的含义与表现，分析了信息生态平衡在构建和谐社会中的作用；庞海燕分析了数字化城市信息生态系统的构成要素及数字化城市建设中的信息生态问题。2009年，娄策群探讨了信息生态系统的进化问题。2011年，谢会昌分析了信息生态系统中的信息流转过程；李杨研究了网络信息生态系统的恢复力问题。2012年，赵云合分析了政务信息生态系统的功能；张海涛、董微微构建了商务网站信息生态系统并分析了其运行机制、配置与评价等问题。②对信息生态位的研究。2006年，娄策群首次从理论上分析了"信息生态位"的内涵与外延、维度与宽度、重叠与分离、形成与变化等问题。2008年，刘志峰等分析了信息生态位的基本原理并构建了模型。2010年，张建坤构建了信息生态位的共生模型，分析了信息生态位的演化机理。2011年，周承聪提出了信息服务机构信息生态位的优化原则与方法。2012年，张向先研究了商务网站信息生态位的测度方法。③对信息生态链（信息生态圈）的研究。2006年，程鹏阐释了"信息生态循环圈"的基本内涵并研究了信息生态循环圈的基本结构。2007年，韩刚、覃正提出了"信息生态链"的概念；娄策群对信息生态链的内涵、本质和类型等进行了深入分析，随后又分析了信息生态链中信息流转的方式、模型与效率等问题。2008年，慕静探讨了信息生态链的管理模式与对策问题。2010年，李北伟分析了信息生态群落的演化过程和演化机理。2011年，张旭分析了网络信息生态链的形成机理，提出了优化与管理对策。2012年，张向先研究了商务网站信息生态链的运行机制；马捷研究了微博信息生态链的构成要素与形成机理；杨小溪研究了网络信息生态链价值管理问题等。

在这一阶段，学术界开始对信息生态进行系统研究，研究人数和发表论文数量都大幅增加，处于快速发展成长期。同时，相关学术会议的展开，也提高了学者们对信息生态研究的热情，大大加深了对信息生态理论和应用的研究。

（3）第三阶段（2013年至今）：信息生态学研究的深化阶段

2013年以来，信息生态学研究逐渐成为国内情报学界研究的热点之一，信息生态研究呈现出一派繁荣的盛况。广大学者运用信息生态学理论分析各个行业具体的、微观的信息生态问题，从各个角度对社交网站/网络、电子商务网站/网络、政务网站/网络以及其他行业、领域的信息生态问题进行了广泛、系统而又深入的研究，取得了丰硕的研究成果。①社交网站/网络信息生态理论与应用研究。2014年，瓮毓琦研究了微博等社交网络的信息生态问题。2015年，李京蔚研究了微信信息生态链的信息流转问题；宋拓、张文晓深入分析了微博信息生态链结构、运行机制、传播模式等问题并进行了仿真研究；孙悦以微信信息生态链为例对移动即时通信（mobile instant message，MIM）信息生态链及其影响因素灰色关联度进行研究。②商务网站/网络信息生态理论与应用。2014年，冷晓彦分析了商务网站信息生态系统的运行机制；许孝君研究了商务网络信息生态链的形成机理与运行机制问题。2015年，陈茁分析了大数据背景下的信息生态系统演变与建设问题；张海涛从价值链视角分析了商务网站信息生态系统的演进机理；刘原池研究了商务网站信息生态化水平的评价问题。③政务网站/网络信息生态理论与应用。2013年，赵云合探讨了政务信息生态链的功能。2014年，赵云合、吴婷婷等对政务信息生态位、信息生态链等进行了深入研究；陈凤娇研究了政务网络平台信息生态化程度测度、存在的缺陷及优化问题。2015年，赵龙文、王涛等研究了政务网络环境中信息生态的演化及信息生态链中的可信云服务维度构建问题。④其他行业、领域的信息生态问题。齐燕研究了专利信息生态问题；肖钠研究了图书馆信息生态链的管理模式；杨大干探讨了临床实验室数字化信息生态圈等。

值得一提的是，2014年娄策群等出版的《信息生态系统理论及其应用研究》一书是目前最为系统的阐述信息生态学的学术专著，该专著系统地介绍了信息生态系统基本理论、信息生态位理论、信息生态链理论、信息人共生理论、信息生态系统平衡理论、信息生态系统演进理论，并从宏观和微观两个层面研究了信息服务生态系统的构建、优化与运作等问题。

在这一阶段，信息生态学理论逐渐成熟并不断完善，信息生态学实践应用日益广泛，整体研究处于一个高峰时期，信息生态学研究进入深化阶段。同时，关于信息生态学的学术会议频繁召开，国家社会科学基金、国家自然科学基金等各种基金大力支持，都大大地提高了学者们研究信息生态学的积极性。

综上所述，虽然我国信息生态学的研究起步较晚，与国外相比还有不少差距，在系统性和科学规范以及中国本土化策略分析方面略显不足，但是目前已经成为我国学术界研究的热点之一。信息生态问题的研究是信息伦理研究中一个基本和重要的问题，事实上国外的信息伦理研究，已经不仅仅局限在信息道德本身，而是从信息生态角度，解决信息道德环境问题。

1.2 信息生态学的研究对象和研究内容

1.2.1 信息生态学的内涵

我国较早提出信息生态学概念的是生态学家张新时院士（1997）。他对信息生态学给出了如下定义："信息生态学不仅具有信息科学的高科技与信息理论的优势，而且继承和发展了生态学的传统理论，强调对人类、生态系统及生物圈生存攸关的问题的综合分析研究、模拟与预测，并着眼于未来的发展与反馈作用。"卢剑波（2005）等在其著作中对信息生态学也下了类似的定义："信息生态学是以现代系统理论、方法和现代计算机水平来分析、处理日趋膨胀的试验和观测的生态学信息，寻求生态学系统整体水平的规律。"从这些早期提出的定义可以看出，最初信息生态学是利用信息技术来研究生态学的一门学科。

对于信息生态学的研究，更多社会科学学者关注的是从系统角度构建信息管理的系统环境。陈曙（1996）、薛纪珊（2001）、田春虎（2005）等都认为信息生态学是人、信息、信息环境之间关系的总和。蒋录全与邹志仁（2001）明确提出，信息生态学是研究人类生存的信息环境、社会及组织（企业、学校、机构）与信息环境相互作用的过程及其规律的科学，也是人类用以指导、协调信息社会自身发展与整个自然界（自然、资源与环境）关系的科学。

国外相关学者对于信息生态学的讨论注重于实践，也就是说更多关注于对其进行微观上的解释。Davenport 和 Prusak（1997）指出，信息生态学是指对组织内部信息利用方式产生影响的各个复杂问题采取整体的观点，显示在许多不同现象的相互作用时必须利用系统观（system approach）来分析问题。纳笛（Bonnie.A.Nardi）和欧戴（Vicki L.O'Day）在《信息生态：用心使用技术》（*Information Ecologies： Using Technology with Heart*）一书中，对局部环境中信息技术与人的关系进行了探讨，认为信息生态是指一个由人、实践、技术和价值组成的一个系统（Nardi and O'Day，1999）。Yogesh Malhotra（2006）指出，信息生态指的是一个组织内的信息环境，它由许多互动和互相依赖的群体、文化，以及那些能利用组织内的信息产生创造性的子系统组成，因此一个组织的信息生态影响到信息的产生和存储、信息的服务对象、信息的有效性以及在一个项目平台上什么信息是需要的、有价值的。

生态学是研究生物生存条件、生物及其群体与环境相互作用的过程及其规律的科学，其目的是指导人与生物圈的协调发展。信息生态学是一门新兴的交叉性学科，是一门运用生态学的理论和方法研究信息生态系统的构成、特征、运行机制和发展规律的学科。通过分析和研究信息生态系统中的人、信息与信息环境之间的各种关系，以实现信息生态系统的平衡和健康发展。

1.2.2　信息生态学的研究对象

信息生态学把信息人、信息及信息环境作为一个整体来看待，以其共同形成的相互作用的整体——信息生态系统作为其研究对象。信息生态系统是指以实现信息的产生、集聚、传递、开发、利用等为目的，具有特定结构和秩序的由各种要素组成的相互关系的总和。它是由信息人、信息和信息环境三部分组成的和谐、动态均衡的自组织系统，系统中的各个要素相互影响、相互作用。信息人不断从外界环境中吸收新信息、释放旧信息、剔除无用的信息；信息人处于信息生态系统的核心地位，信息及信息环境是由人创造的，但同时信息人又受到信息和信息环境的影响。

在信息生态系统中，信息人、信息、信息环境之间客观形成了一种需求、提供、更新、反馈的共生连环关系，构成了一种均衡运动状态。因此，以信息生态系统为研究对象的信息生态学应遵循五大生态观：系统观、平衡观、互动观、人本观和循环观。

1. 系统观

信息生态系统中各个不同组成部分之间存在强大的相互联系性和相互依赖性，它们的变化都是系统性的，一个要素发生变化会影响整个信息生态系统，因此必须用系统观衡量和审视信息生态系统。

2. 平衡观

生态平衡是生态系统在一定时间内结构和功能的相对稳定状态，其物质和能量的输入输出接近相等，在外来干扰下能通过自我调节（或人为控制）恢复到原初的稳定状态。当外来干扰超越生态系统的自我控制能力而不能恢复到原初状态时称为生态失调或生态平衡的破坏。生态平衡是动态的。维护生态平衡不只是保持其原初稳定状态，生态系统可以在人为有益的影响下建立新的平衡，达到更合理的结构、更高效的功能和更好的生态效益。

和自然生态系统一样，失衡与平衡的动态变化是信息生态系统的重要内容。信息生态系统中各种要素的数量比例、运行模式、功能结构、资源配置和能量交换等都可以处于相对稳定的状态。之所以能保持相对的平衡，是因为系统内部具有自我恢复的功能或系统外部的力量调节所致。当然，系统内部的这种自控和自净的恢复功能是有限度的，平衡是相对的，失衡是难免的。

3. 互动观

一个系统的各个构成要素之间，必然存在积极的互动关系。信息生态系统是一种开放的生态系统，它自身的各种要素之间和其他系统之间以及与经济社会大环境之间也存在着相互联系、相互作用、彼此磁吸、互相依存的共生共进关系。各个信息人在不同领域不同层面，运用不同工具和载体，分工合作，各司其职，相互作用。互动观要求系统中各要素紧密结合、协调发展。

4. 人本观

信息生态系统是围绕着人形成和展开的，其生成、演变的状况既是由人引起的，也反过来建构人，是一种"以人为本"的信息存在状况。信息技术是信息环境的关键，在社会科学技术和经济发展过程中，曾一度强调技术的作用而忽视人本身。人们通过一定的信息技术获取信息资源，同时也通过信息技术的进步提高获取、利用和管理信息资源的能力，促进信息环境的改善。信息活动的真正主体是"人"，人的信息素质的高低、信息意识的强弱，直接影响信息的接收率和整个生态系统的好坏。人是信息生态系统的主体，是信息生态系统最具活力的因素，是信息链所有环节的执行者，信息生态强调"以人为本"，维护信息生态平衡的最终目的是人在系统中受益最大化。

5. 循环观

信息生态系统要生存和发展，只有依赖系统中各个生态资源流动的良性循环，保持其内部以及内部与外部之间稳定而有规则的资源流动，才能维持系统的结构和功能，否则信息生态系统就会失衡、退化，甚至是瓦解。

1.2.3 信息生态学的研究内容

1. 信息生态学宏观研究内容

（1）信息生态学学科理论研究

1）信息生态学基本理论研究的主要内容包括：信息生态学的研究对象、研究内容、学科性质、学科体系、与其他学科的关系等。

2）信息生态学方法论研究主要是研究信息生态学的相关方法，包括研究方法、实验方法以及方法的综合等。

3）信息生态学发展理论研究主要是对信息生态学发展的影响因素、发展机制和发展规律进行研究；对信息生态学的发展历史、发展现状、发展趋势和发展策略进行研究。

（2）信息生态学基础理论研究

1）信息生态系统基本理论研究包括三点：一是研究信息生态系统的概念、构成要素与结构模型；二是研究信息生态系统的性质与功能、类型及其特征；三是研究信息生态系统构成要素之间的相互作用机制。

2）信息生态位理论研究包括五点：一是信息生态位的概念和维度研究；二是信息生态位的宽度研究；三是信息生态位重叠的研究；四是信息生态位形成与变化的研究；五是信息生态位的优化研究。

3）信息生态链理论研究包括四点：一是信息生态链的概念体系研究；二是信息生态链的构成要素与结构模型研究；三是信息生态链的成长机理研究；四是信息生态链运行机制研究及优化管理研究。

（3）信息生态学应用研究

1）领域信息生态研究是将信息生态学的一般理论应用于不同领域的信息生态系统，研究媒介生态系统、网络信息生态系统、信息服务生态系统、教育信息生态系统、商务信息生态系统、政务信息生态系统等生态系统的运行和发展的特殊规律及优化管理方法与策略。

2）组织信息生态研究是将信息生态学一般理论应用于不同社会组织的信息生态系统，研究企业信息生态系统、政府部门信息生态系统、学校信息生态系统等生态系统的运行和发展的特殊规律及优化管理方法与策略。

3）区域信息生态研究是将信息生态学一般理论应用于不同区域范围的信息生态系统，研究国家信息生态系统、地区信息生态系统、集群信息生态系统等生态系统的运行和发展的特殊规律及优化管理方法与策略。

2. 信息生态学微观研究内容

（1）信息人及其与信息生态系统整体和其他要素的相互联系

信息生态系统中的信息人有广义与狭义之分。广义的信息人是指一切需要信息并参与信息活动的单个人或由多个人组成的社会组织；狭义的信息人主要是指专门从事信息生产、传递、组织、服务的社会组织和个人，以及从信息组织和信息设施中获取和利用信息的用户。

自从人类产生以来，人就与信息、信息资源、信息交流方式、信息结构、信息政策等信息生态的环境因子处于一个大的信息生态链之中。人际间的信息交流是人类最基本的信息需要，人是群居性的动物，不能孤立存在，人类的许多信息需求都是在人际交流中得到满足的。人际信息交流是社会发展的需要，人类必须以团队的组织形式才能完成生产活动，人际间的信息交流不仅仅是为了满足联系、协作的需要，其已经成为个体与个体、个体与集团、集团与集团之间，乃至整个社会的人际交流，人际交流的最终目的是为了实现双方利益的最大化。

在信息生态系统的要素分析中，最引人注意的并不是技术，而是利用技术的人。人是一种高级的"信息处理机器"，人是信息环境的中心，具有其他生物无可比拟的最完善、最先进的信息处理能力。人与信息环境的关系，是信息生态问题的核心。信息生态研究应该把研究基点放在人与信息生态系统整体及其他要素的相互联系及相互作用上。

（2）信息及其与信息生态系统整体和其他要素的相互联系

信息是人的生命活动及其从事劳动等活动所不可缺少的因素。人类活动的目的、计划是在获得了外部环境和内部环境的信息基础上形成的，人类所运用的各种工具也是在人类获得了自然物的各种信息的基础上创造出来的。人类获得的信息越丰富、质量越高，就能最大限度地减少不确定性。信息是生产力诸要素相互联系的中介，也是生产力和生产关系、经济基础和上层建筑相互联系的中介。凡是投入生产性劳动的地方必须同时投入信息，信息、科学、技术、知识可以转化为物质、能源。从系统论角度讲，信息就是自控制系统、自调节系统、自组织系统在与其他系统、周围环境相互作用中获得的关于其他系统和周围环境的新消息。

人们对信息进行选取、组织、有序化后所形成的信息集合就是信息资源。信息资源是信息环境的核心，其发展状况对于一个企业乃至一个国家的发展具有全局性、战略性的意义，信息环境的优劣在很大程度上取决于人们可以获得的信息资源的建设程度。

（3）信息技术及其与信息生态系统整体和其他要素的相互联系

信息技术就是人类开发和利用信息资源的所有手段的总和。信息技术既包括有关信息的生产、收集、表示、检测、处理和存储等方面的技术，也包括有关信息的传递、变换、显示、识别、提取、控制和利用等方面的技术。信息技术促进自然智能加速转化为人类智能，信息技术促进人类工具进化，信息技术的高速度持续发展，改变了人类社会开发利用信息资源的方式和能力。信息技术与信息的历史一样久远，信息技术的应用渗透到了国民经济及社会发展的各个领域和各个层次，大幅度提高了社会生产力。

信息技术是信息环境的关键，人们通过一定的信息技术获取信息资源，同时也通过信息技术的进步提高获取、利用和管理信息资源的能力，促进信息环境的改善。这些技术包括：信息获取技术、信息传递技术、信息存储技术、信息检索技术、信息加工技术和信息标准化技术等。信息技术的进步使得信息环境发生了深刻的变化，其突出特征是数字化、网络化及智能化。

信息技术的发展推动了人们生存状况的改变，信息技术增强了个人和集体的记忆、保存信息的能力，使人们能够从事过去所不能从事的活动。人类社会存在和发展的需要推动了信息技术的发展，信息技术的发展又提高了人们彼此的联系及交往的能力，提高了对社会进行自组织的能力、自控制的能力、自调节的能力，推动了社会和经济的发展。

（4）信息环境及其对信息生态系统整体的影响

信息环境是指人类信息生态系统中人类及社会组织周围一切信息交流要素的总和，包括：①既是信息环境的主体又是信息交流的对象——人及社会组织；②人类社会赖以生存与发展所积累的各种信息（包括文献信息资源、电子信息资源等）；③用于信息传输、信息开发、信息利用的各种信息技术（如数据库技术、知识挖掘技术、信息安全技术、人工智能技术等）及社会信息基础设施（信息网络、信息空间）；④信息法律、信息政策与信息伦理（信息导向、信息安全、信息保障体系、数据库建设、信息分布、知识产权、信息民主等）；⑤信息文化。

当前，信息环境存在着信息泛滥、信息垄断、信息犯罪、信息污染、信息综合症、数字鸿沟、信息过载、信息政策及法规不完善等问题，这些问题影响着人的信息需求、信息开发及利用，因此需要对信息环境予以管理。信息环境管理是指按照信息环境的发展规律，用系统的管理方法对人类社会的信息环境有目的地进行计划、组织、控制和协调。信息环境管理的原则是研究信息环境中每个独立要素的变化及其对信息生态系统整体的影响，找出系统中最薄弱的环节，探索改善和加强该环节的最佳策略，以保证信息生态系统内部诸要素的协调以及信息环境整体与社会的均衡发展。

1.2.4 信息生态学的研究目的及意义

1. 信息生态学的研究目的

信息生态学的研究目的在于以下四个方面。

1）揭示人类同信息环境的关系，考察人在信息环境中的地位与作用，探讨社会发展与信息环境的关系，协调信息环境诸因素的相互作用及其对社会的影响，使人类社会与信息环境的发展协调一致。

2）探索信息环境发展演变的规律，了解人类社会信息环境的特性、结构、发展过程与演化机理等，使信息环境向有利于人类的方向发展。

3）探讨信息环境的管理模式，探索信息环境问题的解决方法，以便更好地发挥信息环境的作用。

4）实现信息生态系统的平衡，促进人、信息环境乃至人类社会的健康可持续发展。

2. 信息生态学的研究意义

（1）信息生态学强调信息生态系统与外界的信息交换

美国生物学家贝塔朗菲（L. V. Bertalanfly）发现生命与非生命存在一个明显的矛盾，即热力学的"退化论"和生物学的"进化论"相对立。也就是说，热力学中研究的非生命系统随着时间的推移，系统的熵越来越大，走向无序状态；而生命系统则是走向增加有序（即进化）方向发展的。其原因是，前者是无限大的封闭系统，而后者则是一种开放系统，能不断与环境进行物质、能力和信息的交换。信息生态系统与生命系统一样，是一个开放系统，能不断与环境进行信息交换。

（2）信息生态学强调信息生态系统中各个组成部分的相互作用

如同生物的生态系统一样，信息生态系统的标志是系统内各个组成部分之间的强烈相关性和依赖性。信息生态学是一种具有前瞻性的研究与设计方法，更加注重从系统整体出发，从促进与维护整个信息生态系统平衡的角度出发，对信息、人及信息环境之间的关系进行宏观考察与分析，对信息生态系统进行合理规划、布局和调控，实现信息生态的稳定和有序。

（3）信息生态学强调信息生态系统的进化

这种进化有两层意义：其一，它强调变化是系统的。当信息生态系统的一个组成部分发生了变化，其影响将会使整个系统感觉到。而局部的变化，如果不能与系统的其他部分契合，变化将逐步消失得无影无踪。其二，它强调信息生态系统是不完美的，它正视信息系统建设问题的不完善性，强调面向结果的信息系统模型，并突出其适用性。

（4）信息生态学使信息相关学科得到整合

在信息生态学的理论框架下，对现有信息管理、信息资源管理、社会信息化、社会进化、文化教育、数字图书馆等学科进行了梳理，使得原来处于分离状态的、看似不相干的学科在新的基础上得到了综合。

（5）信息生态学有利于信息化建设

利用生态学的理论与方法来探讨人与信息环境之间的关系，不仅对信息管理学的学科发展有重要意义，而且对研究信息社会的发展规律，探索社会信息化、城市信息化、企业信息化的发展进程，分析并纠正"信息技术决定论"的误导，使整个社会的信息化朝向更加有利于个人及社会组织的终身学习及可持续发展的方向演化等都具有重要的指导意义。

（6）信息生态学有利于社会的可持续发展

信息生态学强调人、信息、信息环境等的协调发展，达到动态的均衡，同时强调信息生态环境对个人及社会发展的重要性，以及人对于信息环境的反作用。通过信息生态系统内各个要素的相互协同作用，可以减少物质及能源的消耗，降低运行成本，保护生态环境，从而促进信息社会的可持续发展。

1.3 信息生态学的学科体系及其与其他学科的关系

1.3.1 信息生态学的学科体系

信息生态理论并不是研究者凭空杜撰出来的，而是有其一定的理论基础。哲学、生态科学、信息科学、系统论、管理学、社会学、人类学、社会信息学、人类生态学、认知科学、可持续发展理论等都是信息生态学的理论基础，信息生态学是建构在这些理论基础之上的一门新兴的交叉性学科。信息生态学坚持"以人为本"的理念，是以信息社会可持续发展为目标和宗旨的研究信息资源管理与利用的新理论。

信息生态学是一个多层次的学科体系结构，就其生成而言，它主要是信息科学和生态科学相互交叉渗透形成的一门边缘性横断学科（图 1.1）。就信息生态学体系结构本身而言，它是由信息生态学理论、信息生态管理技术、信息生态应用三大板块组成的，其中，每一板块又分若干个分支学科，分支学科之下又有子学科（图 1.2）。

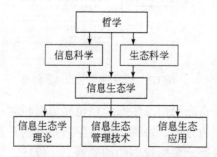

图 1.1 信息生态学体系结构生成

信息生态学理论主要研究信息生态系统的结构、本质、模型构建、发展规律和协调与维护等一系列问题，既要从总体上研究信息生态活动以及信息生态系统的协调、平衡与发展的基本原理和一般规律，又需要研究信息生态活动在某些领域或局部的具体应用问题，故其分支学科应有信息生态学基础理论、信息生态管理理论、信息生态管理学方法论、信息生态学研究方法论、信息生态系统理论等。

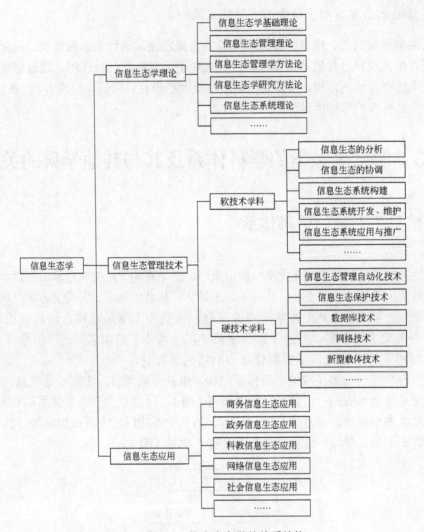

图 1.2　信息生态学的体系结构

　　信息生态管理技术主要是应用信息生态学理论和信息科学、生态学等相关领域的技术工具和方法来研究信息生态的分析、协调，信息生态系统的开发、构建、维护、应用与推广以及信息生态的管理技术等一系列管理活动的原则、程序、方法和技术等问题。它又可以分为软技术学科和硬技术学科两部分。软技术学科是指研究信息生态管理的程序与方法所形成的知识体系，包括信息生态的分析、协调，信息生态系统构建，信息生态系统开发、维护，信息生态系统应用与推广等。硬技术学科是指研究信息生态管理设备、设施和工具的应用与开发所形成的分支学科，主要包括信息生态管理自动化技术、信息生态保护技术、数据库技术、网络技术、新型载体技术等。

　　信息生态应用则是应用信息生态学理论和方法以及信息生态管理技术解决某一领域或行业的信息生态活动的具体问题所形成的学科体系，主要包括商务信息生态应用、政务信息生态应用、科教信息生态应用、网络信息生态应用、社会信息生态应用等。

1.3.2 信息生态学与相关学科的关系

现代科学互相渗透、互相交叉、互相影响的趋势日益加剧，充分重视和研究信息生态学同其他相关学科之间的关系，对于不断丰富和发展本门学科的理论知识体系，为实践提供更为科学的理论、原则、方法、技术等方面的指导，都具有重要的现实意义。研究信息生态学与其他相关学科之间的关系，可以帮助我们了解学科建设的基本走向，了解可以从其他相关学科借鉴什么、学习什么，了解信息生态学的理论知识体系在建设方面同其他学科之间的差距等。

1. 马克思主义哲学与信息生态学

马克思主义哲学为我们研究各门科学提供了根本的思维方法，即人们认识客观世界和主观世界的思维方法。研究信息生态学不能离开马克思主义哲学的唯物史观、自然辩证法、认识论等理论方面的指导，否则就会使有关的学术研究和实践经验的理性认识偏离正确的思想轨道。只有用辩证的、历史的和发展的观点来观察和揭示各种信息生态现象，才能从中发现本质的东西，才能寻找出规律性的东西，才能逐渐使我们对各种信息生态现象的认识接近真理的彼岸。现代社会各种哲学观念交错影响着人们的思想和行为，如何选择一条正确的思维轨道，是每一个信息研究人员都应该仔细考虑的一个基本问题。在信息生态学的研究中，我们一定要大力提倡"实然"性的思维观念。坚持马克思主义哲学，提倡实然性的思维观念，就是要求我们必须实事求是地对待研究问题，在广泛搜集素材和调查研究的基础上，运用创新思维，提炼出切实可行的、具有科学意义的理性认识，以便达到"苟日新、日日新、又日新"的思想境界。

2. 思维科学与信息生态学

开展思维科学研究，是我国著名科学家钱学森在 20 世纪 80 年代初提出来的。思维科学研究适应现代社会科学技术发展，特别是信息科学技术发展的客观性要求。钱学森提出："思维科学只研究思维的规律和方法，不研究思维的内容，内容是其他科学技术部门的事。""思维学只处理所获得的信息，是研究加工信息，思维学的任务是研究怎样处理从客观世界获得的信息。这样看思维学就只有三个部分：①逻辑思维，微观法；②形象思维，宏观法；③创造性思维，微观与宏观结合。创造性思维才是智慧的源泉；逻辑思维和形象思维都是手段。"思维科学的基础科学是思维学和社会思维学。思维学又有三个组成部分，抽象（逻辑）思维学、形象（直感）思维学和创造思维学。思维学同信息生态学是什么关系呢？我们认为，思维科学对人的各种思维问题的研究成果，对建设和发展信息生态学具有一定的方法论意义。研究信息生态学不仅需要马列主义的认识论的指导，而且也需要思维科学的有关理论、原则与方法的指导。前者具有一般方法论的意义，后者则具有具体方法论的意义。正确、科学地运用逻辑思维方法、形象思维方法和创新思维方法，会使信息生态学的建设和发展少走弯路。

3. 横断科学与信息生态学

现代横断科学——系统科学、信息科学和控制科学，所提供的理论和方法具有很强的方法论意义。充分吸收和借鉴这些学科的研究成果，对于发展信息生态学也具有同等重要的意义。系统科学为我们研究信息生态学提供了整体思维、优化结构思维以及模型化思维等现代管理理念和方法。信息科学是信息生态学的学科和理论基础，为我们提供了关于信息收集、加工、存储、检索、传递、反馈以及信息的本质、特性、运动规律等方面的思想方法和理论，合理运用这些方法和理论，有助于增强信息生态学研究的信息意识和信息管理思想。控制科学为我们研究信息生态学提供了功能模拟法、信息控制法和反馈方法等科学方法。总之，信息生态学的研究离不开这些横断科学提供的各种现代管理思想方法和理论指导；同时，信息生态学的深入研究和发展，也为这些横断科学的进一步发展提供了新的营养。

4. 生态学与信息生态学

生态学是研究生物个体或群体与周围环境之间相互关系的学科，人类在利用先进科学技术征服自然、改造自然的同时，也不得不承受由于过度生产和资源利用导致环境污染而造成的自然生态失衡的严重后果。自然生态环境的严重破坏，使人类终于认识到人不是整个世界的主宰者和统治者。认识到我们生存的空间的有限性，可使用资源的极限性；如果人类不重视生态，或者破坏生态环境必然得到惩罚。保护生态环境，维持生态平衡及可持续发展，已经成为人类必须面对的重大问题。同样，信息作为人与自然沟通的载体，在人们不断改进技术、提高生活水平、改造自然过程中起着重要的中介作用。但是，信息的多样性、复杂性，传播方式不受时空限制等特征，使人们在享受时代进步、社会发展的同时，也要面对人类对信息资源开发利用和管理不当而导致人与信息环境、自然环境冲突日益凸显，信息泛滥、信息污染、信息垄断、信息垃圾、信息综合症等问题不断涌现。由此，研究对象是信息与人及周围环境的相互关系，其目标是通过合理的管理战略促使能够让信息生态系统平衡协调发展的信息生态学由此产生，并日益显示其重要的作用。

5. 管理科学与信息生态学

一般认为，管理科学是一门研究社会诸领域管理现象及其规律的学科。它不仅涉及生产关系和上层建筑，也包括对生产力的组织和利用，包括与现代化、信息化、国际化工业生产和现代科学技术等相适应的科学的管理组织、管理方法、管理手段等。管理科学从一定意义上讲，是对管理活动的科学概括和总结，是有效管理的分析和研究。尽管各个管理学派之间的理论都具有明显的特色，但一般都遵循系统原则、整分合原则、反馈原则、弹性原则、能级原则和有效原则等基本思想。管理科学的研究经验及其所提供的理论、原则和方法等，在信息生态学的研究和建设方面，均具有一定的借鉴和参考价值。

6. 复杂性科学与信息生态学

复杂性科学认为系统是由大量、不同、相互作用的单元构成的网络，探求资源开发利用的同时，将生态系统纳入整个生产活动的复杂巨系统中，注重资源再生，研究清洁生产、生态工程等的科学原理，力图探求生态系统可持续发展途径。复杂性科学兴起于 20 世纪 70 年代，最早与非线性科学及混沌动力学研究结合在一起展开，后又不断与各学科和领域交叉、融合。

所谓信息生态系统，可以将其理解为：信息系统与信息生态环境形成的相互作用、相互影响的整体。从复杂性科学的角度看，信息生态系统属于开放的复杂系统。事实证明，对复杂系统的研究必须从复杂性的角度进行，如果只是利用经典科学的方法把复杂系统分解为简单系统进行研究是行不通的，因为复杂系统最大的特点就是简单系统单独存在时所没有的突现性。研究复杂系统必须依靠复杂性科学。

7. 可持续发展理论与信息生态学

可持续发展是一种注重长远发展的经济增长模式，最初于 1972 年提出，指既满足当代人的需求，又不损害后代人满足其需求的发展，是科学发展观的基本要求之一。可持续发展理论中又尤其以可持续发展的生态学理论对信息生态系统的研究最为重要。所谓可持续发展的生态学理论是指根据生态系统的可持续性要求，人类的经济社会发展要遵循生态学的三个定律：一是高效原理，即能源的高效利用和废弃物的循环再生产；二是和谐原理，即系统中各个组成部分之间的和睦共生，协同进化；三是自我调节原理，即协同的演化着眼于其内部各组织的自我调节功能的完善和持续性，而非外部的控制或结构的单纯增长。

8. 信息构建与信息生态学

信息构建作为一个新生的信息科学专业领域和实践活动，综合了网页设计、信息科学、信息检索、信息查询、人机界面、以用户为中心的设计、计算机科学、软件工程、数据建模、数据库管理、图形设计等多门学科。它强调信息内容的可视化，强调信息技术的可用性和可操作性，强调以用户为中心，重视用户体验，在决定用户是否能够方便容易地寻找所需信息方面起着重要作用。

信息构建理论实质上提出了一个优化信息空间、改善信息生态的理念。在改善网络信息生态，实现网络信息生态环境优化时，既要使网络信息内容具有可理解性和可获取性，帮助信息接受者更好地利用信息；又要采用合理的信息构建技术保证网络信息管理的科学化和规范化，保证整个网络信息资源的有效控制；还要满足不同用户的不同需求，实现人与网络信息环境的良好交互。通过信息构建，协调好网络信息内容、信息技术和信息用户之间的关系，促进网络信息生态环境的改善和优化。

9. 协同学与信息生态学

在系统科学中协同是指系统中诸多子系统或要素之间交互作用而形成有序的统一整体的过程。信息协同是指运用协同的思想对信息进行深加工，并与多种资源相结合，在信息系统中形成内驱动力，使信息流有明确的传递方向，并使信息系统内部各个环节产生协同力，促使系统在平衡临界点的演化以及维持系统的动态平衡。

由于企业所处的信息环境是复杂多变的，使得传统的企业信息管理模式不再适应今天的企业信息生态环境，这就要求企业必须摒弃传统的理念，利用协同的思想，开展信息共享和信息协同。企业信息生态系统信息协同的目的不仅仅是为了实现企业信息生态系统内信息的组织、管理和使用，确保系统内部信息处理过程的设计、管理与企业的组织结构相适应，以提供强有力的信息支持，同时也是为了保障企业信息生态系统各组成部分信息流的合理流动，资金流的合理分配，使信息生态系统的效益最大化。

第 2 章　信息生态学理论基础

2.1　生态学理论简述

"生态学"（oikologie）一词是 1865 年由勒特（Reiter）合并两个希腊字 logs（研究）和 oikos（房屋、住所）构成，1866 年德国动物学家赫克尔（Ernst Heinrich Haeckel）初次把生态学定义为"研究动物与其有机及无机环境之间相互关系的科学"，特别是动物与其他生物之间的有益和有害关系。从此，揭开了生态学发展的序幕。在 1935 年英国的 Tansley 提出了生态系统的概念之后，美国的年轻学者 Lindeman 在对 Mondota 湖生态系统进行了详细考察之后提出了生态金字塔能量转换的"十分之一定律"。由此，生态学成为一门有自己的研究对象、任务和方法的比较完整和独立的学科。近年来，生态学已经创立了自己独立研究的理论主体，即从生物个体与环境直接影响的小环境到生态系统不同层级的有机体与环境关系的理论。它们的研究方法经过描述—实验—物质定量三个过程。系统论、控制论、信息论的概念和方法的引入，促进了生态学理论的发展。生态系统一词是英国植物生态学家 Tansley 于 1935 年首先提出来的。他在"植被概念与术语的使用"一文中指出："我们不能把生物与其特定的自然环境分开，生物与环境形成了一个自然系统。正是这种系统构成了地球表面上具有大小和类型的基本单位，这就是生态系统。"生态系统是指在一定时间和空间范围内，由生物群落与其环境组成的一个整体，该整体具有一定的大小和结构，各成员借助能量流动、物质循环和信息传递而相互联系、相互影响、相互依存，并形成具有自组织功能和自调节功能的复合体。

2.2　信息生态学基础理论

2.2.1　信息生态系统

信息管理领域对生态理论的研究建立在信息科学和生态学基础之上，利用生态学的观点和方法，研究信息系统的内在作用机理。"信息生态系统"概念最早由社会学家 Nardi 和 Day（1999）提出的，他们认为"信息生态系统是在特定环境中，由人、实践、价值和技术构成的一个有机系统"，从系统的角度强调信息与人之间的关系。国外学者对信息生态系统的研究主要集中在相关概念、研究方法，宏观层面的理论体系以及微观层面的具体应用等方面。国内学者为信息生态系统界定了明确的含义，并围绕信息生态系统的组成要素和信息生态系统的功能等问题进行了系统的研究，从系统的视角探究企业信息资源的利用，从生态视角探究系统的动态变化情况。信息生态系统从微观上来说是一个生命体，与生物生态系统一样，信息生态系统自身具有各种生态特性，集整体性、多样性、自组织性、层次性、开放性等于一体，能够与环境协同演化、不断发展。

2.2.2 信息生态位

在生态学中，生态指的是生物在自然界的生存状态，生存状态包括适应进化的过程和协调存在的现状格局；而生态位是指生物在环境中占据的特定位置。具体而言，生态学中的生态位就是指在特定时期的特定生态系统中，生物与环境及其他生物相互作用过程中所形成的相对地位与作用，包括生物的时空位置及其在生态群落中的功能和作用，其表达的是生物在生态系统中拥有的资源和能力。信息生态位是指信息主体在信息生态环境中所占据的特定位置，即具有信息需求且参与信息活动的个人和社会组织在由其他信息主体、信息内容、信息技术、信息时空、信息制度等信息环境因子构成的信息生态环境中所占据的特定位置。这里所说的信息生态位是信息生态系统中信息主体的信息生态位，每一个信息主体都拥有其独特的信息生态位。

2.2.3 信息生态链

信息生态链一词近年来受到许多专家学者的关注。信息生态链是指在信息生态系统中，不同信息人种之间信息流转的链式依存关系。有学者认为，信息生态链由信息供应者、信息传播者、信息消费者和信息分解者四类信息主体构成。在自然生态系统中，生物生态链的实质是不同生物物种间的能量流转。而在信息生态系统中，联结不同信息人的纽带是信息而不是物质，信息生态链实质上是信息流转链。

2.3 信息生态系统要素

2.3.1 信息人

人是信息生态系统的主体，是信息生态学的关键性因素。人通过对信息的获取、开发、利用，能动地改变自己、改变信息环境乃至整个社会。根据人在信息生态系统中的作用不同，可划分为信息生产者、信息组织者、信息传播者、信息消费者和信息分解者。信息生产者主要是指零次信息和带有创新性质的一次、二次信息的生产者；信息组织者是指通过一定的方法使信息有序化，便于用户查询和使用的专业人员；信息传播者是指通过一定的信息通道，实现信息传播的各种媒体和技术领域人员；信息消费者是指有一定的信息需求，并通过有偿或间接有偿的方式消费信息的人员；信息分解者是指将过时的、错误的、虚假的、不健康的、不安全的信息及时删除，或者通过一定的自动处理机制，使上述信息出现在用户的搜索结果中的人员。

自从人类产生以来，人就与信息、信息资源、信息交流方式、信息结构、信息政策等信息生态的环境因子处于一个大的信息生态链之中。人际间的信息交流是人类最基本的信息需求，人是群居性的动物，不能孤立存在，人类的许多信息需求都是在人际交流中得到满足的。人际信息交流是社会发展的需要，人类必须以团队的组织形式才能完成生产活动，人际间的信息交流不仅仅是为了满足联系、协作的需要，其已经成为了个体与个体、个体与集团、集团与集团之间，乃至整个社会的人际交流，人际交流的最终目的是为了双方利益的最大化。

在信息生态系统的要素分析中，最引人注意的并不是技术，而是利用技术的人，人是一种高级的"信息处理机器"，人是信息环境的中心，具有其他生物无可比拟的最完善、最先进的信息处理能力。人与信息环境的关系，是信息生态问题的核心。信息生态研究应该把研究基点放在人与信息生态系统整体及其他要素的相互联系及相互作用上。

2.3.2 信息环境

人类及社会组织的存在与发展需要不断地与周围的信息环境进行信息交换。一方面信息环境向人类提供成长、发展与创新所必需的各种信息（如文化、技术、管理知识等）资源，使人类受到信息环境的作用；另一方面，人类又通过各种途径不断地影响和改造信息环境。人类与信息环境的这种相互作用，使得人类不可能脱离信息而存在。

信息环境是社会环境的一部分，是在自然环境基础上经过人类加工而形成的一种人工环境，它体现了自然、社会、科学技术间的交互作用。信息环境的优劣反映一个国家或地区的信息化水平并影响人们的信息消费与生活质量。信息环境主要由信息基础设施、信息资源、信息技术和信息政策与法规等部分组成。信息基础设施是信息环境的基础与支撑，包括通信系统、计算机系统、网络系统、信息产业建设信息市场建设、信息服务建设等。

1. 信息环境的含义

信息环境是指人类信息生态系统中人类及社会组织周围一切信息交流要素的总和，包括：①既是信息环境的主体，又是信息交流的对象——人及社会组织；②人类社会赖以生存与发展所积累的各种信息（包括文献信息资源、电子信息资源等）；③用于信息传输、信息开发、信息利用的各种信息技术（如数据库技术、知识挖掘技术、信息安全技术、人工智能技术等）及社会信息基础设施（信息网络、信息空间）；④信息法律、信息政策与信息伦理（信息导向、信息安全、信息保障体系、数据库建设、信息分布、知识产权、信息民生等）；⑤信息文化。

2. 信息环境状况

（1）信息泛滥

在"信息爆炸"式增长的今天，铺天盖地的信息不能被及时处理和有效利用，降低了信息的接收效率，并造成了人们的信息浪费行为，具体表现在：信息使用者无法理解特定的信息；信息使用者感觉信息量过大；信息使用者不知道所需的信息是否存在；信息使用者不知道从何处获取信息；信息使用者不知道以何种方式获取信息。信息泛滥使人们置身于信息的海洋中，却找不到需要的信息。人们有限的注意力与无限的信息之间的矛盾，使人们产生焦虑情绪，导致所谓的"信息焦虑症"。

（2）信息垄断

信息资源集中在少数发达国家和少数富有者手中，因此信息占有的不平等，进一步导致竞争的不平等。在信息时代，每个人都有权充分获得信息，因此信息的垄断与物质世界的垄断一样，都将妨碍社会经济的发展和社会资源的优化配置，阻碍社会及经济的可持续发展。

（3）信息犯罪

信息犯罪指利用技术手段侵犯他人的隐私，从事间谍或欺骗活动以及侵犯知识产权等现象。在互联网上，数据采集商、推销商、侦探甚至罪犯利用各种电子手段收集人们的隐私信息，并出售给各种商家；互联网上存在大量的木马程序，如果不慎使用，个人的信息和重要数据就会被不法分子盗走；开放的网络环境使知识产权很容易受到侵犯；以计算机网络为工具，以信息技术为手段的信息犯罪活动隐蔽性更高、社会影响更坏。

（4）信息污染

信息的无限激增、信息传递的无序性和弥散性阻碍了社会对有用信息的吸收和利用，具体表现在：陈旧失效的信息阻碍了信息通道，影响了信息的搜寻、传输和利用；先进的信息复制及传输技术，产生了大量的冗余信息，使用户搜集、筛选、甄别、坚定、分析、评估信息产生困难；虚假信息泛滥，误导欺骗信息消费者；淫秽、暴力、恐怖、迷信等不健康的信息腐蚀人类的思想和灵魂；形形色色的病毒也威胁着人们的电脑，导致客户操作系统瘫痪以及数据的丢失。

（5）信息综合症

信息综合症不仅影响人们的心理和生理健康，而且能改变人或社会组织的行为。个人信息综合症表现在：因失去信息而感到精神上的匮乏，心理或生理上不满足的信息饥饿；在享有足够信息手段的前提下，人与人之间的距离反而加大的信息孤独；对危险信息感到害怕的生理本能的信息恐惧。社会信息综合症是信息、人、环境之间的不协调。一方面信息缺少协调，导致重复建设和资源浪费；另一方面信息法规未能制度化和信息技术缺乏标准化。

（6）数字鸿沟

面对信息社会汹涌的信息化浪潮，不同国家、不同地区以及不同社会阶层的人们，由于其收入、文化水平及信息素质的差距，造成了他们对于信息的占有和消化吸收能力的不同，从而产生了信息穷人和信息富人的两极分化，形成了信息的贫富差距。

（7）信息过载

相对于人们有限的信息选择、获取、利用能力而言，现代社会无限的信息是一种信息过载，"当接收的信息成为一种妨碍而不是有用时，信息过载就发生了"。由于信息过载造成的信息失真、重复、堵塞和不确定性，影响了人们对有用信息的吸收，甚至造成对人类的危害。

（8）信息政策及法规不完善

随着信息及信息技术的广泛应用，社会对信息的需求不断增强，信息市场得到了巨大的发展，但由此也引发了一系列的政治、经济、文化上的冲突与矛盾，信息环境不断恶化，所以必须认识到信息政策及信息立法的必要性，通过正确的信息政策与法规来约束人们的信息行为。

3. 信息及其环境的净化

信息及其环境的净化主要通过信息过滤机制来完成，把不需要及有害的信息拒之门外或者删除。主要的信息及其环境的过滤方式如下。

1）根据过滤主体分为：用户过滤；ISP（信息服务提供商）或ICP（信息内容提供商）对信息进行筛选；网络管理员过滤；联合过滤。

2）根据过滤的手段分为：基于内容的过滤；基于网址的过滤；基于内容和网址的混合过滤。

3）根据过滤的设备分为：专门的过滤软件；网络应用程序；防火墙；代理服务器。

4）根据过滤在网络中的应用分为：电子邮件过滤；文件传输（FTP）过滤；新闻组（usenet）过滤；万维网（WWW）过滤。

信息及其环境净化具有以下意义：①有利于减轻用户的认知压力；②有利于提供安全、合理、有效的信息；③有利于用户快速找到有用的信息；④有利于保持网络通畅；⑤有利于提高网络信息资源使用的经济效益；⑥可以帮助用户筛选信息，也有助于国家安全部门阻止某些有害信息的侵入；⑦防止企事业单位职工传播与工作无关的信息；⑧社会工作者、商业部门、新闻单位等利用过滤机制进行有关方面的调查；⑨信息机构为用户提供更准确的资料信息等。

4. 信息环境与信息环境管理

随着社会信息化趋势的不断增强，信息环境在社会系统中的地位和作用日益显著。信息环境一般是指一个国家、一个地区乃至全球范围内信息的生长、传播、利用等环节的相互关系的表现形式或协调状态。信息生态学中的信息环境概念是指信息生态系统中人类及社会组织周围一切信息交流要素的总和，包括人与社会组织、各种信息资源、各种信息技术和社会信息基础设施、信息法律政策与伦理、信息文化等。信息环境与社会环境之间是相互联系、相互影响、相互制约、相互促进的。

信息环境管理是指按照信息环境的发展规律，用系统的管理方法对人类社会的信息环境有目的地进行计划、组织、控制和协调。信息环境管理的原则是研究信息环境中每个独立要素的变化及其对信息生态系统整体的影响，找出系统中最薄弱的环节，探索改善和加强该环节的最佳策略，以保证信息生态系统内部诸要素的协调及信息环境整体与社会的均衡发展。

5. 全球信息环境

全球信息资源的分布与流通是极不均衡的，南北信息差距不断扩大，发展中国家与发达国家在国际信息交流中矛盾日趋激化。即使是发达国家之间，为了抢夺国际信息服务市场，国际信息摩擦也时有发生。信息生态学要探索如何有效地解决国际信息矛盾，建立起一个更加公正、更加均衡的国际信息交流新秩序。

6. 信息技术

信息技术就是人类开发和利用信息资源的所有手段的总和。信息技术既包括有关信息的生产、收集、表示、检测、处理和存储等方面的技术，也包括有关信息的传递、变幻、显示、识别、提取、控制和利用等方面的技术。信息技术促进自然智能加速转化为人类智能，信息技术促进人类工具进化，信息技术与信息的历史一样久远，信息技术的应用渗透到了国民经济及社会发展的各个领域和各个层次，大幅度提高了社会生产力。

信息技术是信息环境的关键，人们通过一定的信息技术获取信息资源，同时也通过信息技术的进步提高获取、利用和管理信息资源的能力，促进信息环境的改善。这些技术包括：信息获取技术、信息传递技术、信息存储技术、信息检索技术、信息加工技术和信息标准化技术等。信息技术的进步使得信息环境发生了深刻的变化，其突出特征是数字化、网络化及智能化。

信息技术的发展推动了人们生存状况的改变，信息技术增强了个人和集体的记忆、保存信息的能力，使人们能够从事过去所不能从事的活动。人类社会存在和发展的需要推动了信息技术的发展，信息技术的发展又提高了人们彼此的联系、交往的能力，提高了对社会进行自组织的能力、自控制的能力、自调节的能力，推动了社会和经济的发展。

2.3.3　信息

1. 信息与信息资源

信息是信息生态学研究的主要内容之一。从系统论角度讲，信息就是自控制系统、自调节系统、自组织系统在与其他系统、周围环境相互作用中获得的关于其他系统和周围环境的新消息。

人们对信息进行选取、组织、有序化后所形成的信息集合就是信息资源。信息资源是信息环境的核心，其发展状况对于一个企业乃至一个国家的发展具有全局性、战略性的意义，信息环境的优劣在很大程度上取决于人们可以获得的信息资源的建设程度。

2. 信息需求

人的需求是不断发展变化的，现代人的活动要素已经从体力活动占优势的领域转到了生存以外的精神、文化生活等信息需求。按照马斯洛的"需求层次论"，在前四种需求（即生理需求、安生需求、社交需求、尊重需求）不断得到满足的同时，人们更加迫切地希望"自我实现"这一高层次需求的实现，因而出现了信息需求的大量化和高级化。人民为了实现总体需求，其一切活动都要依赖各种社会信息及各种自然信息。没有信息，人类各种需求都将成为空想，信息需求是人们在社会活动过程中，为解决各种问题的基本需要。

3. 信息的作用

现代信息论认为，人的脑髓、感官、大脑的意识、抽象、推理能力、语言等构成了人的信息系统，劳动和信息系统的相互作用、相互影响使人类得以诞生。

信息对人们的思想和行为产生着积极的影响，各种通信方式的产生使人类文明成为可能。

现在社会以信息的收集、开发、传播、利用为主要特征，并在社会政治、经济等各种领域和生活中发挥着越来越重要的作用。没有信息就不可能有人与信息环境之间的相互作用与联系，就没有人类社会的发展。

2.4　信息生态群落

2.4.1　基本概念

（1）群落

群落是一个生态学概念，亦称生物群落，是指特定空间或特定环境下生物物种有规律的组合，是一个生态系统中有生命的部分，其内部的生物种群必须相互协调、平衡，并且共同适应它们所处的无机环境。

（2）信息生态群落

这里提出的信息生态群落，是一个综合生物学和信息学的概念，它是指由相关的信息资源及信息人在信息技术、信息政策等特定信息环境和区域内集聚形成类似自然生态群落的组织形态，它是介于宏观信息社会生态系统和微观个体信息生态系统之间的中观信息生态系统。

（3）群落演化机理

机理是指为实现某一特定功能，一定的系统结构中各要素的内在工作方式以及诸要素在一定环境条件下相互联系、相互作用的运行规则和原理。演化理论认为，演化的实质是处于环境中的主体从一种状态向另一种状态的变化，而主体演化的过程就是这个主体在环境中的"变异—检验—保留与传衍"的过程，或者说是环境对主体的"自然选择"过程。我们提出的群落演化机理就是群落与其环境相互作用并实现"筛选"这一复杂过程的实质和原理。

2.4.2 演化机理

这里以社会信息学、协同学、系统论、突变论等为基础，从信息生态群落的角度来分析群落演化中的主要运行机理，并进一步阐述各机理之间的作用关系。

1. 信息生态群落社会传播机理

（1）信息集聚理论

信息生态群落存在集聚效应。信息在信息人和信息环境的作用下，会朝着与自身相匹配的方向运动，形成信息集聚。群落内部共享信息本身、信息载体、信息传播介质、信息技术、信息政策等，进而实现规模效益递增。此外，集聚的信息达到一定规模后，信息人会在已形成的信息条件下对信息群体中有用的信息进行筛选、总结、学习，进而实现信息创新。信息环境中信息技术的发展，使得信息集聚与扩散的时效性增强。

（2）信息社会传播理论

信息社会传播是指人类社会中个体自身以及个体之间相互传递、接收信息的行为、活动和过程，主要包括信息接收、信息传播和信息反馈三个阶段。在这几个阶段中，信息人不是在被动的接收、传播和反馈信息，而是具有一定的能动性，掺杂进自身的认知、情感等因素，主动地对自身有价值的信息进行收集、内化，并按照自身意愿对信息进行回复，整个过程具有社会性。

（3）信息生态群落社会传播机理运行机制

信息生态群落社会传播机理的具体运行过程如图 2.1 所示。

信息的集聚与传播形成的信息资源网络逐渐扩大，向整个信息生态群落演化。由于信息集聚，信息群落的规模不断扩大，其产生的规模效应给群落中的各个主体都带来好处，可以减少信息收集、检索和应用的成本，因此，成为了形成信息生态群落的向心力。

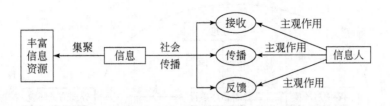

图 2.1　信息生态群落社会传播机理运行过程

信息在传播过程中，充分体现了其社会性，生态群落在这一社会性传播的过程中得以演化。信息人在传播信息时，受到群落信息文化的影响，会形成自身的主观判断，进一步造成信息在传播过程中被放大或缩小，或对信息的传播速度产生影响，从而导致生态群落的动态进程被提前或滞后。信息在社会中的集聚与传播实现了信息在群落内的共享，是促进信息按特定方向运动的主要力量，也是形成信息生态群落的动力。

2. 信息生态群落的支配机理

（1）信息位及信息位分类

信息生态位是指具有信息需求且参与信息活动的个人和社会组织在由其他信息单体、信息内容、信息技术、信息时空、信息制度等信息环境因子构成的信息生态环境中所占据的特定位置。本书中定义的信息位概念，指由信息重要性、有效性、完整性不同所决定的信息在信息生态环境中的特定位置。信息位越高，对信息系统作用力越强。

信息按信息位从高到低分为以下几种：核心信息、优势信息、常规信息、无效信息以及由于信息环境突变产生的偶见信息和对群落发展起副作用的冗余信息，后两类信息通常没有确定的信息位。

（2）群落序参量

序参量是大量子系统集体运动的宏观整体模式有序程度的参量，是为描述系统整体行动而引入的宏观参量。一方面它是系统内部大量子系统集体运动（相互竞争和协同）的产物；另一方面，序参量一旦形成后起着支配或者役使系统子系统的作用，主宰着系统整体演化的过程。

在信息生态群落中，群落序参量是指影响群落整体演化方向和演化过程的参量，它在群落中处于核心信息位。其产生途径主要有两种：①系统自发产生；②在系统临界状态时，人们有意识地选择、培育序参量，这种方法发挥了人的主观能动性，使群落朝着期望的方向发展。

（3）信息生态群落支配机理运行机制

如图 2.2 所示，群落序参量支配着群落中信息人的决策，信息人按照序参量的要求进行信息生产、传递、消费、分解，其本质目的是使整个群落朝着预期的方向发展，因而在其对信息的接收、筛选过程中，都受到序参量的支配，保留有用的信息，删除冗余信息，最终满足序参量的信息要求。

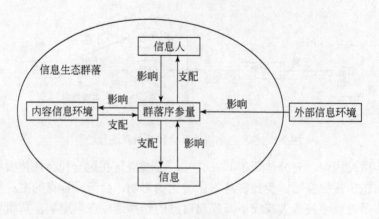

图 2.2   支配机理运行过程

此外，信息环境的发展变迁需要以群落序参量为标准，适应群落序参量的发展要求，为其服务。因而从整体上看，序参量支配着信息、信息人和信息环境交互作用过程。信息的支配机理还包括高信息位的信息支配低信息位的信息。具体来讲主要是指核心信息支配优势信息，优势信息支配常规信息。此外，还存在偶见信息支配群落信息的情况，如群落内部或者外部信息环境发生重大变化，信息技术创新、信息政策突变等都将支配群落内部信息、信息人、信息环境等的调整，以适应变化。

3. 信息生态群落的协同机理

（1）协同概念

"协同"亦称协同效应，是指由于协同而产生的结果，指在复杂开放系统中大量子系统相互作用而产生的整体效应或集体效应。在整个自然系统和社会系统中，均存在协同作用。协同是系统趋向有序化的内动力，它可以使得系统从无序到有序演化。按照哈肯的观点，所谓协同，就是系统中诸多子系统的相互协调、合作或同步的联合作用、集体行为。本书中的协同指广义的协同，既包括协作也包括竞争。

（2）信息生态群落协同机理运行机制

按照协同的广义定义，信息协同主要包括信息的相互竞争和相互合作，其具体的运行过程如图 2.3 所示。

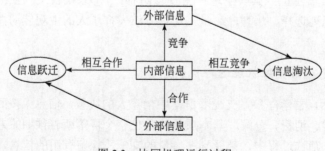

图 2.3   协同机理运行过程

这里说的信息竞争是指信息生态群落内部或者内部与外部的同类信息之间，由于准确性、完整性的不同以及信息内容冲突所导致的竞争。信息协作是指由于信息自身的完备性、有效性和准确性的限制，任何信息都不能完全满足整个群落的要求，因而群落内部及内部信息与外部信息之间的集成和互补，会大大提高信息的丰裕程度和信息的有效性。

具体来讲，信息生态群落内部存在各个子群落，它们的子目标并不完全一致，因而导致不同子群落中信息人对同一事件所提取的信息并不相同甚至相互冲突。各个子群落的不同信息之间相互补充时，产生内部信息协作，完善信息资源；相互冲突时，产生信息竞争，此时需对冲突信息进行分析、选择，淘汰冗余信息。此外，信息生态群落本身受到外部信息环境的影响和制约，内外部信息之间也会产生信息协作和信息竞争。例如，外部政策发生变化时，群落内部需要对内部信息与外部政策信息的适应性进行分析：当两者相互适应时，内外部信息产生合作，丰富完善群落信息。当补充完善后的信息重要性和作用效果达到一定程度时，信息实现向更高信息位的信息跃迁；当两者不相适应时，将产生信息竞争，群落内部的信息人根据信息群落要求以及自身掌握信息的丰裕程度、感知能力和信息处理能力，对产生冲突的信息进行辨别和选择，淘汰无用和错误的信息，使群落适应整个信息生态系统的发展要求。

4. 信息生态群落的互动机理

（1）信息生态链

按照不同信息人在信息群落中的作用不同，可以比照生态系统的划分将其分为信息生产者、信息传播者、信息消费者和信息分解者，他们在信息内容和信息技术的支持下进行信息交流和信息反馈，最终构成了整个信息循环链。信息由生产者制造出来，或者经过信息中介（信息传播者、信息分解者）到达信息消费者，或者直接到达信息消费者。信息可以经由信息传播者提供给信息分解者，而分解者将加工、整理、提炼后的信息提供给消费者使用。四者之间进行信息交流、反馈，形成互动、双向的信息循环，它们之间既有明确的角色界限，又相互寄生、转化，在不同的阶段和场合可能扮演不同的角色。

（2）信息生态群落互动机理运行机制

信息生态群落中各个要素之间互动的机理过程如图 2.4 所示。

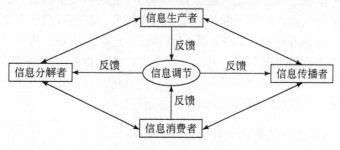

图 2.4 互动机理运行过程

在整个信息生态链的循环过程中，信息生产者、信息传播者、信息消费者和信息分解者之间并非单向流动关系，整条链上各种要素之间存在反馈互动机制。在每个环节上，信息人根据自身所处的信息环境以及自身拥有的信息情况，对信息的有效性以及完整性等做出反应，同时将反应信息反馈给相应的信息人，信息人根据该反应对信息做出调整完善，最终达到整条信息链的完善和自我调节。

同时，不同信息位之间也存在信息互动，低层信息可以通过信息人实现信息反馈，高层信息根据反馈结果掌握群落低层系统运作情况，进而做出信息反应，使不同层次信息之间能够相互协调，使整个群落在演化过程中同步。

此外，信息和信息人之间的互动可以促进信息优化、提高信息人信息、增加知识的丰裕程度，进而促进信息决策。信息人影响信息环境的变化和发展，信息人能够研发、改进信息技术，促进信息技术的发展；反过来，信息技术又可以扩展信息人的能力，提高信息人对信息的获取、传递、加工、处理的能力。

5. 信息生态群落的突变机理

（1）突变理论与耗散结构理论

突变理论是耗散结构理论的分析工具，主要描述系统定性性质方面的变化。突变理论认为，突变主要可以分为两种：①系统遭到破坏而不可逆转地让位于另一系统的平庸型突变；②在渐变的过程中，由于临界点处参数的微小变化引起的系统明显大幅度变化的突变。突变论主要研究后一种突变，并用其来解释系统跃迁演化的过程。

耗散结构理论主要探讨一个系统从混乱无序的状态向稳定有序的状态演化的机理、条件和规律。它认为：一个远离平衡态的开放系统在与外界相互作用的过程中，当其中某个参量变化达到一定临界值时，通过涨落发生突变，就有可能从原来混沌无序的状态转变为一种时间、空间或功能有序的新状态。一个系统形成耗散结构必须满足以下条件：①系统是开放的；②系统存在非线性作用机制；③系统处于远离平衡态；④系统是非稳定的，并通过涨落形成有序。

（2）信息生态群落安全弹性

信息生态群落安全弹性是指群落在受到外界环境（冗余信息、信息环境）一定程度的干扰和破坏后，可以通过自身的适应能力对群落的稳定性和安全性进行调整的程度。群落安全阈值可以用来衡量群落的安全弹性，安全阈值越大，群落自我调节、自我维持及其抵抗各种干扰和压力的能力越强，群落的稳定性越好。在群落的安全阈值内，适度的冗余信息和信息环境的变化不超过群落自身的弹性限度时，群落自身可以调节适应，群落的有序程度在一定的偏离后会恢复甚至超过原来水平，但是超出群落安全阈值的严重干扰则会对群落的稳定性造成巨大破坏，甚至导致群落结构崩溃。

（3）信息生态群落的耗散结构特征

信息生态群落作为组织和外部进行信息、能量交换的服务系统，本身是开放的。此外，信息群落内部存在着不同信息单体信息充裕程度不同的不平衡状况，群落受内外部各种波动影响，本身并不稳定并远离平衡态，而群落内外部随机性的涨落一旦超过群落安全阈值，必然导致群落宏观结构和整体功能发生突变，最终导致信息生态群落的突变性演化，使群落进入新的结构中去，这种由量到质的变化是群落运行非线性的表现。

（4）信息生态群落突变机理运行机制

信息生态群落的突变机理会促进群落演化和群落的层次跃迁，其具体作用过程如图2.5所示。

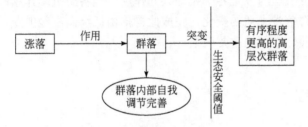

图 2.5 突变机理运行过程

耗散结构理论认为，一个系统的稳定有序结构形成要依赖于随机涨落，涨落可导致有序的自组织机制。在信息生态群落中，信息环境的变化会引起涨落的发生，正常情况下，小的涨落不会使体系发生突变，但可以调整群落的局部功能和微观结构的不完善之处，增强群落有序程度，偶发性的涨落，会被复杂的大系统耗散掉。当群落发展达到突变临界值，即群落的有序程度接近更高层次跃迁要求时，涨落会被系统的不稳定性放大，大到足以影响体系的整体功能和宏观结构时，群落体系会发生突变，破坏原有的平衡，跃迁到一个新的稳定有序状态。这个过程在群落的演化过程中将会不断循环，群落逐步向更为有序的状态演化。

6. 信息生态群落主要演化机理交互作用关系

（1）信息生态群落演化机理的交互作用过程

在群落演化过程中，各种机理在特定信息环境中相互作用，进而促进群落有序程度上升（图 2.6）。群落序参量在群落演化过程中占主导地位，从微观来看，支配机理是群落演化的内动力，通过信息竞争和协同，消除冗余信息，实现信息跃迁，社会传播机理实现了群落内外部的信息共享，并为其他机理提供了基础。

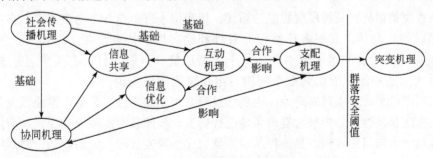

图 2.6 演化机理交互作用过程

（2）支配机理与协同机理相互合作，相互影响

高位信息支配低位信息的同时，信息之间存在信息协同，使得信息在传递的同时得到优化。社会传播机理通过互动机理的作用，会使信息交流的效果更加明显。互动机理是信息生态链上各个主体之间的相互交流、互动，而该生态链上的信息传递，受到信息的社会传播机理影响。信息的互动机理促进了社会传播机理的有用性，二者共同作用完成了信息的有效传递。总体来讲，互动机理和协同机理实现了信息优化，协同机理、互动机理和社会传播机理共同实现信息共享，从宏观层次来看，突变机理实现了信息生态群落演化过程中的整体跃迁。突变机理与以上各个机理共同作用，当各个机理作用超过群落安全阈值之后，会给信息生态群落带来质的变化，完成此群落由低级向高级的跃迁，这也是本书后续对信息生态群落的演化过程的主要概括。

2.4.3 演化过程

本节在对信息生态群落演化机理研究的基础上，进一步从复杂系统的角度对信息生态群落演化过程进行研究。

1. 信息生态群落演化过程界定

（1）系统发展观之一般系统的演化

系统发展观认为，系统的序变不仅可以从本质上说明系统的质变，系统的质变过程也能最深刻地展示系统的演化历程。在信息生态群落的演化过程中同样存在着系统演化的一些特点：①群落序变超过一定容纳限度，会直接导致群落质变。②群落演化过程并不总是平滑地连续性变化。在序变关节点处可能含有转折与不连续，如跃迁。③群落演化具有自组织性。④环境对群落的演化起着支配作用。

但是，由于信息生态群落本身具有不稳定性和突变现象频繁等特点，因此有别于一般的系统，所以在使用系统发展观对信息生态群落演化过程进行研究时，还需要引入一些复杂系统理论，以便丰富和完善信息生态群落演化过程的研究。

（2）基于复杂系统理论的信息生态群落演化

复杂系统是指具有某种程度智能的系统。信息生态群落是一个由多要素、多主体和多种联系形成的集合体，具有多样性、非线性和动态性等特点，在一定程度上能够实现自我发展和完善功能的组织形态，是一个典型的复杂系统。目前有关信息生态群落这一复杂系统形成和演化的研究主要利用自组织理论和进化论。

自组织理论是比较成熟的理论，主要通过对自组织临界性、分形、混沌以及复杂自适应系统的概念和特性的分析来对复杂系统进行研究。按照自组织理论的观点，信息生态群落的形成是一个自组织过程，是一种从混沌到有序的质变过程，即系统从无联系状态到选择某种方式建立内部联系的过程。

基于进化论的复杂系统演化理论主要借鉴进化论思想，引用生物学的遗传、变异和选择机制，借用生物学模型、演化博弈模型和遗传算法对经济演化的机制进行仿生研究。基于进化论的信息生态群落的演化，是借用生物进化的相关概念，对信息生态群落在一定信息环境中的个体行为导致的群体演化的路径和形式的探讨。

在生命周期理论的常规研究思路的基础上，运用系统发展观和复杂系统的相关理论，基于不同阶段本质性的原因分析，结合信息生态群落演化过程呈现的特定规律性，总结出以下 4 种演化方式：①信息群落的结体创生过程；②信息生态群落的线性常规演化过程；③信息生态群落的非线性超常规演化过程；④信息生态群落的分化解体过程。

2. 信息生态群落结体创生过程

（1）自组织与他组织理论

哈肯于 1976 年提出了"自组织"的概念：如果一个体系在获得空间的、时间的或功能的结构过程中，没有外界的特定干涉，即可定义该系统是自组织的。这里的"特定"一词是指那种结构或功能并非外界强加给体系的，而且外界是以非特定的方式作用于体系的。

组织应当划分为自组织和他组织两种形式，组织力来自于系统内部的称为自组织，组织力来自于系统外部的称为他组织。简单来说，自组织是指无外界特定干预的自演化，而他组织指的则是外界特定干预下的演化。对于自组织，组织者与被组织者无法明确区分，对于他组织，组织者和被组织者可以明确地区分。

自组织指一种有序结构自发形成、维持、演化的过程，即在没有特定外部干预下有序系统内部组分相互作用而自行从无序到有序、从低级有序到高级有序、从一种有序到另一种有序的演化过程。

具体来讲，自组织过程分为三类：①由非组织到组织的过程演化；②由组织程度低到组织程度高的过程演化；③在相同组织层次上由简单到复杂的过程演化。总体来讲，自组织应包括组织的构建或者说自组织系统的形成过程，从若干杂乱无章的元素，演化为相互联系，相互作用有机整体形成有机结构，如果没有外界强加的特定干预，即系统自发构建，就是一个自组织过程。相对地，他组织指组织构建、发展演化等存在外界干预的过程。

（2）信息生态群落结体创生的具体过程

信息生态群落的结体创生是指信息生态群落的形成，它并非是简单意义上的群落从无到有的过程，它还包括群落之间相互兼并包容的过程，即两个或多个群落相互适应合并，进而形成一个新的群落。群落的形成必须具备 3 个条件：①有为群落序参量服务的丰富信息资源；②有为群落发展服务的信息人；③有支持群落演化的信息环境。这个过程中存在自组织和他组织的现象，并以他组织为主。

在群落形成的过程中，信息的社会传播机理起到了基础作用，信息存在着集聚效应，由于信息的高流动性，信息会自主地向着某一个主体集聚，形成信息群，这个过程是群落的自组织过程。

群落的结体创生阶段本质上是群落内外部信息资源初始合理配置的过程，在这个配置过程中，信息人发挥主观能动性，信息资源配置过程本身具备自适应能力，整个过程中各个元素之间相互作用，同时与外部环境交互实现优化配置。

整体来看，信息的简单集聚并不会导致群落形成，信息人在群落的形成过程中起主要作用。信息资源配置过程中与之相适应的信息技术的发展、信息设施的建设需要信息人的决策，信息制度以及信息伦理的建立，很大程度上取决于信息人的主观意志。整个结体创生过程以他组织为主，信息生态群落是被组织者，信息人是主要的组织者，按照群落序参量的要求对信息资源进行有效的配置，并建设与之相匹配的信息环境，群落在此基础上进行发展演化。

3. 信息生态群落线性常规演化过程

（1）线性演化的概念

1）演化的概念。演化的概念最早起源于生物学，表示物质从无序到有序、从同质到异质、从简单到复杂的有向的变化过程。演化关注于事物随时间而变化的形态，可以是进化，也可以是退化。信息生态群落的演化在广义上讲，就是信息系统从无到有，不断走向成熟，直至老化、消亡的过程。

2）群落惯例的概念。从演变的角度来看，惯例是指一种重复行为的模式，受到环境的影响而变化，用来解释组织和经济的变化，其本身就是一个过程，惯例构成了结构与行动、组织作为物体和组织作为过程之间的重要关联。

在群落线性演化的过程分析中，可以将其定义为在群落发展的某一个特定阶段信息生态群落各要素之间及其同外部信息环境的常规作用方式。

3）常规线性演化。这里所讲的线性演化并非群落内部信息的简单叠加和积累，而是指群落在一个相对稳定的水平上，群落内部信息、信息人和信息环境以及群落外部信息环境之间的相互作用过程。这是一个渐变的过程，在这个过程中，整个群落的发展遵循群落惯例，因而称为常规线性演化。

（2）群落演化过程中的路径依赖

路径依赖是指人们一旦选择了某个体制，由于规模经济、学习效应、协调效应以及适应性预期等因素的存在，会导致该体制沿着既定的方向不断得以自我强化。在群落线性演化过程中，群落内部存在正反馈机制。群落惯例作为群落发展的常态，对群落演化具有重要影响，在一个发展阶段具备相对的稳定性和长期性，它是一种动态的、演化的过程，它并非是一种最终的状态结果，而是一个处于演化的过程。但是对于处于某个阶段的群落而言，路径依赖会形成一种"锁定"，这种锁定既有可能是有效率的，也有可能是无效率的。路径依赖过程中导致路径依赖强化的因素，可能也正是导致最后突破路径依赖的因素。

（3）群落常规线性演化的具体过程

在群落常规线性演化阶段中，群落演化遵循惯例，群落要素之间的作用以群落序参量为主导，群落中的社会传播机理和互动机理实现了群落内部的信息共享，协同机理和互动机理共同作用实现了信息优化。

在群落线性演化的过程中，其信息量并非是简单的线性累积，而是在相对稳定的状态下内部结构和功能不断地自我完善，信息、信息人和信息环境之间相互作用。在这个过程中，信息人对信息进行了生产、传递、处理等，同时信息环境群落要求不断地完善，整个群落在惯例的作用下按照固定规律发展。

在群落线性演化的过程中，由于群落惯例具有相对稳定性和自强化作用，群落演化会形成一定程度的路径依赖。适当的路径依赖可以保持群落的相对稳定性和安全性，但是过度的路径依赖会引起群落发展演化模式的锁定，对群落层次跃迁产生影响，因而如何突破这种路径依赖产生路径创造是群落层次跃迁的关键。

4. 信息生态群落超常规非线性演化过程

（1）信息生态群落的复杂系统特性

复杂系统具备自组织性、不确定性、涌现性、预决性和开放性，系统处于不断演化的过程中的复杂适应系统，其状态介于完全有序和完全无序之间。

信息生态群落具有复杂系统的基本特性，其自身存在从低级到高级，从简单到复杂的演化，群落内部存在非线性作用，群落自组织是群落演化的主要驱动力。群落在演化过程中，群落内部要素之间以及群落与外部环境之间是开放的，并且由于演化过程中的种种随机变化和影响，群落的演化阶段存在不确定性，但是整个演化过程按照群落序参量的要求进行，整体演化方向具有预决性。此外，在群落各个阶段中，突变机理的作用会引起群落整体结构产生质变，群落在整体上会演化出一些独特的、新的性质，并形成演化不同阶段的不同模式，群落体现出涌现性的特点。

（2）系统发展过程的非线性作用

1）系统非线性作用

非线性关系就是系统的行为不能表达为描述它的线性函数，不能简化为线性的相互作用。根据系统的自组织性，它是由于组成元素或行为主体的相互作用，进展到形成全局性的秩序的过程。自组织系统的形成是因为系统的元素之间，以及元素与结构之间存在着一种非线性关系或非线性的相互作用。这个作用与常规作用相比较，有放大的效果，使得系统可以整体升级或跃迁。

2）系统非线性作用的正反馈与负反馈

在自组织系统的非线性作用过程中，主要表现的形式是系统的各元素之间以及元素与结构之间的相互作用存在着反馈关系，包括正反馈环和负反馈环。正反馈有自我加强、自我促进和自我催化的作用；负反馈有自我抑制、自我调节和稳定系统的作用。在系统的运行发展过程中，随着元素的相互作用，会出现多重的正反馈环与负反馈环，有些方向的变化被扩大，即作用效果被放大，而另一些方向的变化被抑制，这样导致系统的结构在稳定和放大与收缩的动态交替中得以推动。

（3）群落超常规非线性演化的具体过程

在群落内部单体的交互作用中，信息的传播、共享、学习等机制会导致其作用效果被放大或减弱。信息在传播者与接受者之间传递，接受者在接收到信息之后进行加工、整理，同时融入自身的思想、情感等因素，然后通过一定的渠道予以反馈。这个反馈可能会导致该类信息得到更广泛的传播，或者传播的力度更大，这样就增强了信息生态群落自身的传递效果；也可能由于该反馈导致此信息不再被传播，而是被剔除，形成一种负反馈的作用效果，来稳定这一生态群落。

由于信息生态群落具有复杂系统的特性，信息在传播过程中通过反馈环节对整体的群落运行过程产生的影响，会有放大或缩小的效果，该过程是非线性的，而这种作用会引起突变，使信息生态群落由线性发展过程直接跳跃到更高的层次，在稳定的发展轨迹上实现波动，达到信息生态群落整体功能的跃迁。所以，非线性超常规发展过程是信息生态群落由低级向高级，由不稳定向稳定的一个过渡发展阶段。

5. 信息生态群落的分化解体过程

（1）信息生态群落分化解体

信息生态群落发展到一定阶段会进入群落分化与解体过程。信息分化是指一部分人通过先进信息技术的有效利用，广泛地开发信息资源，成为了信息的富有者；反之，另一部分人成为了信息的贫乏者，进而使人们之间的信息差距越来越大。在当代社会信息化发展过程中，社会信息的分配也是不平等的，社会信息分配的不平等使得不同信息主体之间的信息分化不可避免，出现信息群落发展的马太效应。此外，不同信息主体之间存在的某些信息活动条件的差异，必然会导致不同信息活动主体之间的信息分化。

群落的分化解体是指信息生态群落发展到一定程度，由于信息分化中的马太效应，信息丰富者会引起更多的信息向其集聚，所以信息贫乏者的信息资源就会越来越少。当群落达到一定规模之后，由于群落里面各个部分对信息资源的拥有程度、控制程度、掌握和利用程度不同，形成各个层次和级别较高的小群体和层次与级别相对较低的小群体。从而各个群体从整个的生态群落中相互分离出来，形成一些新的小型的生态群落，并按照原有的信息生态发展过程发展，这是一个循环的过程。在这个过程中，适应组织发展和群落序参量要求的会出现群落整体进化，即群落层次跃迁；而由于信息环境突变等原因造成群落发展不适应组织信息需求的，将会出现群落退化甚至群落整体结构的崩溃。

（2）群落分化解体的具体过程

信息生态群落在经历了非线性超常规发展阶段之后，继续演化下去，群落内部的资源会自动整合，形成各个不同的对信息能够有效利用、共享和学习等程度也不同的群体，由此在信息生态群落这样一个大群体中会分化为几个小规模的群体。对信息利用能力较强的群体，由于其非线性的作用效果会得到更高的发展，对信息利用能力弱的群体也会由于作用效果的负面作用变得更弱，使得几个小群体的相容性越来越弱，最终导致群落解体，分化为各个小的群落，该信息生态群落进入解体分化过程。

在解体分化之后，形成的各个小群落会按照原来信息生态群落的发展轨迹演化，经历一个线性的常规发展阶段。在这一阶段中，适应群落序参量要求和组织信息需要的小群落会出现资源整合，增强整个系统的功能和层次，又形成了较大规模和更为有序的生态群落，之后经过演化仍然会有群落的解体分化现象。因此，我们说的信息生态群落的演化过程是一个沿着一定轨迹运行，且波动、反复的过程，使得越向后演化，该信息生态群落的层次越高，稳定性和有序性越强。

2.4.4　演化机理与演化过程的关系

信息生态系统中生态群落的演化史是通过上述各个机理进行的。信息的社会传播机理阐述信息在传播过程中具有一定的社会性，因而产生效用放大或缩小的效果，对生态群落的演化起到了推动作用；信息的支配机理按照群落序参量要求，完成信息由高位向低位的传递；信息的协同机理可以通过信息竞争实现冗余信息淘汰，通过信息合作实现信息完善和信息跃迁；信息的互动机理说明信息在信息生态链上的演化过程步骤，由生态链上各方接受信息、处理信息、反馈信息，达到信息生态群落中的信息资源的自我优化；突变机理根据突变理论与耗散结构理论，分析了信息生态群落中的耗散结构特点，群落在外部随机涨落的作用下，超出安全阈值的涨落会引起群落结构的突变，进而向新的有序结构跃迁。此外，各个机理并非单独作用于信息生态群落，而是在一定的信息环境下交互作用，共同推动信息生态群落的演化，使该群落按一定的过程向更高的层次发展。

从信息生态群落演化过程的角度来看，信息生态群落演化过程是一个螺旋式上升的过程（图 2.7）。生物的进化过程呈现出逻辑斯谛曲线，其原因是生命在进化中受到外部资源和条件的限制。在一个生态环境中，某种生物的数量不可能无限地增多，个体的体积也不可能无限地增长，当系统发展到一定的程度时，就达到了极限，系统就会进化到更加合理的组织形式。

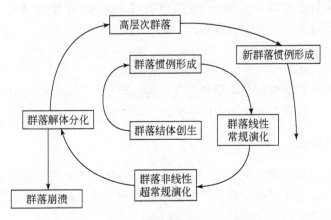

图 2.7　信息生态群落螺旋式上升的演化过程

信息生态群落整个演化过程同生物进化具备同样的特征，在群落演化的每个阶段都可以用逻辑斯谛曲线来描述其发展过程。在群落发展的每一个阶段，群落内部各种要素之间在支配机理、社会传播机理、互动机理和系统机理的作用下，不断自我调节、自我完善，群落有序程度不断提高。与此同时，信息人信息处理能力、信息环境的完善性会不断加强，在群落信息弹性以内，群落遵循惯例和规则线性发展，群落内部信息资源可以满足群落序参量及其服务组织的要求。但是作为一个复杂系统，群落内部存在强烈的非线性作用，并放大随机涨落对群落整体结构的影响力，突变机理进一步作用导致群落整体结构和功能的变化，由此群落出现解体分化现象，群落整体层次出现跃迁形成新的惯例或者群落退化解体。这些过程的循环往复构成了群落的整体演化过程。

从信息资源配置的角度来看，信息生态群落的整个演化过程就是信息资源有效配置的过程，类似于生态演替的螺旋式上升。整个群落的发展过程呈螺旋上升的趋势。群落演化的起点是群落的结体创生，在群落演化的初始阶段，群落内部形成群落惯例，群落按照其进行常规线性演化。由于群落具备复杂系统的特性，在演化的一定阶段，存在与组织要求相适应的最好状态。群落一旦达到这种状态，群落演化中存在的非线性作用会对群落内部要素作用产生放大效果，涨落等因素会使其出现整体突变，整个群落发生解体分化。当群落演化适应群落序参量和组织要求时，是进化演替，将会产生群落整体的层次跃迁，否则群落会发生退化崩溃。群落上升至新的层次之后产生新的群落惯例，进入新一轮的循环，进而不断地循环往复。这种往复并非简单的回归，群落内部要素之间以及群落对环境的作用更加强烈。每一次循环都伴随着更高层次的演化，群落内部信息丰裕程度增加，信息环境更加完善，群落有序程度更高，因而从整体来看群落演化是一个螺旋式上升过程。

2.5 信息生态学的研究方法

信息生态学是管理实践领域的一门交叉学科，对信息生态学的研究，要综合运用生态学、信息科学、系统科学的理论及方法。

1. 生态学方法

信息生态学是生态学与信息科学的交叉学科，因此，生态学的研究方法及理论基础也必将成为信息生态学的研究方法和理论基础。

2. 信息科学方法

信息科学方法是从整体出发，用信息联系、信息转化的观点综合研究客观事物发展变化过程的一种方法，它通过维护整体特性的信息流程来获取对事物的整体性认识，为研究复杂对象提供了新的思路。

3. 系统科学方法

系统科学方法是应用系统科学的理论，按照事物本身的系统性，将对象放在系统的形式中加以考察的方法。 系统科学方法具体包括系统论、信息论、耗散结构论和协同论等。信息生态学运用系统科学方法分析信息生态系统的构成要素及其相互作用关系，研究信息生态系统的形成机理和运行机制。

第3章 信息生态系统理论

在生态学中，生态系统就是在一定空间中共同栖居的所有生物（即生物群落）与环境之间由于不断地进行物质循环和能量流动而形成的统一整体。

和生态学中的生物一样，在一定区域内，没有一个信息主体能够长期单独的生存，每个信息主体都直接或间接地依靠别的信息主体而存在，并形成一种有规律的组合。在这个组合中，相对于每一个信息主体来说，生活在它周围的其他信息主体连同信息环境构成了其生态环境，信息主体与其生态环境通过物质、能量和信息的交换，构成一个相互作用、相互依赖、共同发展的整体。我们把这种信息主体与信息生态环境之间相互作用、相互影响的系统，叫作信息生态系统。

随着经济全球化趋势增强，知识经济和网络经济蓬勃发展，世界经济正朝着知识化和生态化产生巨大的转变。其一，智力资源逐步替代物质资源参与到经济组织的经营活动中；其二，经济组织也遵循生态规律，按照自然资源和市场容量的情况而发生经济活动，即经济组织的成长空间由环境资源容量来决定，二者同时发生、相互促进、相辅相成，形成一股不可抗拒的历史潮流。在此背景下，诞生了信息生态系统，其不仅帮助经济组织扩大了可利用的生态空间，提升竞争力，更加展现了发展信息生态化的新途径和新方法。

3.1 信息生态系统的特性

从生态系统的观点来看，信息生态系统与自然生态系统性质相似、功能相仿。从社会学角度而言，信息生态系统是一个与社会、经济、环境相互耦合的，由具有适应能力的主体和环境按照一定的规则（系统内部模型）交互作用形成的动态的复杂系统。信息生态系统具有显著的特征和规律，具体表现为以下几个方面。

3.1.1 整体性

信息生态系统是一个包含众多不同种类、不同层次要素的复杂系统，系统中各个不同组成部分之间存在强大的相互联系和相互依赖的关系。信息生态系统具有等级组织结构，其中每一个生态要素都包含在一个更大的信息生态系统中，同时它又含有更小的信息生态系统，系统当中某一个生态要素所发生的变化都将会影响整个系统的运行。因此，信息生态系统具有整体性。

3.1.2　复杂性

信息生态系统是一个复杂系统。组成该系统的信息主体种类繁多，不同种类的信息主体之间相互联系、相互影响，同时系统与外界环境还存在着物质、能量、信息的交换。信息生态系统的产生与发展同样也是一个由简单到复杂的动态演化过程。一个健康的信息生态系统是动态发展、螺旋上升的，处于不断的演化过程中，具有自适应和进化能力。信息生态系统的结构和功能随时间和新技术、新工具的介入不断发生演化，必须考虑决策和管理环境对信息生态系统结构和功能产生的长期和短期的影响。

3.1.3　适应性

信息生态系统存在着如何与环境相适应的问题。信息生态系统是一个复杂的实践系统，其复杂性不仅仅是信息主体之间的相互作用产生的，同时也是瞬息万变的经济、政治、社会、技术等环境因素所导致的，任何环境的变化都将会导致信息主体偏离原来的发展轨迹，只不过其影响有大有小，偏离的程度也有多有少而已，但这些都要求信息主体不断地对其进行调整，与环境变化相适应的信息主体保留下来，不相适应的就加以改进或者被淘汰。随着信息主体自身的调整与改进，信息生态系统才能不断向更高的层次跃进，显示出系统对环境的适应性。

3.1.4　动态性

自然生态系统是有生命存在的并与外界环境不断地进行物质交换和能量传递的特定空间。所以，自然生态系统具有有机体的一系列生物学特性，如发育、代谢、繁殖、生长与衰老等，这就意味着自然生态系统具有内在的动态变化的能力。信息生态系统也具备这个特征，它也是有生命存在的并与信息环境不断进行信息交换的特定空间，信息生态系统中的主体都具有"发育—代谢—繁殖—生长—衰老"的过程，这就意味着信息生态系统具有内在的动态变化的能力。

3.1.5　开放性

在信息生态系统中，信息主体之间对信息进行生产、消化、吸收后又将信息返回到环境中，在这个循环中，不断发生着信息流的交换和转移，保证着信息生态系统的各种功能。由此可见，信息生态系统是开放的系统，它与环境之间相互作用、相互影响。为适应信息环境的变化，系统通过接纳和更新系统成员，保证系统自由地与外界进行信息和物质的交换，吐故纳新，形成良性循环。同时，环境的复杂性也会造成信息生态系统的复杂性。

3.1.6 协同性

信息生态系统中存在着各种子系统和关键"物种"，生态系统的存在不是"物种"之间的任意组合，而是存在着能够满足必须信息需求的特定关系，只有这样才能使信息循环正常进行。信息生态系统各个部分之间存在的差异性和多样性是协同进化的前提，系统各部分、各"物种"在相互作用中功能互补，它们之间在协同互动中推动系统演化，从而获得系统整体功能大于部分功能之和的效果。

3.2 信息生态系统的结构

信息生态系统是由信息—人—信息环境组成的具有一定的自我调节能力的人工系统。信息生态系统中，信息生产者、信息组织者、信息传播者、信息分解者、信息消费者与外界环境之间的信息交换，构成了一个信息生态循环，系统中的各个要素相互影响、相互促进。信息生态系统的提出，其意义是把人类信息活动及其有关因素作为一个统一的整体来看待，避免人为地把信息环境分割为互不相关的支离破碎的不同部分。

3.2.1 信息生态系统的构成

从生态学的角度来看，生态系统由生产者、消费者、分解者和非生命物质（无机物）等组成。各部分之间分工不同，相互协作。正是生产者、消费者、分解者和非生命的环境之间的协调、统一，使系统能够逐渐沿着幼年期—成长期—成熟期的链条发展，并形成动态的生态平衡。建立在生态系统理论基础之上的信息生态系统与生态系统一样，也是一个具有多样性、复杂性的动态系统，是社会大系统的一个有机组成部分。信息生态系统是信息主体（即信息人，包括信息生产者、信息传播者、信息消费者、信息分解者和信息组织者）、信息环境以及信息（资源）三部分所组成的和谐、动态均衡的自组织系统（图3.1），系统中的各个要素相互影响、相互作用。

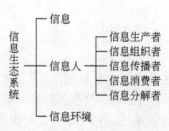

图3.1 信息生态系统构成成分

1. 信息

信息不仅是整个信息生态系统维持、运行和发展的基础要素，而且还为信息主体之间的相互作用充当"黏合剂"角色，它是信息人与信息环境之间的连接纽带，是信息生态系统中不可或缺的一部分。在这个注重电子信息效率的时代，信息的收集、开发、传播和利用充斥着社会环境的每一个角落，并在国家的发展、社会的进步、人们的生活中扮演着越来越重要的角色。

2. 信息人

信息人是指一切需要信息并参与信息活动的单个人或由多个人组成的社会组织。与自然生态系统相似，信息生态系统中的信息人由五方面组成，即信息生产者、信息传播者、信息消费者、信息分解者和信息组织者。他们之间既有明确的角色界线又有可相互依存和转化的特点，并且具有动态性，在不同的阶段或场所可能出现角色的转换。

（1）信息生产者

信息生产者主要是指零次信息和带有创新性质的一次、二次信息的生产者，信息生产者是信息流转链的起点，负责向整个系统输入信息。在信息生态系统中，信息的生产者是指对他人或社会组织生产提供信息的信息人和社会组织。信息生产者可以是个人，也可以是群体，如政府、企业、相关媒体等。信息的生产是信息生态循环的基础，是系统循环中最基本的要素，信息质量的好坏，影响并决定着整个系统的优劣。

（2）信息组织者

信息组织者是指通过一定方法使信息有序化，便于用户查询和使用的专业人员。信息组织者也是信息活动的维护者，它有两个主要职责：一是对信息传播者提交的信息进行过滤筛选，排除那些对整个系统无用的信息；二是将杂乱无章的信息经过载体转换、结构变换、浓缩综合等手段进行排序管理。

（3）信息传播者

信息传播者是指通过一定信息通道实现信息传播的各种媒体和技术领域人员，担任"信息通道"或者"信息媒介"的角色，包括指广播、电视、网络和报纸等各种传播媒体。信息的真实度和时效性使得信息在传递过程中会或多或少地受到延误和干扰。因此，选择快捷、安全、可靠的信息载体是信息传递研究中要考虑的关键问题。

（4）信息消费者

信息消费者是指有一定信息需求，并通过有偿或间接有偿的方式消费信息的人员。信息消费者通过对有序化的信息进行分析利用，及时获取信息隐含的价值，挖掘出信息动态流转背后蕴含的规律进而进行决策。信息消费者是信息生态循环的最后环节，也是最为重要的环节。信息生态传递、组织的最终目的是为了消费，及时地接收和运用信息是信息发生作用的关键。因此，对信息消费者来说，关键的问题是及时接收并选择对自己有用的信息加以利用，使信息发挥最大的效益。

（5）信息分解者

信息分解者是指将过时的、错误的、虚假的、不健康的、不安全的信息及时删除，并为信息二次加工与利用做好储备工作的个人或组织。在信息生态系统中，信息分解者处于从属地位，根据信息消费者或其他信息分解者的需求，改变自身的信息内容。当信息生态系统发展到成熟阶段时，系统中各类信息主体的比重、数量趋于平衡，信息的流向和流动趋于稳定，即达到信息生态系统的平衡状态。在这种平衡下，整个社会经济资源达到最优化配置，经济主体不仅实现经济效益、社会效益，同时也实现了生态效益。

3. 信息环境

在自然生态系统中，环境一般是指某一特定生物体或生物群体以外的空间及直接、间接影响该生物体或生物群落生存的一切事物的总和。与自然界的生态系统相对应，信息生态系统也有其信息生态环境，信息生态环境则是指信息主体以外的直接或间接影响信息主体生存和发展的各种要素的总和。人类及社会组织的存在与发展需要不断地与其周围的信息环境进行信息的交换。信息生态环境包括内部环境和外部环境两个部分。其中，外部环境主要包括影响信息生态系统发展的经济环境、社会环境、法律环境等；内部环境主要包括信息资源、信息技术和信息文化等。

（1）外部环境

1）经济环境

信息生态的发展离不开稳定的经济环境的支持，经济环境是构成信息生态外部环境的因素之一，对信息生态的发展起着重要的影响作用。一个国家或地区的经济发展良好稳定，将有利于信息生态系统建设。

2）社会环境

社会环境是指与信息生态系统有关的人文因素。社会环境影响和制约着信息主体的消费观念、需求欲望及特点、购买行为和生活方式。社会环境对建立信息生态系统的认可及参与在某种程度上决定着信息生态系统的发展。

3）法律环境

信息生态的和谐发展离不开法律和政策的指导、统筹、规划和协调，相关的信息政策、法律与法规都是信息生态的重要组成部分。要通过实践完善信息生态政策和法律，营造一个公平、健康和有序的信息生态环境。

（2）内部环境

信息生态系统内部环境包括信息资源、信息技术和信息文化，具体如下。

1）信息资源

信息资源有两种功能：一是作为信息生态主体的黏合剂，维系信息生态各主体之间的相互作用；二是作为信息生态系统的加工对象，是整个系统维持、运行和发展的基础要素，通过信息资源向外界环境输出系统的整体功能。

2）信息技术

所谓信息技术就是人类开发和利用信息资源的所有手段的总和。信息技术包括有关信息的产生、收集、表示、检测、处理和存储等方面的技术，也包括有关信息的传递、变换、显示、识别、提取、控制和利用等方面的技术。

3）信息文化

从广义上说，信息文化是以电脑为标志的信息技术、信息流通、信息产品，以及人类对第三代生存环境（信息环境）的适应所产生的文化，包括生产方式、生活方式、交往方式、思维方式等在内的种种人化现实。从狭义上说，信息文化则指数字化的传播方式、生存方式及其过程和结果。

3.2.2 信息生态系统的信息链结构

信息生产者、信息组织者、信息传播者、信息消费者和信息分解者在一定的信息环境中处理信息，构成信息链，并成为信息链中的信息节点（图 3.2）。信息链中有信息流动，并随之产生能量流动。

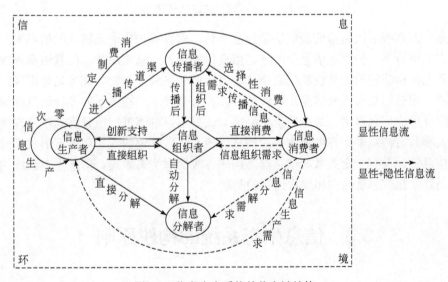

图 3.2 信息生态系统的信息链结构

信息链结构揭示了信息消费者的各种消费形式。信息消费者的需求是驱动信息生态系统平衡发展的动力。信息组织者处于信息节点的核心环节，起到调整信息流量和方向并进而调整能量流动的作用。信息消费需求是否能得到满足，取决于信息组织环节能否使消费者精确查询和获取到所需要的信息。除社会安全部门外，信息组织者、信息生产者和信息传播者也会做一定的信息分解工作，其中信息组织者将在自动分解方面发挥更大作用。也就是说，一个人在不同情境下会在各个信息节点之间转换角色，信息传播者和信息组织者的专业指向性更强。

3.2.3　信息生态系统的层次结构

生态系统的层级理论认为客观世界的结构是有层次性的，任何系统都是其他系统的子系统，同时它本身又是由许多子系统组成的。信息生态系统是个多层次的独立体系，可以按照系统构成成分的特点、信息流流动范围与特征、能量变化特征等多方面特点划分为七个等级（图3.3）。

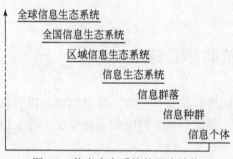

图 3.3　信息生态系统的层次结构

信息生态系统层次结构的最底层是信息个体，即具有一定信息特征的信息人。信息个体在一定的情境下，扮演着信息生产者、信息传播者、信息组织者、信息消费者或信息分解者的角色。扮演较固定角色的信息个体聚集形成信息种群，如各媒体记者形成的信息传播者种群、图书馆员形成的信息组织者种群。具有直接或间接关系的多种信息种群通过有规律的组合形成信息群落，如企业信息群落、政府信息群落等。信息群落以具有特定信息需求的人和具有特定表达与组织方式的信息为核心，在一定的信息环境下形成相对独立的群落内信息链。具有一定关系的信息群落构成各级信息生态系统。信息生态系统的信息组织模式需建立在信息链结构和层次结构的基础上。

3.3　信息生态系统的构建原则

根据信息生态系统的特点、结构及信息生态系统构建的原理，信息生态系统的构建必须遵循以下几项原则。

3.3.1　系统性原则

信息生态系统是一个大的复杂系统，其中包括许多小的子系统，虽然这些子系统逻辑上相对独立，但在功能上子系统相互协调、相互合作构成一个整体。在分解分系统的逻辑元素时，要考虑到系统的完整性，分系统间的逻辑元素相对独立，但又是一个整体。

3.3.2 开放性原则

信息生态系统不是一个封闭的系统，而是一个可以根据需要增减或改变系统成分的开放系统。信息生态系统的构建应该是一个可供众多信息生产者、信息传播者和信息消费者进行合作的平台。在这个平台上，合作各方可以根据需要自由地相互选择合适的合作伙伴。在构建模型时要充分考虑信息的动态交换性和信息系统的开放性。

3.3.3 互动性原则

信息生态系统中各要素之间所有的信息都是相互关联、相互影响的。在信息、信息人、信息环境三元网络的交互下，不仅信息的位置会发生变化，信息的内容本身也会随时间而变化，因此信息生态系统应着重研究系统信息因子之间的互动关系，建立一个动态具有自适应性的机制体系。

3.3.4 循环连续性原则

信息生态系统是一个动态发展、不断提高、循环利用的系统。因此，信息因子必须能够反映信息生态系统的现状，同时反映出经济组织的发展趋势和潜力，并揭示其内在规律。此原则体现在两个方面：一是决策者通过信息生态系统能够不断连续地获取需求信息，二是信息流通实现了信息再利用，形成了信息生态系统独特的循环模式，成就了持续发展的目标。

3.3.5 目的性原则

信息生态系统的建立，旨在认识到自身信息化水平，如何有效地进行信息化建设。通过衡量信息系统运行的现状，找出其中的不足，分析原因，总结经验，提出改善的手段和方法，进行有效的信息化管理，增加知识创新能力，使经济组织间互利互惠，最终实现和谐发展，因此所构建的系统要经得起实践的考验。

3.4 信息生态系统的功能目标

通过对信息生态系统的分析,发现其并非是自然而然和简单易行的,还需要考虑各种自然因素、社会因素、人文因素。构建出一个健康、绿色的信息生态系统生存环境,其运行机制会使得信息共享、信息化成为人内在、自发、自主的行为。从信息生态系统的组织文化层面来看,信息化是通过恰当的组织结构形成的一种知识联盟。一方面,其系统内部的形成机制、协同机制使信息实现合理而有效的流动;另一方面,其共享机制营造出有利于信息共享、决策的环境。

所以探索一种内在的、有效的信息生态系统是建设和谐信息生态环境的关键目标。其需要不断地创新、不断地产生和获取新的知识,要让所有拥有和需要新信息的成员都能参与到这个大系统中来。因此,总体说来,信息生态系统的终极目标是促进信息的普及应用与共享创新,避免信息浪费,把现存在信息环境改变成一个生态的、均衡的信息生态环境,让信息的获取变得更加容易,加快内部和外部的信息流动,确保信息能在最大限度及最广范围的条件下充分使用,从而促使信息生态系统中的信息创新能力提高。具体来说,信息生态系统的功能主要体现在以下几个方面。

3.4.1 信息共享的功能

信息生态系统是以群体利益为中心,为信息主体搭建生态化、智能化的信息共享平台。它从集成共享的角度,体现各主体之间在现实中相互依存和应变的生态关系,构建共同生存的信息空间。

3.4.2 协同进化的功能

信息生态系统各成员通过相互间的合作与竞争实现共同进化,进而推动整个生态系统的进化。信息生态系统中的共同进化是通过系统各成员或子系统之间协同作用,使相互依存的各子系统交互运动、自我调节、协同进化,最后导致新的有序结构,这种新的有序结构是生态系统各成员共同进化的结果。

3.4.3 保持信息生态平衡的功能

信息生态系统的健康状态是系统的各组成要素、比例、输入输出数量都处于稳定畅通的状态。信息生态系统的构建要避免信息生态的失衡(信息超载、信息垄断、信息侵犯、信息污染、信息综合症),保持信息生态的平衡。

3.4.4　提高信息收益的功能

信息生态系统的构建追求的是信息收益的最大化。引入生态学的理念，就是要强调信息生态链各构成要素之间共生共变的关系和相互适应的过程，通过对信息生态系统的分析和管理，可以使信息生态链处于持续的动态平衡状态，最大限度地发挥各构成要素的作用。

第4章 信息生态位理论

生态位是生态学中的一个重要概念，生态位理论是生态学中的基本理论之一。生态位现象对所有生命现象而言具有普遍性，生态位原理不仅适用于生物界，同样适用于人类社会。近年来，人们对生态位理论在企业经营、城市规划、科学研究、新闻传播、行政管理等方面的应用进行了一定的研究。在信息时代，人类的各项社会活动都与信息有关，信息生态位是人类社会活动最基本、最基础的生态位，因此，借鉴生态学中生物生态位的原理，研究信息生态位理论对丰富信息科学和生态科学的内容，指导人们在信息社会中和谐而有效地开展各项活动都有重要的意义。

4.1 信息生态位的概念与内涵

4.1.1 信息生态位的概念与结构

生态位是现代生态学中一个重要而由抽象的概念，它是生态学的重要理论之一，主要研究生物之间相互关系、生物与环境的相互关系、生态系统的多样性及稳定性等问题。

生态位概念的界定是一个不断发展、完善的过程，不同的学者对其有各自的理解，不同的发展阶段亦有不同的概念描述。

1910 年，Johnson 最早使用了"生态位"一词，他指出同一地区不同物种可以占据环境中不同的生态位。1917 年，美国学者 Grinnell 首次对生态位进行定义，即被一个物种或亚种所占据的最终分布单元，并且指出生活在同一区中的两个物种不存在生态位完全相同的情况。1968 年，Levins 提出生态位不仅是物种存在于 n 维环境资源空间中的一个范围，还需要对其适合性进行测量。1995 年，Matthew. A. Leibold 综合考虑生态位的需求维度、影响维度，提出了需求生态位和影响生态位。国内学者在生态位概念领域的研究成果包括：1993 年，李自珍等提出生态位适宜度概念；1997 年，朱春全提出生态位态势理论及扩充假说，他认为生态位包含态和势两方面的属性，是任何生物单元都应该具备的，即某一特定生态系统中，某生物的生态位就是该生物单元的态势与该生态系统中所研究的生物单元态势总和的比值，体现了该生物单元的相对地位与作用。

目前得到广泛认可的生态位解释是由 Putman 等提出的，即生态位是指每个物种在群落中的时间、空间位置及其机理关系，或者说群落内一个物种与其他物种的相对位置。这一概念可避免片面性，既包含物种与生态环境间的关系，又包含了物种与其他物种生物之间的相互关系。

综上所述，生态位是指生物在环境中占据的特定位置，即指在特定时期的特定生态环境系统中，生物与环境以及与其他生物相互作用过程中所形成的相对位置与功能状态，即包括了生物的时空位置和功能作用，是生物选择资源和环境的范围集合。

对于信息生态位的内涵，国内已有学者给出定义。娄策群认为"信息生态位就是指信息人在信息生态环境中所占据的特定位置"。刘志峰将信息生态位定义为"在特定的依存环境中，信息人以信息的搜集、整理、储备和传递为主导，通过与外部信息环境的物能流转以及其他信息人的交流互动中形成的相对地位和功能作用"。裴成发认为"信息生态位是指信息人在信息生态中的特定位置，以及信息种群在社会生态中的特定位置"。综上所述，信息生态位的形成是信息环境状况、信息人自身状况以及信息环境与信息人相互作用的结果。信息生态位是依据生态学中对生态位的概念描述，结合信息生态的概念和特点所描述的信息人在信息生态环境中所占据的特定位置，也就是指信息人在信息生态位环境中所占据的特定位置。

在生态学中，有的学者从一个方面来考察生物在环境中占据的位置，提出了空间生态位、营养生态位等概念。相应地，信息生态位也应从多方面来考察。网络信息生态系统中的信息生态位维度归纳为三个，即功能维度、资源维度和时空维度。所以，信息生态位主要由信息功能生态位、信息资源生态位和信息时空生态位三个方面构成。如图 4.1 所示。

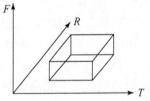

图 4.1 中 F 表示信息生态位的功能维度；R 表示信息生态位的资源维度；T 表示信息生态位的时空维度。

图 4.1 信息生态位三维模型

4.1.2 信息功能生态位概念与内涵

信息功能生态位是指信息人或组织，在特定时空与特定信息环境中所充当的信息生产者、信息传播者、信息消费者、信息分解者角色及其所承担的环境职能。具体地说，信息功能生态位是指具有信息需求且参与信息活动的个人和社会组织在由其他信息人、信息内容、信息技术、信息时空、信息制度等信息环境因子构成的信息生态环境中，由信息素质和社会分工所决定的其所占据的特定位置。本书认为网络信息生态系统要素的信息功能生态位是指网络信息生态系统内部微观信息环境中，各网络信息生态系统要素在信息生态链上所占据的特定位置及其充当的信息角色和担负的相应环境职能。网络信息生态系统要素的信息功能生态位决定了其工作任务、活动内容以及对信息资源的需求。根据信息生态链上信息人的角色，将信息功能生态位分为 4 个方向，如图 4.2 所示。

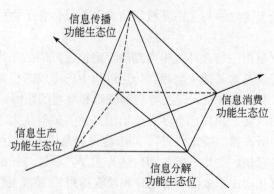

图 4.2　信息功能生态位构成

1）信息生产功能生态位是指网络信息生态系统信息生态链中的信息搜集、存储及加工功能。功能状态包括信息搜集效率、信息存储技术水平、信息加工效率、信息加工深度、错误信息识别率、错误信息删除率。

2）信息传播功能生态位是指网络信息生态系统信息生态链中的信息传输、交换及推广功能。功能状态包括信息传递速度、信息传递广度、信息流转保有率、通信技术水平。

3）信息分解功能生态位是指网络信息生态系统信息生态链中的信息需求分解及问题响应功能。功能状态包括信息检索能力、信息摄入率、有效信息敏感度、信息应用率。

4）信息消费功能生态位是指网络信息生态系统信息生态链中的信息使用、转化及应用功能。功能状态包括冗余信息释放率、需求感应水平、请求响应效率、反馈信息响应效率。

4.1.3　信息资源生态位概念与内涵

信息资源生态位是指网络信息生态系统信息人在种群内和信息活动中占有和利用信息资源（信息内容资源、信息技术资源和信息设备资源等）的状况。信息人的活动和发展需要一定种类和数量的信息资源，虽然部分信息资源具有共享性、非消耗性，但对于特定的需求而言，信息资源总是稀缺的，因此，信息人必须获取、占有和利用相应的信息资源，在信息环境中取得相应的信息资源生态位。信息人的信息资源生态位主要是由其信息资源需求、信息资源获取与利用能力决定的，而信息人的信息资源生态位又决定了信息人在信息环境中的生存和发展能力。对于网络信息生态系统中资源的分析，可知，信息人在信息活动过程中，有的占用的资源种类较多，但数量不大；有的占用资源种类较少，但数量却非常大。也就是网络信息生态系统中资源数量的庞大，种类繁多，而不同的信息人对资源的占用和利用也不尽相同，因此，各信息人的资源生态位不尽相同，多种多样。

4.1.4 信息时空生态位概念与内涵

信息时空生态位也是复合生态位，包括信息时间生态位和信息空间生态位。信息时间生态位是指信息人的信息活动占用的时间段。信息空间生态位是指信息人生存空间（信息人所在地）和活动空间（即信息人获取信息、传递信息和提供信息服务的空间）的类型（现实空间或虚拟空间）与区位。信息人的生存和活动离不开时间和空间，必须取得相应的时空生态位。信息人的信息时空生态位主要取决于信息人的信息活动性质和信息时空占有与适应能力，又决定了信息人的信息活动效率和效益。信息时空生态位包括信息时间生态位和信息空间生态位。

4.2 信息生态位的测度

生态位的概念是抽象模糊的，所能给人们具体了解的是一些刻画它的数量指标，即所谓的生态位测度，如生态位宽度、生态位重叠、生态位体积及生态位维数等。其中生态位宽度和生态位重叠是描述一个物种的生态位与物种生态位间关系的重要数量指标，目前研究主要集中在这两个指标的估算与分析上。生态位适宜度测度用于优化资源环境利用、维持系统可持续性的研究，对网络信息生态系统具有重要意义。由于网络信息资源具有高动态，海量的特征，信息资源生态位的测度意义不明确，因此在进行信息生态为宽度和重叠度的测度过程中，以信息人的信息功能作为测度依据。

4.2.1 信息功能生态位宽度测度

（1）网络信息生态系统信息功能生态位宽度内涵

在自然生态系统中，生态位宽度是指生物对多个环境生态因子的适应和利用范围，也可以说，生态位宽度是生物所利用的各种环境资源的总和，即环境资源利用的多样化程度。近期研究认为，信息功能生态位宽度是指信息人在信息生态环境中充当信息角色的类型和承担信息职能的多少，以及服务对象的种类和数量。本书认为，信息人的信息功能生态位宽度是指网络信息生态系统内部微观信息环境中，各要素在信息生态链上充当信息角色的类型，以及其承担信息职能的多少（即功能状态值的高低）。

（2）网络信息生态系统信息功能生态位宽度测度模型构建

生态学中常用的生态位宽度计算公式有 Levins 公式、Schoener 公式、Hurlbert 公式、Golwell 和 Futuyma 公式、Petraitis 公式、Smith 公式、Pielou 公式、Shannon-Wiener 多样性指数公式、余世孝公式等。其中在近几年的相关研究中使用最多的是 Levins 公式与 Smith 公式。研究表明，Smith 公式能较为客观地反映植物种群生态位宽度的大小，而直接以重要值为自变量代入 Levins 公式中的 Shannon-Wiener 指数求得的结果能更好地反映生态位宽度对比关系的客观情况。该公式计算方法简洁，生物意义明确。由于网络信息生态系统信息人的信息功能生态位研究更倾向于描述各信息人间的关系，因此本书借鉴 Shannon-Wiener 指数公式，提出来信息人的信息功能生态位宽度测度公式（式 4.1）：

假设以网络信息生态系统的 S 个信息人作为行（这里取值为 6），R 个功能状态作为列（这里取值 4 种信息功能生态位的功能状态之和为 18），形成信息人承担信息职能功能状态值的功能矩阵，见表 4.1。

表 4.1 信息人承担信息职能功能状态矩阵

	功能状态					
	N_{11}	$\cdots$	N_{1j}	$\cdots$	N_{1R}	Y_1
	N_{21}	$\cdots$	N_{2j}	$\cdots$	N_{2R}	Y_2
信息人	$\vdots$		$\vdots$		$\vdots$	$\vdots$
	N_{i1}	$\cdots$	N_{ij}	$\cdots$	N_{iR}	Y_i
	$\vdots$		$\vdots$		$\vdots$	$\vdots$
	N_{s1}	$\cdots$	N_{sj}	$\cdots$	N_{sR}	Y_s
	X_{s1}	$\cdots$	X_{sj}	$\cdots$	X_{sR}	Z

矩阵式中，N_{ij} 为第 i 个信息人承担信息职能的功能状态 j 的值数；Y_i 为信息人 i 承担信息职能功能状态的总值；X_j 为各要素承担信息职能的功能状态 j 的总值；Z 为功能状态总值。则信息人信息功能生态位宽度为

$$\text{IFB}_i = -\sum_{j=1}^{R} P_{ij} \lg P_{ij} \tag{4.1}$$

式中，IFB_i 为信息人 i 的信息功能生态位宽度；$P_{ij}=N_{ij}/Y_i$，为第 i 个信息人承担信息职能功能状态 j 的值占该要素各项功能状态总值的比例。

在信息人 i 充当的每种信息角色其信息职能的功能状态值都相等的情况下，IFB 达到其最大值。这说明信息人对所有功能状态不加区别地承担时，才有较宽的信息功能生态位。上述公式虽然计算简单，意义明确，但是忽略了网络信息生态系统对信息生态环境的适应能力的差异及由此产生的对信息功能生态位的影响，故不能将这两个公式完全看作是对信息人的信息功能生态位宽度的定量分析。

信息人在同一时期内可以只充当一种信息角色，也可以充当两种甚至两种以上的角色，最终其所具有的信息功能状态值也有所不同，如图 4.3 所示，A 曲线较 B 曲线信息功能生态位种类多，但其信息功能状态值较低。

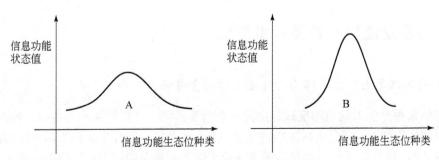

图 4.3 信息功能生态位宽度示意图

（3）网络信息生态系统信息功能生态位宽度测度结果应用

如果信息人在信息活动中充当的信息角色类型和承担的信息职能均较多，或者充当的信息角色类型少但承担的信息职能多，或者承担的信息职能少但充当的信息角色类型多，则认定其信息生态位较宽。当信息人在信息活动中充当的信息角色类型和承担的信息职能均少时，则认定其信息生态位较窄。信息人的信息功能生态位宽度不是一成不变的，而是伴随着环境中各种环境因子以及要素自身的工作状态等变化，处于动态变化之中。信息功能生态位越宽，表明信息人在信息活动中承担的信息职能越丰富，此时该要素在系统中占据较为重要的地位。信息功能生态位窄，则网络构建在信息活动中承担的信息职能丰度小，但不一定说明该要素地位低，需要与信息职能的价值与功能状态联系起来分析。

在信息生态环境中，信息人的信息功能生态位宽，则其可能拥有多种的信息功能，对环境的变化有较强的适应能力。在频繁变化的环境里，该类信息人在竞争中获胜的概率也就越大，其生存能力较强。信息生态位窄，则信息人拥有较窄范围内的信息功能，可能具有发挥某些信息功能的特殊适应能力，在该类资源丰富且长期稳定的环境中，更有利于该类信息人的生存。

从对信息人竞争能力的影响上来说，信息人的信息功能生态位不是越宽越好，也不是越窄越好。信息人的信息功能生态位宽，则其可能会发挥多方面的信息功能，形成多方面或综合的竞争优势，拥有较强的竞争能力；同时，一个有较宽信息生态位的信息人，也可能只是占据了大范围的功能和资源，却没有形成独特的竞争优势，则其竞争能力就会较弱，一旦外来竞争者进入，该信息人就会被限制和压缩其信息生态位宽度。信息人的信息功能生态位窄，一方面，信息人可能会占据较少的信息功能，不能形成自身的竞争优势，其竞争能力较弱；另一方面，信息人可能更专注于某类信息功能的发挥和对某类信息资源与信息时空的充分利用，形成某一方而独特的竞争优势，在资源充足且长期稳定的环境中，其竞争能力也较强。

在信息生态系统中，信息功能生态位宽度对信息人之间竞争的激烈程度有很大影响。一般来说，信息功能生态位较宽时，信息人占据的信息功能比较广泛，信息人所面临的竞争对手的数量会较多，信息人之间功能重叠也就较多，容易发生竞争；信息生态位较窄时，信息人占据的功能、资源的范围比较狭窄，信息人所面临的竞争对手相对较少，信息人之间的生态位重叠也就较小，可减少竞争。

4.2.2　信息功能生态位重叠度测度

（1）网络信息生态系统信息功能生态位重叠内涵

生态位重叠是生态危机测度过程中的一个重要指标，在自然生态系统中，当两个生物需求同一环境资源时，就会出现生态位重叠现象，就会有一部分生态位为两个生物所共有。近期研究认为，信息生态位重叠是指两个或两个以上信息人的信息生态位全部或部分相同。本书认为信息人的信息功能生态位宽度是指网络信息生态系统内部微观信息环境中，各要素在信息生态链上充当信息角色的类型和承担的信息职能有相同的部分。

（2）网络信息生态系统信息功能生态位重叠测度模型构建

生态学中常用的生态位重叠计算方法有曲线平均法、对称 α 法、不对称 α 法、和 α 法和积 α 法、信息函数法、概率比法、王刚公式等。其中使用较多的是对称 α 法，该方法可以客观地反映种群之间的生态位重叠以及生态位重叠关系的变化。本书应用 Pianka 公式，建立信息人的信息功能生态位重叠测度公式。

假设以网络信息生态系统的 S 个信息人作为行（这里取值为 6），R 个功能状态作为列（这里取值 4 种信息功能生态位的功能状态之和为 18），形成信息人承担信息职能功能状态值的功能矩阵，见表 4.2。

表 4.2　信息人承担信息职能功能状态矩阵

					功能状态			
	N_{11}	$\cdots$	N_{1j}	$\cdots$	N_{1R}		Y_1	
	N_{21}	$\cdots$	N_{2j}	$\cdots$	N_{2R}		Y_2	
信息人	$\vdots$		$\vdots$		$\vdots$		$\vdots$	
	N_{i1}	$\cdots$	N_{ij}	$\cdots$	N_{iR}		Y_i	
	$\vdots$		$\vdots$		$\vdots$		$\vdots$	
	N_{s1}	$\cdots$	N_{sj}	$\cdots$	N_{sR}		Y_s	
	X_{s1}	$\cdots$	X_{sj}	$\cdots$	X_{sR}		Z	

矩阵式中，N_{ij} 为第 i 个信息人承担信息职能的功能状态 j 的值数；Y_i 为信息人 i 承担信息职能功能状态的总值；X_j 为各要素承担信息职能的功能状态 j 的总值；Z 为功能状态总值。则信息人信息功能重叠度为

$$IFO_{ik} = \sum_{j=1}^{r} P_{ij} P_{kj} / \sqrt{\sum_{j=1}^{r} P_{ij}^2 \sum_{j=1}^{r} P_{kj}^2}$$

式中，IFO_{ik} 为信息人 i 的功能承担曲线与要素看的功能承担曲线的重叠指数；$P_{ij}=N_{ij}/Y_i$，为第 i 个信息人承担信息职能功能状态 j 的值占该要素各项功能状态总值的比例。$P_{kj}=N_{kj}/Y_j$ 为第 k 个信息人承担信息职能功能状态 j 的值占该要素各项功能状态总值的比例。

对称 α 法能客观地反映出信息人之间充当信息角色或承担信息职能的相似性，并具有较为直观的几何解释，而且其信息功能生态位重叠不超过 1，便于对不同要素的信息功能生态位重叠进行客观比较，具有较强的实用性。

假设两个信息人 A、B，他们之间信息生态位重叠会出现四种情况，如图 4.4 所示。

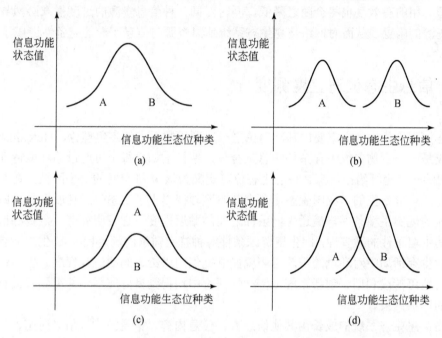

图 4.4　信息功能生态位重叠示意图

如果 A、B 从事信息活动充当的信息角色类型在种类和各类信息职能的功能状态值上均相同，则两者间的信息生态位重合，即图 4.4（a）；如果 A、B 从事信息活动充当的信息角色类型在种类不同，则两者间的信息生态位分离，即图 4.4（b）；如果在某一信息活动中，A 充当的信息角色类型多于 B 充当的信息角色类型和功能状态值，或者两者充当的信息角色类型相同但 A 承担的信息职能功能状态值较高时，则 A 的信息生态位较宽，此时为信息生态位包含关系，即图 4.4（c）；如果 A 充当的信息角色类型和 B 充当的信息角色类型在种类上存在相同部分，但种类和各类信息职能的功能状态值上不完全相同的情况下，信息生态位交叉，即图 4.4（d）。

（3）网络信息生态系统信息功能生态位宽度测度结果应用

在信息生态系统中，信息功能生态位重叠会导致信息人之间的竞争。一般来说，信息人之间的竞争程度与其信息功能生态位重叠呈正比，信息功能生态位重叠越多，信息人之间的竞争越激烈。信息功能生态位维度上的过多重叠会导致竞争主体的增加，从而增加竞争的激烈程度。

信息功能生态位重叠在影响信息人竞争的同时，对信息资源的开发利用也起到了一定的促进作用。由于信息功能生态位的重叠，同种信息资源会被多个信息人多次重复使用，重叠的范围越大，资源被重复使用的次数就越多，因此该信息资源的利用率也会在一定范围内随之提高。不同的信息人出于不同的职能与目的，对于同种信息资源的需求也不尽相同。

当信息功能生态位过度重叠时，不同的信息人在同种信息资源的利用层次与方向上是没有侧重的。在这种情况下，信息资源的利用就不仅限于广度上，而且降低了其利用的深度，资源利用的有效度也将会随之降低。同时对同一种信息资源的过度需求必然导致了其他信息资源的闲置，从而对网络信息生态系统信息资源与信息职能的完备性造成了损害。

4.2.3 信息生态位适宜度测度

生态位理论是生态学重要的基础理论之一。利用数学上的点集理论，Hutchinson 把生态位看成是一个生物单位生存条件的总集合体，他指出如果每个可度量的环境特征都作为 n 维空间的一个坐标给出，那么种的生态位可定义为该 n 维空间的一个区域，在其内部生物个体的适合度是正的。我国生态学专家李自珍教授提出了生态位适宜度概念，即"一个种居住地的现实生境条件与最适生境条件之间的贴近程度，它表明拥有一定资源谱系生物物种对其生境条件的适宜性，即生境资源条件对种特定需求的满足程度"。生态适宜度具体描述物种生存活动中对环境的需求与环境能够提供的供给之间的适宜程度。生态位适宜度模型在耕地可持续利用、创新系统可持续性评价中均得到良好应用，并得到了具有实践参考意义的评价结果。

网络信息生态系统的成长由其他信息人、信息内容、信息技术、信息时空、信息制度等因子为支撑和基础，它们共同构成一个多维的信息生态空间。其中，网络信息生态系统可持续成长所需的各种信息生态因子构成的信息生态位空间，称为最适信息生态位空间；而网络信息生态系统的现实信息生态因子构成对应的信息生态位空间，称为现实信息生态位空间。二者之间的匹配关系，反映了网络信息生态系统现实信息生态条件对其可持续成长的适宜性程度，其度量可以借用生态位适宜度模型来估计。信息生态位适宜度在（0，1）区间上，其值越大，表明各信息生态因子满足网络信息生态系统成长需求程度越高。

网络信息生态系统成长能力的信息生态位适宜度评价步骤如下。

假定进行了 m 次实验，对 n 个生态因子进行观测，各因子的实验值与相应的最适值构成表 4.3。

表 4.3　信息生态位适宜度实验观测表

序号	观测指标			
	X_1	X_2	$\cdots$	X_n
1	X_{11}	X_{12}	$\cdots$	X_{1n}
2	X_{21}	X_{22}	$\cdots$	X_{2n}
	$\cdots$	$\cdots$	$\cdots$	$\vdots$
i	X_{i1}	X_{i2}	$\cdots$	X_{in}
	$\cdots$	$\cdots$	$\cdots$	$\vdots$
M	X_{m1}	X_{m2}	$\cdots$	X_{mn}
最适值	X_{a1}	X_{a2}	$\cdots$	X_{an}

首先进行数据标准化：

$$x'_{ij} = x_{ij} / \frac{1}{n} \sum_{j=1}^{n} x_{aj}, \quad x'_{aj} = x_{aj} / \frac{1}{n} \sum_{j=1}^{n} x_{aj}$$

再计算 x_{ij} 与 x_{aj} 间的绝对差：

$$\delta_{ij} = \left| x'_{ij} - x'_{aj} \right|, \quad (i = 1, 2, \cdots, m, j = 1, 2, \cdots, n)$$

记 δ_{ij} 的最大值和最小值分别为 $\delta_{max} = \max\{\delta_{ij}\}$，$\delta_{min} = \min\{\delta_{ij}\}$。然后，由此建立如下适宜度模型：

$$F_i = \frac{1}{n} \sum_{j=1}^{n} \frac{\min\left\{\left| x'_{ij} - x'_{aj} \right|\right\} + \alpha \max\left\{\left| x'_{ij} - x'_{aj} \right|\right\}}{\left| x'_{ij} - x'_{aj} \right| + \alpha \max\left\{\left| x'_{ij} - x'_{aj} \right|\right\}} \quad (i = 1, 2, \cdots, m)$$

式中 F_i 表示第 i 种实验条件下网络系统的信息生态位适宜度；α 为模型参数（$0 \leqslant \alpha \geqslant 1$），在计算 α 时设 δ_{ij} 的平均值为

$$\overline{\delta}_{ij} = \frac{1}{mn} \sum_{i=1}^{m} \sum_{j=1}^{n} \delta_{ij}$$

假定当 $\delta_{ij} = \overline{\delta}_{ij}$ 时，$F_i = 0.5$，即 $\dfrac{\delta_{min} + \alpha \delta_{max}}{\overline{\delta}_{ij} + \alpha \beta_{max}} = 0.5$，由此式计算 α 值。

最后计算限制因子模型 F_{min-t}

$$F_{min-t} = \min\left\{\frac{x_{ij}}{x_{aj}}\right\}$$

限制因子模型可以评价现实资源位因子与其最适值之间的关系，其中 x_{ij} 和 x_{aj} 分别为第 j 个生态因子的实测值和最适值。

4.3 信息生态位的优化策略

1. 精准定位，保持功能优势

信息人要想在激烈的竞争中求得生存和发展，无论在网络信息生态系统的哪个阶段，都必须只有找准适合自己的信息生态位，才能形成信息服务优势。

信息人应依据实际情况找准信息生态位。在信息服务生态系统中，由于各个信息人在信息活动中的作用和职能不同，对信息资源需求、获取与利用上的不同、占据空间和活动时间的不同，所以其信息生态位也有较大的差别。信息人首先应根据自身的性质、社会分

工的要求、人类对信息服务职能的需求和自身的信息能力等情况，确定自己的信息功能生态位，在此基础上，根据信息环境状况以及信息人生存与活动的目标、特色和竞争能力，确定相应的信息资源生态位和信息时空生态位。

信息人在找到合理的信息生态位后，为保持信息生态位的相对稳定，可以适应环境，完善自我，形成优势，因此，信息人必须巩固已有的信息生态位。信息人巩固已有信息生态位的策略有：①信息人要有足够的竞争优势来支撑自己的生存和发展，加强其主要信息服务职能，形成突出的信息资源优势。在网络信息生态系统中，实力相当而又相互竞争的信息人为了各自的生存和不被对手击败，往往强化自身的某些特征，强调自己的异质特性，形成独有的功能优势，以实现主导信息人间竞争均衡且长期共存。②信息人用足够的创新精神和创造力来发展自我，为了保证信息人自身具有一定或较为充足的生存发展空间，保持和相邻信息生态位上的信息人既竞争又发展的态势，信息人既要有足够的稳定性来支撑自己的存在，又要有足够的创造性来发展自我，达到一种自发调节和存活的状态。

2. 保持竞争尺度，寻求错位空间

每个信息人在确定和巩固自己的信息生态位时还应当注意，它必须在某一空间、时间、信息用户、信息资源、信息技术、信息服务和管理方法上与其他信息人有所区别，寻求合适的错位空间，才能避免过度竞争。采用错位策略，通过优化功能、资源、空间与时间信息生态位结构，对信息人信息生态位的重叠部分进行分离，使信息人在信息服务功能、服务对象、信息资源、信息服务空间与服务时间方面与其他信息人尽可能地减少信息生态位重叠。

信息人信息生态位的错位方式可以分为信息功能错位、信息资源错位、信息时空错位。

信息功能错位是指不同种类的信息人在信息环境中所充当的角色及所承担的社会职能应有所差别，服务对象与服务项目应有所不同，避免信息人职能同置、服务对象同构、服务项目同设。信息资源错位是以信息资源的差异性开发与利用为前提，各信息人占有和利用信息资源的状况应适当错开。各信息人主要利用的信息内容资源的学科范围、所属领域及信息资源的载体形式，以及所利用的现代信息技术设施与手段和所需要的信息人才的类型应呈现差异化。

3. 协同演化，强化共生关系

当信息人的信息生态位相同或重叠度较大并且无法错位或错位难度较大时，应当遵循整体性和协调性的原则，采用协同演化的策略，通过合作式竞争与资源共享，在竞争与合作的相互作用中达到动态平衡，通过理性竞合达到共存和协同发展，最终实现互利互惠、协调共生。共生关系能给网络信息生态系统带来好处：一方面，互惠共生可获得信息人各自的优势资源互补，产生"共生放大效应"；另一方面，可以避开在整体上的竞争关系。共生生态位上的信息人不仅要考虑到信息人自身利益，还要考虑到相关信息人的利益，它们之间的关系已不再是简单的业务往来关系，而是利益共享的合作伙伴关系。

4. 查缺补漏，创造新信息空间

信息人的信息生态位空缺主要包括信息功能生态位空缺和信息资源生态位空缺。信息

功能生态位空缺是指信息服务生态系统中具备某种功能的信息人个体或种群的缺失。在自然生态系统中，对于食物链或食物网来说，如果其中的某一生物不存在了，那么就必然会使得食物链或食物网发生断裂，进而影响整个自然生态系统的生态平衡。同样，对于信息服务生态系统中的生态链或生态链网来说，如果缺少某种信息机构个体或种群，即出现信息功能生态位空缺，必然会导致信息服务生态链或生态链网的缺失或断裂，甚至会造成整个信息服务生态系统的失衡，不利于其可持续、健康发展。信息资源生态位空缺则是指一些对信息用户有用的信息资源未能被信息人获取并加以利用，使得信息生态系统内的资源没有得到充分利用，造成资源浪费。处于弱势地位的信息人可采用补缺策略，钻空经营。

5. 动态移位，高度契合环境

信息人不仅要构建恰当的信息生态位，还要根据环境的变化对信息生态位做出及时、适当的调整。如果墨守成规，保持原有的信息生态位不变，则有可能导致战略失误，错失良机，甚至威胁信息人的生存。事实上，信息人的职能和任务、信息资源以及信息人之间的竞争状况是随着时间不断变化的，信息人应根据这些变化，通过扩展、压缩和移动等方式及时地对不合时宜的信息生态位进行调整。

（1）信息人信息生态位扩展

为了适应环境的变化并提高整体竞争实力，信息人要对潜在的信息生态位进行开发，通过引进新的信息资源和信息时空对信息生态位宽度进行拓展，以寻找更有利的生存发展空间，实现可持续开发。科学技术的飞速发展以及信息用户的信息需求的多样化发展，不断创造出新的信息资源和新的信息空间，形成新的信息生态位。信息人应通过信息技术创新、信息服务项目创新与组织管理创新等方式，使信息人内部资源要素重新配置，并将外界资源纳入信息人内部进行配置，改革工作管理体制和运行机制，改变信息服务的内容和模式，拓展用户需求，形成较以前更强的资源整合能力和竞争能力。通过设置新的信息产品项目、建设新的信息服务设施、采用新的服务方式等方法来开辟新的服务领域；通过多元化的服务体系设置来满足信息用户多样化的信息需求，从而扩大信息生态位，拓展信息人的发展空间。

（2）信息人信息生态位压缩

当某个信息人与同类型机构的信息生态位重叠度增大，竞争日益激烈，在固守原有生态位和寻求共生生态位都无法实现的情况下，可以压缩信息生态位。通过减少原有信息生态位上的因子，取消相对劣势的信息服务项目，节省其他信息服务项目的开支，将人力、物力等资源集中到其优势信息服务项目的建设上，将优势信息服务项目打造成精品信息服务项目，在整个信息服务系统中形成其独特的竞争力。信息生态环境中的信息资源的数量、质量与紧缺程度处在不断的发展变化中，当占有和利用某些信息资源的难度与成本增大，如某些信息内容资源难以获取、信息技术资源维护困难、信息人才资源紧缺等，信息人应从可持续发展的角度出发，综合考虑本机构的技术与经济等实际情况，缩减某些信息资源的开支，减轻机构的经营负担。

（3）信息人信息生态位移动

信息人信息的状态改变，减少环境中对相同功能与资源的竞争。当信息人之间竞争减弱时，信息人可以扩大信息生态位宽度，占据原来不曾占据的功能、资源生态位。如一个外来信息人进入一个特定的信息环境后，如果该环境中没有竞争者存在，他就可以进入以前他从未占有过的生态位。同样，如果一个信息人从一个特定的环境中离开，留下的信息人也会进入以前他们无法占有的生态位。

第5章 信息生态链理论

信息生态链研究源自于信息生态和信息链的交叉应用研究，其借鉴了生态学的思想和研究方法，是对信息生态系统中的信息传递链进行的专门性研究。作为信息生态研究的热点之一，信息生态链研究多是围绕信息生态链的形成和运行而展开的有关组织系统中信息传播与应用的研究。由于研究的起步较晚，时间较短，到目前为止，在信息生态链的基础理论和研究内容等方面还存在不少争议。因此，本章内容将在对信息生态链相关研究进行综合分析的基础上，对信息生态链的相关理论和应用进行综合阐述。

5.1 信息生态链的概念与特征

5.1.1 信息生态链的理论基础

信息生态链属于人造系统，存在于特定的信息生态之中，包含了信息、信息人和信息环境等基本要素，是信息生态的集中体现。从结构形态上看，信息生态链与生态学中的食物链比较相似，但是内涵和本质却完全不同。食物链注重的是物质和能量的传递，而信息生态链强调的是信息的传递和利用。因此，本节在阐述信息生态链的理论内涵之前，首先对生态系统、食物链、信息链、信息价值链等相关理论进行简要介绍。

1. 生态系统与食物链

生态系统是生物与环境之间形成的一个自然系统，是在一定空间中共同栖居着的所有生物（即生物群落）与环境之间通过不断的物质循环和能量流动过程而形成的统一整体。生态系统由非生物环境、生产者、消费者和分解者等基本要素构成，他们之间的相互联系、相互作用构建了生态系统不同的空间结构、时间结构和营养结构。

在生态系统中，生物能量和物质通过一系列取食与被取食的关系在生态系统中传递，各种生物按其食物关系排列成一定的链状顺序，从而形成食物链。许多长短不同的食物链相互交织形成的网状结构称之为食物网。一般来说，食物网越复杂，生态系统抵抗外力干扰的能力就越强；食物网越简单，生态系统越容易发生大的波动甚至崩溃。

2. 信息链

有关信息链的内涵和定义存在三种不同的看法。

第一种是信息进化的观点，是由信息的基本概念逐层展开的。梁战平（2003）指出英语的"information"是一个连续体的概念，由事实（fact）、数据（data）、信息（information）、知识（knowledge）、情报或智能（intelligence）五个要素构成信息链（informationChain），信息的上游面向物理属性，信息的下游面向认知属性。

第二种是信息栈的观点。在信息环境中，信息从信源到信宿要经过一些类似货栈一样的传递节点，节点的连接形成的链状结构即为信息链，信息行为是信息链的核心要素，是信息交流的载体和通道。张军（2009）指出在特定互联网信息环境下，采用某种技术手段向用户提供服务，使信息在具有信息生产、储存、传递、加工、整合、消费等功能的节点间流动增值从而形成信息链。

第三种观点是生态关系的观点。Davenport（2007）认为信息链是不同信息人种之间信息流转的链式依存关系，更加强调信息主体之间有关信息流转的动态关系。信息链是信息生态的灵魂，没有信息链，任何信息生态都无从谈起。在信息生态系统之中，信息链通过信息的流动使无数的信息场连接起来，从而形成某种方式的链条，成为信息生态系统的信息通道。

综合学者们的研究，作者认为信息链是因为信息在不同主体之间的流动而形成了链状结构。那些长短不一、结构不同的信息链交叉纵横形成信息网络。人们可以通过改善信息环境，规范信息流转过程，协调信息主体之间的信息活动等工作，提高信息链中信息的流转效率，提高信息的使用水平。

5.1.2 信息生态链的概念与构成要素

信息生态链是信息通过一系列的加工、传递和利用的行为在信息生态环境中传递，各种信息主体（信息人）按信息流转顺序排列而形成的链状顺序结构。信息生态链的概念最早由韩刚和覃政（2007）提出，认为信息生态链是存在于特定的信息生态中的、由多种要素构成的信息共享系统，包含了信息、信息人和信息环境等基本要素，而信息人又可分为信息生产者、信息组织者、信息传播者、信息消费者和信息分解者五种类型。作为信息生态系统中不同信息人种之间信息流转的链式依存关系，信息生态链是一种由多种关系相互交织、相互结合而成的多元复合关系，包括平等关系、共生关系、互动关系、互惠关系、合作关系、竞争关系等（娄策群，2007）。

因为信息在流转过程中会因为人为的干预或者信息环境的制约，出现失真或失效的变化，即因为受到信息传递效率的制约，信息生态链的长度不能过长。同时，又因为人际关系的复杂性，各种信息主体的角色处于不断变换之中，任何信息主体之间都有可能存在直接或间接的信息流转关系，这使得那些交叉纵横的信息生态链形成信息生态网，信息生态网的复杂性和功能效率决定着信息生态稳定性与效率高低。

信息生态链包含了信息、信息人和信息环境等基本要素，其中信息人可以是个人，也可以是任何形式的群体或组织，信息主体之间存在分工协作、相互竞争、相互依存的关系，并且在不同的时间或地点，他们的角色会发生转换。

在信息生态链中，信息主体（信息人）是核心要素，信息主体的价值取向能够左右信息生态链的发展方向；信息是信息生态链各个环节相互联系的基本形式，是信息生态链形成的关键因素；信息环境是信息主体存在发展的背景、场所等空间因素，是信息生态链存在的支撑条件。信息主体之间以及信息主体与信息环境之间不断地通过信息的流动实现联系和互动影响。

5.1.3　信息生态链的特征

1. 时空结构特征

信息生态链存在于特定的地域环境之中，并且随着时间地点的改变，是某一具体地点的客观存在，并且信息主体的角色也会发生转变，因而会形成了不同的信息生态链。

2. 动态演化特征

信息生态链上的各个组成要素是通过一定的信息关系相联系，而不是随意拼凑在一起的，这种关联性促进了信息生态链上各信息主体及信息环境的协调发展。信息生态链的存在、发展依赖信息生态链能够满足某类信息主体的信息需求，若一条信息生态链上的信息主体的信息需求长期不能得到满足，则该条信息生态链会因逐渐失去价值，而被其他的具备该功能的信息生态链所代替。信息生态链的发展具有阶段性特点，信息生态链上信息主体之间及信息环境的动态适应、协调发展的能力推动了信息生态链动态发展、不断演化。信息生态链可经历产生、发展、成熟、衰退等不同的生命周期阶段。

并且，因为信息生态链的信息主体之间不断的竞争、合作的关系导致信息生态链形态结构的改变，淘汰效率低下的信息生态链，从而导致信息传递和利用效率的不断提高。信息生态链是信息流动和共享的平台，信息人、信息与信息环境之间存在动态的相互适应过程；持续的动态适应过程形成信息生态的平衡，最终导致信息生态链构成要素与系统环境要素的共同进化。

3. 层级有限特征

虽然信息生态链不像食物链那样存在能量递减的特点，但是信息在流转过程中也会因为环境的干扰或一些人为的因素导致信息失真、信息放大、信息虚假等现象的发生，从而降低信息效用。因此，一个健康、高效、有效的信息生态链，其层级必定是有限的。

4. 信息双向流动特征

食物链中能量的传递是单向的，而信息生态链中信息的传递和扩散是双向，甚至是多向的。信息的加工、利用和传播可以在一条信息生态链的主体之间反复进行、交叉进行，这种特点有利于信息的创新和信息价值的发挥。

5. 功能设计特征

信息生态链的存在具有明显的功能导向性，一般是以信息流转、信息共享为基本功能的。又因为信息生态链是人为的社会系统，人们可以通过设计和管理来构建和发展一个高效的信息流转系统。与自然生态中的食物链不同，信息生态链可以设计和管理，其具备的设计弹性将帮助信息生态链适应内外部的变化，通过信息共享管理、产权管理、环境管理可以实现高效的信息流转效率，最大化信息利用价值。

5.2 信息生态链的结构和类型

5.2.1 信息生态链的结构

信息生态链结构是指在信息生态链中的节点构成，以及节点之间的连接方式。信息生态链的组织结构是否合理、运行效率是否高效直接决定着整个信息生态系统的平衡发展。信息生态链必须满足结构完善，即表现为节点质量良好、节点组合科学、连接方式合理、协调互动性强，如此才能实现信息流转速度快、质量高、成本低等方面的目标。

信息生态链通过信息主体之间的信息流转、信息主体与信息环境相互作用发挥功能，即以信息主体为主导、以信息流转为关联方式在信息环境的相互作用影响下实现信息的传递、分解等功能。在信息生态系统中，任何一条信息生态链都是由主干链和支撑链构成，信息主体通过信息流动相互影响、相互作用有序地在一起构成了主干链，而支撑链指的是信息环境。作为主干链的背景和场所，信息环境通过信息流动与信息主体相互影响、相互作用，起到支撑主干链运行的作用。主干链和支撑链中也包括多种组成因素，各个因素相互作用、协同进化，共同促进、完善信息生态链。

系统思想认为，结构是由节点和节点之间的关系及关系演化共同构成的。虽然从整体上看，网络信息生态链是网链式结构，但是在不同的时空范围、不同的子系统、不同的实践活动中，会表现出不同的结构形式，并且由于结构形式的差异会导致信息生态链系统功能的差异，从而影响到网络信息生态链效能。

1. 线性结构

线性结构是信息生态链的最常见结构形态。在一些信息生态链中，由于节点之间只具有前后或上下的信息流，从而表现出线性结构（图 5.1）。在此类信息生态链中，节点之间往往存在一定的依赖关系（如资源依赖、权利依赖等），以层级方式排列，从而形成线性结构。信息流动方向具有单一性，信息在节点之间依次传递，因此，信息传递的效率和整个网络信息生态链的效能会受制于每个节点的信息处理（搜集、整理、传递）能力，任意一个节点的低效率都会导致整个系统低效，因此，线性结构的网络信息生态链相对比较脆弱，容易发生信息堵塞、信息失真等问题。例如，在以供应链为基础的信息生态链中，前后业务伙伴之间，供应信息和需求信息在供应商、制造商、分销商、零售商和顾客之间不断流传并形成了一条具有层次性的线性信息流，所有节点均参与信息的收集和传递，任意一个环节出现信息传递的断裂、失真、放大等问题均会影响整条信息生态链的稳定和平衡，甚至产生牛鞭效应等影响供应链整体效益的现象。

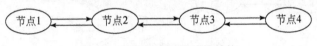

图 5.1　信息生态链的线性结构

另外，从微观上看，任意结构的任意两个信息主体之间的联接都表现为线性结构，因此，线性结构也是信息生态链的基本结构，是其他类型结构的有机构成。

2. 星型结构

星型结构也称为中心式结构，即整个信息生态链的存在和发展完全依赖于中心主体。中心主体提供了信息生态链发展的关键信息活动（信息生产、信息组织、信息传播等功能之一或更多）。信息可以是从中心主体向外发散的，也可以是向中心主体汇聚的（图 5.2）。例如，社交网络平台由于具备了信息的发布和传播功能，成为社交网络信息生态链的中心主体，以他们为中心的信息生态链具有明显的星型结构类型。中心主体的功能一旦下降、低效、落伍、失效，整个信息生态链有可能会解体。尤其是在网络环境中，由于处于绝对多数的个人类型的信息主体在功能上的弱势地位，需要依靠组织类信息主体作为中心平台才能更好地实现信息交互，因此，星型结构也是网络环境中最常见的信息生态链结构。

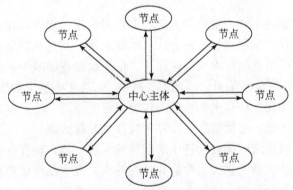

图 5.2　信息生态链的星型结构

3. 树形结构

在一些特殊的信息生态链中（如政务网络信息生态链或集团公司类型的信息生态链），一个上级组织对应着多个下级，信息的传递具有从上向下发布或从下向上汇总的层级特点，表现出树形结构（图 5.3）。树形结构是线性结构和星型结构的一种复合衍生，单独每一个层级都可以看成是一种星型结构。树形结构在形态上非常类似于传统的职能型组织结构，虽然上下或前后之间的信息交流速度很快，信息也会以很快的速度向外扩散，但是随着层次的增加，信息也会出现失真或者放大的现象。并且，由于组织结构的限制关系，系统内部缺乏横向交流，导致水平方向的信息沟通效果低下，容易引发"信息孤岛"现象，造成组织内部信息生态的失衡。

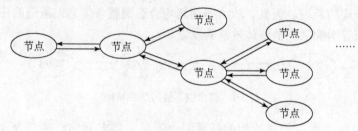

图 5.3　信息生态链的树形结构

4. 网状结构

从宏观上看，信息生态系统的节点之间因为交叉纵横的信息流而形成网状结构。在网状结构的信息生态链中由于节点间的直接连接通路更多，信息传递速度会更快和更及时，有利于提高信息的真实性和时效性，减少虚假信息和不对称信息的出现，从而更有利于活动（商务、社交等活动）效率的提高。但是也会由于信息的重复出现形成信息过载的现象。

5.2.2　信息生态链的信息流转

信息生态链与食物链不同，信息的流转不遵循能量守恒定律。在信息生态链的信息流转中，信息量增减并存，总量增加是常态。从数量上看，信息从信息生态链的一个节点到达另一个节点，有一些信息被排除或损耗掉了，信息量会逐级减少，但是，在某些节点上会产生一些新的信息，又会使信息总量增加。另外，信息生态链中的信息流转并不是单向，而是多向流动的，并伴随着信息主体角色的转换而有所不同，信息的消费者在使用信息之后也会变成信息的生产者，促使信息向反方向或其他方向流转。

信息生态链中的信息流转如食物链中的能量的转移一样，也存在效率问题。高效的信息生态链具有结构完善、功效强大、价值共享的特点，三方面相辅相成。结构完善表现为节点质量良好、节点组合科学、连接方式合理、协调互动性强；功效强大表现为信息流转速度快、质量高、成本低；价值共享表现为整体价值增值大、节点增值自实现最优、共享价值分配合理。三个方面相辅相成，结构完善是功效强大的基础，功效强大对价值共享有一定的推动效果，而价值共享对功效强大也有较大的促进作用。因此，如果要对信息生态链进行优化改进，就不能单从某一方面入手，必须三个方面联动，遵循以增强功效为核心，以完善结构为重点，以实现价值共享为目标的优化准则。

在信息生态链信息流转过程中也会发生断裂现象，从而造成信息生态链的断裂。因此，必须通过加强宏观调控，制定统一的规范标准，完善信息生态链，提高参与者的素质，以及加强信息生态系统建设等方面来应对信息生态链的断裂。

5.2.3 信息生态链类型

根据不同的分类标准，可以将信息生态链划分为不同的类型。

根据信息生态链中信息人的组织形式的不同，信息生态链可划分为组织内部信息生态链与跨组织信息生态链；根据信息人信息角色的专兼职程度不同，可以分为专业性信息生态链、附属性信息生态链和混合性信息生态链；根据信息生态链中所流转的信息内容性质的不同，可分为科技信息生态链、社科信息生态链和综合信息生态链。

根据信息生态链中信息性质的不同或者信息生态链覆盖范围的不同可以将信息生态链分为网络信息生态链、供应链信息生态链、产业信息生态链、组织信息生态链、电子商务信息生态链、电子政务信息生态链、博客信息生态链等。例如，供应链信息生态链是指依附于供应链实体环境中的由信息交互关系而将各种信息主体连接一体的链式依存关系，具有目的性、动态性、结构有序性的特点。

5.2.4 信息生态链的管理

信息生态链是可以设计和管理的。信息生态链管理是一种整体的管理方法，追求信息活动给信息生态链带来的整体收益，即信息收益最大化。信息生态链管理的关键点不在于对信息和信息主体本身的管理，而在于对信息流、行为、关系和过程的管理。信息生态链的管理理念除了要具备生态学管理理论中的相互依存的物种共生观、适者生存的自然选择观和适应变化的共同进化观三种观点之外，还要包含"以人为本"的人本观。信息生态链管理主要包括信息共享管理、信息产权管理和信息环境管理 3 个方面。

1. 信息共享管理

信息共享意味着在不同的信息主体之间分配有用信息，实质上反映的是各信息主体之间共生共变的关系和要求。信息生态链上的任何一个信息共享主体都必须考虑共享什么信息，与谁共享信息，如何共享信息等基本问题。只有合理地回答了这些问题才能更好地避免信息超载和不足、降低共享成本、改善反应能力，从而提高信息生态链的信息收益。

2. 信息产权管理

信息供应链无法解决信息共享的动力问题，即不能回答"为什么要共享信息"的问题，而这个问题却是信息共享的根本问题。所谓信息产权管理就是通过合理分配共享收益和成本，激励信息主体参与信息共享。在理性人假设的逻辑下，利益必定是信息共享的动力基础，而其他可能的动力源，如信任或权威只能作为补充和辅助的基础而存在。由于信息的使用具有非排他性，所有容易出现"搭便车"的现象，进而导致信息主体丧失共享信息的动力。信息产权管理可以解决这一问题，具体可以通过在各信息主体之间订立信息共享协议的方式来实施。信息共享协议是具有约束力的正式协议，它可以明确各主体在信息共享中的权利和责任，以及相应的奖惩办法，从而形成一个利益共享、风险公担、权责对等的共享机制，以保持对信息共享行为的持久稳定的激励和控制。

3. 信息环境管理

生态学强调生物与环境的关系，因而在信息生态链管理中，信息环境管理是不可或缺的内容。信息环境管理就是通过影响和调整信息环境构成要素的状态及其相互关系，为信息共享创造适宜的条件。可以从技术、组织、文化、人员、政策和基础设施等方面进行。

除此之外，还可以类比信息链、供应链、食物链的特性，将信息生态链的形成和发展过程分为形成、发展、优化、解散4个阶段。那么，信息生态链管理就可以按阶段分为形成阶段管理、发展阶段管理、优化阶段管理和解散阶段管理。例如，在信息生态链的形成阶段，可以以某一种信息主体为核心，逐渐培育信息生态链的萌芽，并人为地构造一个适宜的信息生态环境，保证信息生态链的顺利建成；在发展阶段可以以信息生产、信息传播、信息利用等行为为管理中心，提高各类信息行为的效率，可以侧重于快速地形成一个较大的信息生态的规模；而在优化阶段可以以规范信息行为，开发信息技术，改善信息环境为中心，侧重于构建健康、高效的信息利用和流转系统。

5.3 信息生态链的形成机理

5.3.1 信息生态链的形成过程

信息生态链的形成包括节点的形成和节点关系的形成两个环节。

1. 节点形成

节点即信息主体，是信息的生产、加工、传播、使用的基本主体，是信息生态链的基本组成要素。如同生态系统中的物种的产生一样，信息生态链节点的形成和演化也是在一定外在环境的作用下，逐步发展，慢慢演化而成的。信息生态链节点以及节点的类型、素质、能力和需求在不断地发生更新和变化。例如，以因特网为背景的网络信息生态链的发展能清楚地表现出信息生态链的节点变化的过程。

在网络刚刚诞生的最初阶段，核心节点主要是科学研究工作者和跨国公司，他们为了科研和公司内部信息传递的方便、快捷才使用网络，之后随着网络功能的增强和规模的不断扩大，网络价值成倍增长，越来越多的社会组织和个人为了商务、政务、学习、娱乐、社交等活动的需要，也成为网络信息生态系统中的一员，并且在网络生态系统中逐渐进化出仅存在于网络社会的虚拟主体和虚拟职业，他们更进一步地提高了网络生态系统的多样化程度。但是，无论网络生态如何演变，人始终是网络信息生态链发展的主导力量和终极目的，对于人的需求的满足是网络信息生态链发展的根本动力。

在信息生态链中，由于节点之间相互关联而具有各种结构形态，节点具有一些源于网络本身的内生属性，如度、中心度、介数、邻近度等，也有来自于节点实体的本身的外生属性，如年龄、教育情况、组织从属关系等（信息生态链节点内生属性见表5.1）。

表5.1　信息生态链节点内生属性

节点的内生属性	定义及进一步的解释
度	与其他节点的直接连接的数目，其中，信息流入的连接称为入度，信息流出的连接称为出度。在某种程度上，入度标志着"流行度"，出度意味着"扩展性"
中心度	节点在信息生态链的网络结构中处于中心的程度。高的中心度可以理解为具有令人喜爱的特性，但是压力也大，因为有可能会演变为信息的过载
介数	节点充当中介的程度。表示节点与那些彼此之间没有连接关系的节点直接连接的程度。一个有较高的介数的节点往往拥有了更高的信息流控制权力或者信息解读的权力
邻近度	节点直接或间接连接其他节点的程度

2. 节点关系的形成

（1）节点关系的类型

在信息生态链的网络结构中任何节点之间都可能存在一定的路径联系，即存在一定的关系。在信息生态链的结构形态中，关系可以抽象地描述为连接到各个节点的线，有直接连接和间接连接之分。关系具有方向性和强度两个基本属性。

首先，节点关系既可以是有方向的，也可以是无方向的。有方向的连接是那些从一个节点指向另一个节点的连接，仅有信息流出或信息流入；无方向的是那些没有方向、代表一个共有的合作关系的连接，即双向的信息互动。例如，关系"A向B提供市场信息"，或者关系"A向B发布销售命令"都是有方向的关系，而关系"A与B结成战略联盟"属于无方向关系。

其次，节点关系具有强度。强度反映了关系的量的指标，是一种可以赋值的特点，这种赋值能表达出连接关系的强度和频率。例如，赋值可以表达两个信息主体"每天进行一次信息互动"或者"一个月一次进行信息互动"，也可以用来表达信息主体对双方之间信息交互的满意度水平，如双方一致认为相互之间是"亲密的伙伴"或者"只是点头之交"。因此，根据这种特点，可以将信息生态链节点之间的关系分为强关系和弱关系。研究表明，强关系能带来更紧密的联系，更有利于信息传播和共享的深度；而弱关系的形成更加容易，有利于扩大信息传播和共享的广度。但是如果仅依赖强关系进行信息交流，可能会造成较高的信息冗余度，容易自成一个封闭的系统，交流双方获取的有效信息量较少，反之，弱关系能够成为不同群体的"关系桥"，能够传递群体成员来说可能是未知和新鲜的信息，使得网络成员能够增加信息量，有利于降低社会结构的限制以取得结构利益。

（2）节点连接关系的发生与演化

a. 社会关系的映射

信息生态链节点关系首先来源于现实社会关系的映射，反映了现实社会中的人际关系和组织关系，如个人之间的血缘关系、朋友关系、同事关系、同乡关系，组织之间的上下级、合作伙伴、战略联盟关系等，这种对现实社会关系的映射多表现出信息生态链中的强关系。显然，这种关系是信息生态链复杂结构发展的起点，此类关系具有较为频繁和亲密的互动特征，有利于更加充分和深入的信息交流，但是也需要付出代价进行维护，否则亲密关系也会变弱，甚至消失。

b. 为了信息获取主动形成的单向连接关系

网络的出现改变了过去只能在有限的范围内获取信息的弊端，无限制地扩大了信息交流的范围。网络背景下，信息生态链中就有非常多的关系属于信息人为了获取信息而主动与某些节点搭上关系，而信息生产者仅负责生产和发布消息。例如，公民和企业为了获得更加实时的政务公开信息，会主动添加政府微博（或微信）为好友；粉丝为了获得偶像的最新动态，会主动关注偶像的微博。这类关系主要是以信息接收为主的单向关系，只存在很少比例的双向交流，这类网络信息生态链的初始结构多表现为星型发射状结构。

除此之外，在网络环境中，最多的连接关系是在现实关系的基础上逐步发展起来，最终形成错综复杂的网络结构的，这些关系的形成大多是基于节点和节点关系的特有属性引起，如"朋友的朋友是朋友"就能促进连接关系的形成，这是由于节点关系的传递性引起的；或者具有相同爱好的人很容易形成信息互动，这是由于节点具有同嗜性引起的。当前社会中非常流行的微博、微信、朋友圈等社交网络正是基于这两类特性得以快速发展的。

c. 基于节点关系的传递性形成的连接关系

俗语讲"朋友的朋友是朋友"，在网络环境中，信息连接关系的形成甚至要比这种社会人际关系的建立更加容易。如果节点 A 与节点 B 之间有信息连接，节点 B 与节点 C 之间有信息连接，那么 AC 之间的信息连接也易于形成，这样 ABC 三个节点就共同形成了信息连接的三元组循环，这种循环的形成依赖于关系的传递性的本质，并且关系也很容易由弱关系变成强关系，加速信息的传播与共享。

d. 基于节点的同嗜性形成的连接关系

互联网拓展了人类的社会网络，让那些身处异地但志趣相投的人很容易在网络空间聚集。关于同嗜性，已经有大量的基于年龄、性别、教育、社会阶层和职业相似性的研究，相关研究指出，个体倾向于与那些与他们有相似属性的其他个人形成连接。

e. 基于节点关系的互惠性形成的连接关系

关系具有相互性和互惠性，这将影响到网络中从一个节点到另一个节点的互惠连接有更高的出现可能性，使单向连接变成双向连接，促使弱关系发展为强关系，从而提高网络信息生态链的稳定性。根据社会交换理论，任何两个个体更可能通过交换或共享不同的资源进行互动，如果两个节点再具有相同的属性，互惠连接出现的可能性就更大。

3. 基于网络集体行为特性形成的连接

网络集体行为是指在具有张力（模糊性、冲突性、紧急性）的情境中，网民群体自发地围绕某个事件或议题展开的非体制化行为，大多是基于一种"夸张的观念"指导下的缺乏耐性的、具有侵犯性的行为。在集体行为中，个体受到群体发出的刺激的影响，判断能力削弱了，情绪、态度及行动建议在群体中扩散，整个群体表现出亢奋的非理性状态。再者，因为互联网拓展了信息传播的范围，加快了信息（真实的和虚假的）传递的速度，缩小了地域的距离，使志趣相投的人更容易聚集，从而使互联网中的群体性社会网络得以形成，一旦形成"爆炸性话题"就很容易发生类似于现实中的集体行为，如各种人肉搜索事件等。集体行为能实现个人和少数个体无法实现的目标，既能传递正能量、抵制邪恶，产生积极的影响，也可能会发生扰乱网络秩序，形成网络暴力的消极的作用。

5.3.2 信息生态链形成的驱动力

驱动力是事物运动和发展的基础，也决定着信息生态链中信息流的方向和效率。信息生态链形成的驱动力包括内在动力和外在动力两个方面。内在动力包括源自于信息主体的信息需求的拉力和信息供应的推力以及由信息势差引起的驱动力；外在动力主要是指信息生态环境的作用力，包括信息技术的驱动力、信息政策环境的驱动力和网络文化的驱动力等。其中，内在动力是网络信息生态链形成的根本力量，可以通过引导需求，人为调节供应等方式影响信息生态链的发展；外在动力是保障，能保障信息生态链更加合理、有序，易于人为操控，有利于抑制和清除一些负面消极的因素，保障信息生态链的和谐发展。

1. 内在动力

（1）信息需求的拉力

凯恩斯经济学理论认为"市场中先有需求而后产生供给"，信息生态链的形成也是如此，先有信息需求，而后产生信息供给。信息需求是一切信息行为的内在驱动。因此，信息需求的出现并得到满足是实现信息生态链中信息交互的前提条件。信息需求的完整内涵包含两层含义，其一是信息消费者具有某方面的信息需求；其二是其需求与信息供应能够相互吻合。

行为源于动机，动机受需求的影响。信息主体的各种信息行为的动机主要表现为"兴趣"和"利益"两个方面，具体而言，在不同类型的信息生态链中，存在着各种各样的个性化的和多样化的信息需求，有服务于工程技术和常规管理的信息需求，有满足技术经济和业务工作的信息需求，有服务于重大决策和经营抉择的信息需求，有服务于精神享受和日程生活的信息需求，也有满足人际沟通和交流互动的信息需求，等等。信息主体根据自身的实际需要和偏好，通过信息平台或者其他工具去咨询、查找、检索信息，最终集合一起汇成了关于信息需求的巨大的拉动力量，促发后续的信息生产和信息扩散活动。而信息主体对所获得的信息进行有选择的吸收利用，创造经济价值或社会价值，以适应复杂多变的社会环境，维持自身的发展，同时又能产生新的信息，诱发新的信息需求，开启另一个信息交流的循环。

（2）信息供应的推力

信息供应是对信息需求的反应。因为信息具有价值，信息生产能够换来利益。虽然统称为利益，但却并非都是经济利益。在信息社会，不同的信息生产者有不同的利益追求，有单纯地为了获得物质和经济利益的追求，也有对获得荣誉和知名度的追求；有对于获得心灵满足的追求，也有对打抱不平、揭露丑恶现象的追求，还有对于虚幻的网络生活的兴趣追求，受到这些"利益"和"兴趣"的驱动，信息生产者会主动生产并推广信息，形成推动信息生态链形成的一股力量，获得的"利益"将用来满足其更多的信息加工和开发活动。

根据传播学理论，信息被接受量的大小和接受程度的深浅受到信宿和信源之间知识经验方面差异大小的影响，差异越小越有利于信息的交互传播。在信息社会，因为信息需求是个性化和多样化的，信息供应应该充分地考虑到对方的需求的特点才有可能顺利实现信息流通与共享。

（3）信息势差的驱动力

信息势差是指当代信息社会发展过程中，由于信息技术的迅速发展和有效利用而衍生出的一种人类社会的不同信息活动主体之间的信息差距及其不断扩大的社会分化现象，它既能够表现出信息主体在当前信息资源接触、拥有、消费和利用方面的静态差距，也能表现出不同信息主体之间信息差距的生成与扩大态势的动态信息势差。信息势差是导致不同信息主体之间职业分化、贫富分化和阶层分化的原因之一。

信息势差的存在会影响信息主体的信息生态位，而为了消除这种信息势差和信息生态位的悬殊，一种平衡力量就会促进信息的流动。信息势是实现信息通信的前提，信息通信的实质目的就是为了达到信息平衡，从而使人们的经济与生活行为协调一致。因此，当信息主体之间存在信息势差时，信息会发生流动，信息势差越大，作用力越大，信息流动的速度越快，信息所达范围越广，这是信息本身的特性使然。因为不存在绝对的信息生态平衡，所以信息势差的存在具有一定客观性和必然性。

2. 外在动力

（1）信息技术的驱动力

科技是第一生产力，信息技术是现代科学技术体系的先导要素，在当今高速发展的信息社会中，日新月异的信息技术正不断地改变甚至是颠覆了着人类生产、生活的方式，促进社会发展。借助信息技术，原有现实社会的关系链条被逐渐映射到网络社会之中，并得到拓展和延伸，形成无数个种类各异的信息生态链，并交织成网。信息技术，尤其是网络技术的发展带来更快速、更便捷、更舒适的信息交互方法，是网络信息生态链形成和发展的支撑条件，如微博、微信等新型信息沟通平台的出现极大地扩展了网络规模，提升了信息交流体验，直接促进了社交网络信息生态链的形成和扩展。同时，依赖先进的信息技术也有助于防范和消除一些消极、负面的信息内容，打造健康网络信息生态系统。

（2）信息政策环境的驱动力

一方面，为了各项工作效率和效益的提升，世界各国都在积极推动社会信息化的进程。在政府政策的推动和鼓励下，有越来越多的经济活动和政务活动通过电子化和网络化手段实施展开，信息社会中的有关经济和政务活动的电子信息生产、电子信息传播和电子信息使用逐渐成为常态。在信息化时代，组织之间、组织部门之间以及员工之间会形成更多、更广泛的以信息交互和信息共享为目的的信息生态链。另一方面，政策环境也能起着规范信息行为的作用，为信息生态系统的有序发展保驾护航。

（3）网络文化的驱动力

文化对于社会进步和经济发展的强大驱动力已经毋庸置疑，网络文化对于信息生态链尤其是网络信息生态链的形成同样具有巨大的推动作用。本书所指网络文化是指人们在网络环境中进行工作、学习、交往、沟通、休闲、娱乐等所形成的活动方式及其所反映的价值观念和社会心态等方面的总称。网络文化首先是继承了一定的现实文化的内容和特点，也是对现实社会的映射，但又不是原样映射。网民的信息浏览、搜索、意见表达、作品创作、网络流行语等信息行为以及网络救助、网络购物等行为虽然或多或少地反映了现实社会，但是又具有不同于现实的特点，可能是对现实行为的一种放大，也可能是一种缩小，也可能是隐性行为的显性化，或者是完全不同于现实生活的全新表现，这些都会影响信息生态链的状态和特点。

另外，从个体成长的角度讲，网络文化会影响个人的社会化过程，对人产生一种日积月累的涵化作用，直接影响个体的价值观、文化精神，左右人的行为。这种影响可能是积极的，也可能是消极的。从群体发展的角度讲，网络文化的运动过程也是人群自然分化的过程，因为网民媒介选择的不同，技术使用能力与方式的不同，子群体亚文化的不同，会形成不同的网络群体和不同的网络信息生态链。

综合而言，内在动力和外在动力共同组合成信息生态链的驱动力系统。系统动力的大小取决于各种子系统能否协调，而这又受到驱动力系统的运行环境的影响和制约，该环境是由政治、经济、社会文化等环境因素构成的现实社会环境。可以通过一定的方法去开发驱动力、培育驱动力、调整驱动力，以更好地实现网络信息生态链的高效和平衡。

5.4 信息生态链的运行机制

信息生态链的运行机制是指影响信息生态链发展的各因素的结构、功能及其相互关系，以及这些因素产生影响、发挥功能的作用过程和作用原理及其运行方式。运行机制是引导和制约信息生态主体各项活动的基本准则和相应制度，也是主体之间相互关联、相互制约的基本准则。运行机制是信息生态链发展过程中自我调节的方式，有利于保障信息生态链发展的平稳、有序、高效运行，增强活力和创造力。信息生态链的运行机制是多元、动态、连续的，具体表现在以下几个方面。

5.4.1 成长机制

信息生态链的形成不是一个自发的过程，信息生态链是以维持信息生态系统稳态平衡发展为目的的，因此在信息生态链生命周期的成长阶段需要对全面、复杂的生长条件进行考虑。面对信息生态环境不确定性的变化，信息主体需要不断增加自我适应与自我调节能力，提高自身生长的竞争力；信息环境中的信息技术、资金利润等能对信息生态链的发展起着物质推动作用，是其成长的外部推力；信息主体从信息环境中获取信息资源，又将一定的信息反馈给环境，信息资源的传递与反馈，促进了信息生态链上各组成要素之间有序、稳定的关系生成。在成长机制运作下成长起来的信息主体具有较强的适应能力，具备更充分的竞争实力，因此成长机制不仅是信息主体稳定发展的基础，同时也是竞争的前提。

5.4.2 竞争机制

信息技术的发展和普及使得各种信息生态主体共同存在于一个大型信息生态系统之中成为现实。无论何种类型的信息生态链，为了获得有限的信息资源、信息消费客户、经济利益和生存空间，信息生产者（也包括传播者等主体）必须开足马力提升竞争能力。仅仅依赖于资金、规模和技术人员等条件并不能保证一定成功，必须能够不断创新，一方面要通过不断变革文化理念、不断改进业务流程、不断采用先进技术来形成自己的优势，确保提高自身的核心竞争力；另一方面，要通过选择合适的合作者甚至是竞争者达成知识共享，通过开展合作形成互惠互利共生等生态方式，促进价值增值的实现。竞争的加剧，使得信息主体会遭受更多的压力，但同时在巨大压力的影响下，信息主体之间又会积极开展合作，充分进行信息资源利用与共享，因此，信息生态链中竞争机制与合作机制不是完全分离的，二者互为有益的补充。

5.4.3 协同机制

信息生态链的协同机制是指按照某种规则由信息生态链各要素所自动形成的一定结构或功能，通过在信息链中形成内驱动力来引导信息流向，促进信息生态链各个环节产生协同作用。信息生态系统能够获得功能上的增长主要在于各信息主体之间相互配合而形成了新的功能和作用效果。信息生态链存在的环境是动态的、不确定的，只有不断地对物流、信息流、资金流和商流进行整合，才能促进信息生态链中各要素的协同发展、各运行机制的协调结合、信息的协同运动，才能形成整体统一的运行模式。协同机制所体现的协同效果，使其成为信息生态链上最重要的、核心的运行机制。

5.4.4　合作共享机制

合作共享机制不仅是一个过程，更是对信息主体之间的关系进行调控的方法和手段。合作共享机制是可以促进信息链上信息主体间合作与共享的一种内在方式和途径。随着网络技术的发展，为减少直接、激烈的市场竞争，信息主体之间的协同作用将逐渐增强，抵触作用将逐渐减弱，即使是同一类型的信息主体对竞争的态度也逐渐从直接对抗转化为竞争合作的形式。合作共享机制有益于信息主体间信息的公开、透明与畅通，信息搜索费用的降低，以及信息主体竞争优势的发挥与保持。为了实现信息资源的有效流转，信息主体间需要相互合作、资源共享及共同创新。信息生态链为信息流动建立了最佳平台，使信息主体能够及时准确地获取信息，同时也给信息生态环境带来了信息再利用的机会。合作共享的内容包括了信息内容、信息设备、信息人才等在内的资源共享，以及在信息消费、信息创新、信息服务等领域的合作。

5.4.5　循环机制

信息生态链的组成要素之间的物质、能量、信息的交换是连续演进的。通过信息主体之间的功能协调、优势互补的关系，使信息主体实现生存、成长，继而再发展的目的。循环机制可以促进信息生态链的可持续发展进程，使各种资源循环利用，为网商种群的进化提供条件，形成动态、平衡的稳定信息生态环境。循环机制是信息生态链运行机制的中枢神经，使各个机制能够协调、连续的互动运行。

信息生态链的各运行机制是一个综合的有机体，它们相互影响、相互调整，共同促进信息生态链的运行和协调发展。在生态链的整体运行机制中，协同机制位于核心位置，只有信息主体与信息环境等各种组成要素之间协同运动，才能形成稳定、动态、平衡、竞争与合作并在的协调发展的信息生态系统。

5.5　信息生态链的效能分析

5.5.1　信息生态链效能的概念

效能是系统运行的效果和其实现预定目标的程度。为了评价系统的质量、功能及目标实现程度，很多学科中都引入了这样的概念。1997 年，J.R.Hackman 讨论了团队效能，即指团队实现其预定目标的实际结果,其对效能的评估主要考虑了团队产量、团队活动对成员的影响和团队成员能力的提升三个方面。行政管理也引入了行政效能的概念,即指行政管理活动达成预期结果的程度,其对效能的评估主要考虑行政机构提供服务的数量、水平、能力、影响和公众满意程度。信息系统的评估与评价同样也引入了效能概念,信息系统效能即是指信息系统在信息获取、传输、处理、显示的整个过程中考察各个环节满足任务的程度。

对于效能的评估,有三种比较常用的方法:第一种是衡量其产出,对活动最终的结果做量化的测度,如自然生态系统中对植物减噪和滞尘能力的测算直接计入统计的生态效能中;第二种是活动过程考察系统达成目标的程度,如信息系统效能的评估就是采用这样的办法,从各个环节考察系统完成任务的程度;第三种是从影响因素分析入手,根据系统的效益、结构等多方面因素进行综合评价,该方法广泛适用于无法量化考察的系统和模型。

信息生态链效能是对信息生态链运行效果和其对既定目标实现程度的评价。信息生态链效能的分析和评估有助于了解信息链条的运行状态和不足,为进一步优化信息生态链提供了先决条件。由于信息生态链结构复杂,影响因素和考量的指标较多且各指标对效能的"贡献"程度不尽相同,因此对信息生态链效能的评价很难直接进行量化研究,必须深入分析信息生态链效能发挥的各影响因素,并对信息生态链效能进行综合评价。

5.5.2 信息生态链效能的影响因素

一个高效能的信息生态链应能够在使用尽量少的资源的条件下实现预期目标,并且表现出合理而稳定的结构、高效的信息流转和信息价值的不断提升;相反,若是信息生态链链条结构残缺、功能实现性差、信息流转不通畅、信息价值下降,则具有较低的效能。因此,影响信息生态链效能的主要因素有信息生态链的结构组成、信息流转、运行成本、功能价值和保障机制。

1. 结构组成

信息生态链的结构组成指信息生态链中各种不同类型信息人相互依存的链式结构,是信息生态链效能实现的根本。没有合理的结构组成,链条根本无法实现物质能量的交换与循环。只有信息生态链中从信息生产者、信息传播者、信息消费者到信息分解者各部分之间链接方式合理、链接关系稳定、信息人质量水平高、信息人之间协同作业能力强,才能保证链条的良好运行。不合理的链条结构将导致效能下降甚至断裂。

2. 信息流转

信息是链条内各个信息人之间联系的纽带,信息从生产到传递进而被消费利用,最后由分解者将信息分解并循环回链条的全过程实现了整个链条的信息流转。信息流转是信息生态链效能实现的核心。在信息流转的过程中,信息流转速度反映了信息在链条内循环一圈所用的时间,信息流转数量反映了在链条内信息资源的丰富程度,而信息流转质量则反映了信息的质量和信息生态链的质量。真实度高、可读性强、冗余少的信息以及健康的信息生态链能够提高链条效能。

3. 运行成本

信息生态链的运行需要资金的维系，因此运行成本直接影响了其功能实现。这里主要考虑信息生态链能否使用尽量少的资源实现预期目标。例如，商务网络信息生态链要考虑是否能够降低运营成本并形成良性循环。

4. 功能价值

每条信息生态链都是为了实现某种特定的功能而存在的，商务网络信息生态链是为了快速、低成本地完成商业交易；政务网络信息生态链是为了实现政务信息的共享和交流；社会网络信息生态链是为了建立社交网络、及时分享信息；科研网络信息生态链是为了加强科研信息的分享、提高信息获取量、加快信息获取速度、增强信息利用效率。链条的功能定位是否准确、既定功能的实现程度和已实现功能是否让信息消费者满意等都是信息生态链功能价值考量最直接的指标。

5. 保障机制

信息生态链效能的实现离不开完善的保障机制：一方面要建立链条系统信息运转的内部保障机制，如商务网络信息生态链中的质量认证机制、安全交易的机制等；另一方面要建立链条系统环境和法律政策等方面的外部保障机制，包括政府对信息产业的扶持政策、对网络信息行为的监督措施和对不法信息行为的惩处办法等。这两种机制一内一外共同作用，使信息生态链能按照一定的规则运行，保障信息生态链中不同信息人的利益不受侵害，有效实现网络信息生态链的效能。

信息生态链效能的各影响因素相互影响、相互作用，共同促进信息生态链的运行和协调发展。其中，链条的结构组成是链条效能实现的基础，链条的运行成本是链条效能实现的前提，链条的信息流转是链条效能实现的途径，链条的功能价值是链条效能实现的核心目标，而对整个链条运行起到支撑作用的是链条内外部的保障机制。

5.5.3 评价方法

信息生态链效能的评价是根据合理的指标体系和评价标准对信息生态链运行的效果和目标实现程度的评价。信息生态链效能评价指标体系的构建要遵循系统性、科学性和可测量性的原则。由于信息生态链效能具有复杂性、模糊性的特点，可以采用专家咨询法与层次分析法相结合进行指标体系的构建。

1. 评价指标的确定

初步确定信息生态链效能的评价指标体系由其结构组成、信息流转、运行成本、功能价值和保障机制这 5 个要素构成一级指标，并选取一级指标下较重要的因素构成二级指标，再按照所选类型网络信息生态链的特点建立更为细化的三级指标，最终形成信息生态链效能的评价指标体系草案。采用专家咨询法，对评价指标体系草案进行修改，最终形成网络信息生态链效能评价指标。这里以电子商务网络信息生态链为对象构建信息生态链效能评价的指标体系，见表 5.2。

表 5.2　电子商务网络信息生态链效能评价指标

	一级指标	二级指标	三级指标
A 电子商务网络信息生态链效能	B_1 结构组成	C_1 各信息人链接结构合理性	D_1 不同类型信息人种类数 D_2 产品供应商数量及多样性 D_3 注册用户数量及多样性 D_4 物流配送服务商数量 D_5 支付结算服务商数量及多样性 D_6 无效链接比率
		C_2 已形成的链接结构稳定性	D_7 是否与广告商、技术服务商等建立战略合作关系 D_8 供应商离失率 D_9 物流配送服务商离失率 D_{10} 支付结算服务商离失率 D_{11} 用户离失率及重复购买率
		C_3 各信息人协同作业能力水平	D_{12} 交易各环节分工是否明确 D_{13} 是否具有专用的交易沟通工具
		C_4 各信息人质量水平	D_{14} 物流安全、快速及信息同步的能力 D_{15} 用户信息检索和信息读取能力 D_{16} 商务网站信息分类与处理的能力 D_{17} 供应商提供产品信息的能力 D_{18} 供应商售后服务质量 D_{19} 无效信息、虚假信息的过滤能力
A 电子商务网络信息生态链效能	B_2 信息流转	C_5 信息流转速度	D_{20} 商务网站访问速度 D_{21} 产品信息更新的速度 D_{22} 物流信息同步速度 D_{23} 用户消费信息及意见反馈速度
		C_6 信息质量水平	D_{24} 信息真实性、准确性
		C_7 信息丰裕度	D_{25} 产品类型和数量的多少 D_{26} 产品描述信息的详尽程度 D_{27} 商户信息的详尽程度
		C_8 信息利用程度	D_{28} 商务网站根据反馈调整网站功能的能力 D_{29} 供应商根据市场反馈调整产品的能力

续表

	一级指标	二级指标	三级指标
A 电子商务网络信息生态链效能	B₃ 运行成本	C₉ 运行成本的竞争优势	D₃₀ 物流费用竞争力
			D₃₁ 仓储费用竞争力
			D₃₂ 网站运营人力成本
			D₃₃ 商务网站盈利性
	B₄ 功能价值	C₁₀ 功能定位准确度	D₃₄ 是否按需制定功能
			D₃₅ 所选功能的全面程度
			D₃₆ 功能主辅是否正确划分
		C₁₁ 对目标功能的实现程度	D₃₇ 主要功能的实现程度
			D₃₈ 辅助功能的实现程度
			D₃₉ 未实现目标功能占比
		C₁₂ 已实现功能的客户满意度	D₄₀ 页面舒适度及易用性
			D₄₁ 顾客对功能满意率
			D₄₂ 供应商对功能满意率
			D₄₃ 商务网站数据维护人员对功能满意率
	B₅ 保障机制	C₁₃ 内部运行机制的保障能力	D₄₄ 账号及私密信息保护能力
			D₄₅ 交易过程追踪能力
			D₄₆ 信用评级规范性与合理性
			D₄₇ 支付手段的安全性
			D₄₈ 纠纷解决能力
		C₁₄ 外部法律法规的规范力度	D₄₉ 法律对网络信息行为的监督和处理力度
			D₅₀ 政府相关政策对信息主体行为的规范强度
			D₅₁ 政府相关政策对基于网络企业的扶持力度

2. 各指标权重的确定

权重是以某种数量形式对比、权衡被评价事物中诸因素相对重要程度的量值。确定权重有多种方法，本书采用层次分析法。层次分析法是美国匹兹堡大学教授 T.L.Saaty 在 20 世纪 70 年代初提出的一种多目标决策评价方法，它特别适用于处理那些多目标、多层次的复杂大系统问题和难以完全用定量方法来分析与决策的社会系统工程的复杂问题。这种方法可以将人们的主观判断用数量形式来表达和处理，综合定性和定量分析，将人的思维条理化、层次化。

其主要步骤如下：①根据研究对象和研究目标建立层次结构模型；②选取调查对象，构造两两比较矩阵；③对各指标的权重系数进行定量计算；④对判断矩阵中各指标的权重系数进行逻辑一致性检验；⑤对未能通过一致性检验的矩阵进行调整，并求出其各因素单层次排序权重。

本书邀请了 3 位信息管理领域的专家、4 位信息从业者、3 位大学教师、2 位经常利用网络信息的高校学生、3 位政府工作人员、3 位微博等社交网络活跃人士、2 位淘宝等网店店主对各层次的评价指标进行重要性比较。具体方法是将同层次因素对上一层次因素的重要性进行两两比较，这里采用 T.L.Saaty 的九级标度法构建两两比较矩阵，各标度的定义见表 5.3。

表 5.3　标度定义

标度 A_{ij}	定义	标度 A_{ij}	定义
1	因素 i 和因素 j 一样重要	1/3	因素 i 比因素 j 略次要
3	因素 i 比因素 j 略重要	1/5	因素 i 比因素 j 较次要
5	因素 i 比因素 j 较重要	1/7	因素 i 比因素 j 很次要
7	因素 i 比因素 j 很重要	1/9	因素 i 比因素 j 极次要
9	因素 i 比因素 j 极重要		

　　在综合了 20 位专家的意见后，获得了各指标在本层次的两两比较矩阵。根据两两比较矩阵计算各指标的权重，具体方法如下：首先将矩阵内的元素按行相乘；所得值分别开 n 次方（n 为判断矩阵阶数）；将方根向量归一化，得到排序向量 w，就是所求相对权重向量。之后对计算出的权重系数进行一致性检验，计算最大特征根：

$$\lambda_{\max} = \frac{1}{n} \sum_{k=1}^{n} \frac{(Aw)k}{wk} \tag{5.1}$$

式中，A 为 $n \times n$ 阶判断矩阵，其相对权重向量是 w；$(Aw)k$ 为矩阵 A 与向量 w 乘积所得列向量的第 k 个元素）；计算 $C.I. = \dfrac{\lambda_{\max} - n}{n - 1}$，检验判断矩阵的逻辑一致性。C.I.值越大，表明判断矩阵偏离完全一致性的程度越大；C.I.值越小（越接近于 0），表明判断矩阵的一致性越好。对于不同阶的判断矩阵，人们判断一致性的误差不同，其 C.I.值的要求也不同。阶数 n 越大，需要比较的要素越多，人的思维分辨能力随之降低，造成判断不一致的可能性增大，C.I.值就越大；反之，阶数 n 越小，认为造成偏离一致性判断的可能性就小。为度量不同阶判断矩阵是否具有满意的一致性，再引入判断矩阵的平均随机一致性指标 R.I.。R.I.是一个系数，对于不同阶次的矩阵其 R.I.的数值见表 5.4。

表 5.4　平均随机一致性指标 R.I.

矩阵阶数 n	1	2	3	4	5	6
R.I.	0	0	0.58	0.90	1.12	1.24

　　对于一阶、二阶矩阵，判断矩阵是完全一致的，不必计算一致性指标。当 $n \geq 3$ 时，判断矩阵的一致性指标 C.I.与同阶平均随机一致性指标 R.I.之比称为随机一致性比值，记作 C.R.，即 $C.R. = \dfrac{C.I.}{R.I.}$。当 C.R.<0.1 时，即认为判断矩阵具有满意的一致性；否则，C.R.≥0.1 时，认为判断矩阵不一致，应对判断矩阵作适当调整，使其满足 C.R.<0.1，从而具有满意的一致性。

　　计算单项指标权重。以一级指标权重计算为例，一级指标为 B_1、B_2、B_3、B_4、B_5，根据专家的打分结果，构造两两比较矩阵，见表 5.5。

表 5.5　信息生态链效能评价矩阵

A	B_1	B_2	B_3	B_4	B_5	权重	λ_{max}	C.I.	C.R.
B_1	1	1	1	1/3	3	0.184	5.070	0.017	0.015
B_2	1	1	1	1/3	5	0.204			
B_3	1	1	1	1/3	5	0.204			
B_4	3	1	1	1	7	0.338			
B_5	1/3	1/3	1/3	1/5	1	0.069			

　　经计算得到权重值如表 5.5 "权重"一栏所示。根据计算得出：λ_{max} = 5.070，C.I. = 0.017，对于 5 阶矩阵，R.I.=1.12。所以 C.R. =0.015＜0.1。当 C.R.＜0.1 时，矩阵一致性可以接受。

　　其他二级指标单层次权重计算方法和一级指标权重计算方法相同，这里不赘述。

　　计算复合权重。合成权重 W_k，可以由公式 $W_k=W_{ai}\times W_{aij}$ 计算得出。各二级指标的复合权重，见表 5.6。

表 5.6　二级指标复合权重

	一级指标	二级指标	复合权重
A 电子商务网络信息生态链效能	B_1 结构组成（0.184）	C_1 各信息人链接结构合理性	0.054
		C_2 已形成的链接结构稳定性	0.016
		C_3 各信息人协同作业能力水平	0.041
		C_4 各信息人质量水平	0.072
	B_2 信息流转（0.204）	C_5 信息流转速度	0.028
		C_6 信息质量水平	0.063
		C_7 信息丰裕度	0.063
		C_8 信息利用程度	0.048
	B_3 运行成本（0.204）	C_9 运行成本的竞争优势	0.204
	B_4 功能价值（0.338）	C_{10} 功能定位准确度	0.145
		C_{11} 对目标功能的实现程度	0.145
		C_{12} 已实现功能的客户满意度	0.048
	B_5 保障机制（0.069）	C_{13} 内部运行机制的保障能力	0.051
		C_{14} 外部法律法规的规范力度	0.017

5.5.4　信息生态链效能的提升策略

　　基于以上研究，可以采取以下策略提升信息生态链效能。

1. 增强信息生态链的功能价值

提升信息生态链效能，首先要增加其功能价值。可采取如下措施：提高对信息消费者信息需求内容和信息需求变化趋势的分析能力和反应速度，及时调整信息生态链的功能和资源，用最少的资源投入获得最大的成效。

2. 降低运行成本

降低运行成本的策略主要有以下三个方面：一是降低信息生产成本，这需要信息生产者优化自身的信息生产流程和生产模式；二是降低信息传递成本，这需要合理利用先进的信息处理技术和手段；三是加强合作，充分发挥信息生态链的协同作用，优势互补，降低总成本。

3. 提高信息质量水平

目前很多类型的信息生态链都存在信息质量问题，如社会网络信息生态链主要是信息冗余、信息污染问题严重，需要加强信息过滤处理；政务网络信息生态链主要是信息更新速度慢、信息不全面；商务网络信息生态链主要是信息组织能力弱、信息真实度差。提高信息生态链的信息质量水平可采取如下策略：①规范信息的生产，在一开始就按照便于用户获取信息、信息人组织信息的既定规则进行信息生产；②加强网络虚假与不良信息的分解工作，及时净化网络环境，删除系统内冗余信息，提高系统整体信息质量水平；③利用反馈信息优化信息生产，动态地、智能地提升信息生态链的信息水平。

4. 提高信息人素质

目前信息生态链中的信息人主要由两类人群构成：一类是信息从业人员，另一类是非信息从业人员。信息从业人员多为专业技术人员，对于这样的人才应进一步提高其专业能力；而对于普通的信息使用者如网民或者学生等没有接受过专业培训的人来讲，就信息工具的使用、信息分析以及信息处理等对其进行培训，将能在很大程度上提升信息生态链中信息人的质量水平，进而提升链条效能。

5. 完善保障机制

在保障机制的完善过程中应该内部、外部双管齐下。在内部保障机制方面，应进一步完善信息生态链的一系列涉及信息安全、财产安全、版权以及利益分配等多方面问题的保障机制，提高信息人的职业道德，加强信息行为的规范化；在外部保障机制方面，应进一步加大对信息产业的政策支持，促进信息产业的升级创新，健全和完善与信息活动有关的法律法规建设。完善网络监管机制，推进网络实名制或网络身份实名认证制度，加大对网络信息行为的监督和处理力度，提高对网络非法信息行为的破解能力。

第6章　企业信息生态系统的构建

6.1　企业信息生态系统的概念和特征

6.1.1　企业信息生态系统概念

信息生态系统产生于社会学，由美国社会学家及心理学家 Bonnie A. Nardi 和 Vicki L.O'Day 在其著作 *Information Ecologies：Using Technology with Heart* 中首先提出，信息生态系统是指"特定环境里由人、实践、价值和技术构成的一个系统"。它由人的网络、知识网络和技术网络三个网络整合而成。这个系统与生物生态系统的不同之处，就是它具有自我维持、自我调控功能，有动态的生命的特征，并是健康可持续发展的。它强调的是人与技术、实践等构成的和谐系统，最核心的是人的实践。同时，信息生态系统是一个部分和整体之间有着复杂交互的系统，它把人类信息活动及其有关因素作为一个统一的整体来看待，避免人为地把信息环境分割为互不相关的支离破碎的各个部分，任意要素之间相互作用产生的复杂变化会给整个系统带来相应的变化。

与生物物种类似，企业也处在由自然、经济、社会、文化等因素构成的信息生态环境里。企业信息生态系统定义的基本含义是：①信息生态系统是客观存在的实体，有时空概念的功能单元；②从价值链、人才链、产业链各个环节上来获取价值，以人为主体；③各要素间有机的组织在一起，具有整体的功能；④信息生态系统是企业生存和持续发展的基础。

6.1.2　企业信息生态系统的特征

企业信息生态系统是由数目庞大的企业以及复杂的企业生态环境、不同类型的生态因子相互作用而构成，生态因子的多样性以及企业与生态因子之间广泛而大量的交流是导致企业信息生态系统复杂性的根源。同时，信息生态环境下企业信息生态系统不仅是复杂的还是动态的，它始终处于不断的演化之中，这种不同的变化作用必然会促使企业信息生态系统出现许多新特性。

（1）等级结构和系统性

首先，企业信息生态环境是由大量不同种类和处于不同层次的生态因子相互作用而成的，而企业又是由许多不同的战略单元或部门构成，所以，企业信息生态系统具有等级组织结构，其中每一个生态要素都包含在一个更大的信息生态系统中，它含有更小的信息生态系统。同时，系统是由若干要素组成的具有一定功能的有机整体，其中各个不同组成部分之间存在强大的相互联系性和相互依赖性，一个生态要素所发生的变化会影响到整个系统，具有整体性。

（2）复杂性和多样性

企业信息生态系统是复杂的，其组成成分种类繁多，不同层次的组分之间相互联系，同时系统与外界环境还存在着物质、能量、信息的交换。企业信息生态系统的产生与发展同样也是一个由简单向复杂演化的过程。同时，各种不同层次、不同类型的信息生态系统并不具有统一的模式，它们各自的构成及构成因素在系统中的比重、达到均衡状态所要求的条件都是不同的。一个多样兼容性的企业信息生态系统是一个充满活力、人性化和高度社会化的地方，拥有不同的信息资源和资料，允许个体脾性和兴趣存在。企业信息生态系统中生态因子、企业群落的多样性和多层次性造就了企业信息生态系统结构的复杂性。

（3）演化性

动态性源于系统的动力学因素。动力学过程所产生的多样性、差异性、创新性是产生复杂性的重要机制。一个健康的信息生态系统是动态发展、螺旋上升的，处于不断的演化当中，具有自我适应和进化能力。信息生态系统的结构和功能随时间和新技术、新工具的介入不断发生演化，必须考虑决策和管理环境对信息生态系统结构和功能产生的长期和短期影响，同时需要人们做好充分的准备以参与促进企业信息生态系统的持续发展。

（4）开放性和情境性

开放性源于系统对环境的开放，信息生态系统是开放的系统，它与环境不断的相互作用、相互影响，环境的复杂性会造成信息生态系统的复杂性。此外情境性也是生态系统的一个重要特征，在不同的情境下同样的人或技术会发挥不同的作用。企业信息生态系统中的人能够对自己所在区域的生态施加影响，这是在这个生态区域之外别的人所无法办到的。

（5）协同性和突现性

企业信息生态系统中存在各种子系统组成部分，它们之间在协同互动中推动系统演化，这就要求在规划时要充分考虑信息生态系统间各种子系统之间相互作用关系的影响。标准和规范是信息生态系统协同互动的数字神经。突现性就是指高层次有而低层次没有的特性，一旦还原到低层次这些特性就不存在。也就是说信息生态系统具有创新特质和潜能，健康的信息生态系统能产生 $1+1>2$ 的效用。企业的变革和创新是以企业遗传因子为基础，协同发展之后又自我创造的过程，但要注意不可盲目冒进全新式的创新。

6.2　企业信息生态系统的逻辑模型

根据企业信息生态系统功能目标及可行性分析，将其划分为企业信息生态资源调度子系统、企业生态因子调节子系统、企业生态决策评价子系统、生态信息管理子系统。

6.2.1　企业信息生态资源调度子系统

企业信息生态资源调度子系统是企业信息生态系统的核心部分，也是其他子系统运作和信息输送的关键。它的工作质量和速度直接决定企业信息生态系统的效能。企业生态资源调度子系统通过对内外部环境收集整理各种信息，包括企业自身的生产经营信息、相关行业信息、市场信息及经济、政治、信息技术等环境信息初步加工后，存入信息资源数据库（目标数据库）。除了企业内部原有的数据信息资源外，信息资源调度子系统还具有从企业外部收集信息的能力，通过本系统的信息分类导入模块存入信息管理源数据库（目标数据库）。此外，企业信息生态资源调度子系统覆盖产品整个生命周期的所有信息资源活动环节，包括资源计划量、信息资源获取量、信息动态平衡分析和使用过程信息资源管理，并与整个企业生存的信息生态环境协同运行，是企业信息化的重要组成部分，在计算机网络、信息技术和数据库系统支持下实现信息的集成和共享，维持信息生态环境的生态均衡，为企业决策者提供决策支持信息。而且，系统管理员也可以通过该子系统管理整套企业信息生态系统。

企业信息生态资源调度子系统的主要功能有：①对企业内部信息资源的生态式管理；②外部环境相关信息的搜集与管理；③与其他子系统的信息输送和协同运作；④信息资源数据库的信息储备与更新。

为了提高信息资源质量，企业信息生态资源调度子系统必须把相互分离的单元信息生态资源、信息控制技术通过计算机网络和数据库系统形成有机整体，及时采集、处理与传递信息资源，使涉及企业整个生命周期的信息活动协调运行，并提高对多边的信息生态环境的适应能力。该子系统起着信息传递作用，其传递过程体现出该子系统的多重使命。企业生产经营活动的目的是使自己的产品满足特定用户的特定需求，自己的企业适应整体社会环境。从企业的信息资源管理工作角度看，信息资源是一个复合约束，这个复合约束由来自外部的用户需求、企业内部的运作和决策需求、资源有效利用需求以及信息生态环境均衡需求共同构成，而企业信息生态资源调度子系统则是这种复合约束在企业经营活动中的具体实现。在子系统运行过程中，体现外部约束的信息资源沿企业生命周期以链的方式流动并发生作用；体现内部约束的信息资源则是以螺旋的方式流动并发生作用；体现资源需求的则是以环状的方式流动并发挥作用。

6.2.2　企业生态因子调节子系统

信息生态学中的信息、信息人、信息环境被统称为信息生态因子。信息生态因子是指"信息生态环境中对人类及社会组织的成长、发展、行为、分布和流动以及社会进化与发展有着直接或间接影响的环境要素"，包括：①信息本身；②参与信息活动的单个人或多个人组成的社会组织的信息人，他既是信息环境的主体又是信息交流的对象；③人类信息生态系统中人类及社会组织周围一切信息交流要素的总和，即信息环境。它的特征主要有：①人为性，信息生态系统的建立、发展、稳定乃至破坏都与人有着密不可分的关系；②整体性，各部分之间有着强大的相互联系和依赖性；③地域性，受不同层次政治、经济、文化等因素影响，从而体现着不同特色的地域性特征。信息生态因子之间的相互作用、调节改变企业的发展状态、规模、整体层次，进而调节企业在信息生态环境中的企业生态位，扩大企业生存空间，优化企业运作模式。

企业生态因子调节子系统是企业信息生态系统的中枢，它有着完善的调节机构，能够感知外界环境因素的变化，并随着信息生态环境的变化，相应地改变企业各子系统之间的功能、效用，使其相互配合以适应外部环境的多变。企业生态因子调节子系统是从各个层次、各个环节以及整体布局上来调节、改善企业信息生态系统。通过该子系统协调物质、能量和信息的相互流动，同时，企业信息生态系统并不是一个孤立的系统，在对企业与外界调节时，才可以知道信息资源种类的或缺，维系信息生态环境的平衡（图 6.1）。其主要功能有：①根据企业信息资源情况从内部和外部环境对信息进行再加工；②根据整个系统的运作及客观要求向企业决策者提供多样性信息；③遵循绿色生态的宗旨协调整个企业信息生态系统。

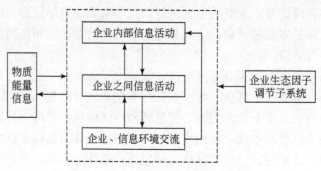

图 6.1　企业信息生态系统流程图

6.2.3　企业生态决策评价子系统

决策——就是企业为实现特定的发展目标和适应外界生存空间，运用各种方法和手段搜集到一定数量的相关企业内、外部信息资源，并对之整理、分析、预测，经过定性判断和定量计算，对拟定的多种可能方案进行综合评价，从中选出最佳决策方案并予以实施，再根据反馈信息不断修正决策方案，直到取得预期目标的动态过程。而企业生态决策要在此基础上考虑全局环境的信息均衡，企业内、外部信息的有效利用，防止信息浪费，本着顺应自然环境可持续发展的宗旨，促使信息生态环境平稳、长足发展，这样企业才能更深远的健康运作下去。

企业生态决策评价子系统是一个小的系统整体，目的是实现企业决策信息具体情况，具有以下四个特点。

1）具有连续性和预见性。评价企业今天的发展是昨日决策成功的结果，可见其明天的成功也是孕育在今天的决策之中。

2）决策也是发展变化的，更具有灵活性。在决策的制定和实施过程中，随着对新的信息的掌握以及反馈评价信息的补充，决策者不断进行修正，以适应变化的客观条件。同时决策评价结果也可以为其他企业种群借鉴。

3）决策具有不可克隆性。决策的要素组合也是非常复杂的，其背景也很难重现。这就决定了企业决策者通过子系统提供的信息做出决策时，既不能照搬曾经成功的决策案例，更不能模仿其他企业的成功决策，而只能说是借鉴。

4）生态性。企业生态决策评价子系统与以往决策系统不同之处就是它在考虑自身企业发展需求的同时，还要保持企业共存的整个信息生态环境平衡。通过与其他子系统的联系，能根据形势和环境的变化，适时地调整和发展，为良性循环的企业发展提供决策方案，扩宽决策者的思路，最大限度地发挥企业决策信息保障体系的作用，保护社会市场环境。

企业生态决策评价子系统负责对企业决策者的决策信息进行评价反馈，将分析结果传递到信息管理数据库系统、企业决策者及其他子系统中，为企业信息生态资源调度子系统的信息搜集提供参考，为企业生态因子调节子系统的信息支配提供依据，补充信息数据库的案例信息，对日后决策借鉴进行准备。所以该子系统是企业信息生态系统不可或缺的、标志性特征的部分，是整个系统运作价值功能效用的体现，是其他子系统协同工作成果的总结。

6.2.4 企业生态信息管理子系统

企业生态信息管理子系统与以往的信息管理系统类似，但其主要对生态环境均衡、企业持续发展、生态因子等性能指标分析后的信息资源进行管理。它是子系统之间、子系统与决策者之间相互联系的窗口。企业信息生态系统是一个循环往复的复杂结构，信息的流通和运转在整个系统中从未停止过。因此，企业生态信息管理子系统必须保持随时运行的状态，它是整个系统的大管家、中级领导，只有该子系统顺畅通行，信息才能渗透整个系统的各个角落。其对整个系统结构和功能的管理控制，是保持系统持续有效运行功能的强化及重组的关键。生态信息管理子系统是对各子系统运作的信息流进行导向或修正的措施，包括自然循环的恢复、维持和强化，以及与信息生态环境的有机结合，使企业信息生态系统形成互相融合的良性循环状态。建立有效的生态信息管理子系统，并在各运行机制上予以改革，使系统良性循环状态得以持续。

6.2.5　企业信息生态系统模型的构建

企业信息生态系统是近年来新生的一种企业运作系统，这方面的研究成果非常稀缺，其系统构建也是基于逻辑模型进行研究。一个系统整体活动与协调不能靠单一企业，而是依靠企业群落。在信息生态系统中，企业与企业之间、企业与外部环境之间进行着相互作用。传统形式下企业为了争夺资源和市场而进行破坏性的竞争，以牺牲他人为代价而生存。如今站在信息生态系统的角度来看，企业之间达成合作、共生，形成一种基于产品、技术之上的增值服务，是信息生态系统发展过程中必然出现的结果。企业是国民经济的细胞，国民经济的发展离不开企业的进步。企业信息生态系统推动企业长足、有效和均衡的发展，加快了实现我国环境、经济、政治的良性循环发展的步伐。

本书基于企业信息生态系统的组成要素和企业信息化、系统原理的理论分析，以及已有学者的研究基础上，试图构建企业信息生态系统模型。本书对企业信息生态系统的涵义和特征做了分析和总结，并分析了构成企业信息生态系统的各个子系统之间的联系。同时对企业信息生态因子的概念、特点及生态因子之间的关系进行阐述，这些理论研究的目的就是为了明确各子系统之间的作用关系、相互影响因素、效用职能，从而为构建企业信息生态系统做出引导和铺垫，引出本书第一个创新点——企业信息生态系统的逻辑模型。其主要分为企业信息生态资源调度子系统、企业生态因子调节子系统、企业生态决策评价子系统、企业生态信息管理子系统。此系统同时也是为了对企业信息生态系统运行机制的分析做准备（图 6.2）。

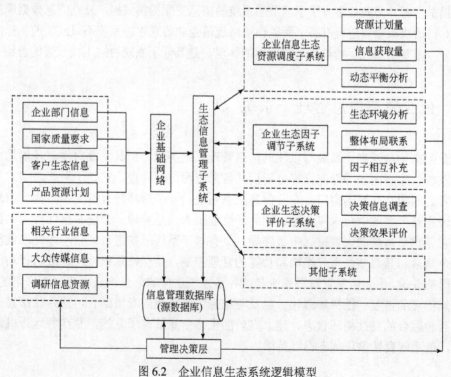

图 6.2　企业信息生态系统逻辑模型

企业信息生态系统运行的目的是实现企业效益的最大化，促进信息生态环境均衡。所以在此模型中主要注重的是从全局、整体考虑信息共享、信息使用均衡。首先由生态信息管理子系统根据企业需求通过通信网络进行初步收集，将获取的信息资源分散到各个子系统，各子系统按照每个功能标准将信息进行筛选、分类、补充说明、总结，之后将结果再回馈给生态信息管理子系统，其将结果整理后输送到数据库和管理决策人，从而为决策者提供决策辅助信息，帮助其进行正确的分析和决策。其中，生态资源调度子系统注重的是资源量的大小，检测信息资源是否全面、是否重复、是否相关；生态因子调节子系统是以企业信息人为主导作用，包括信息供应者、信息传播者、信息分解者和信息消费者，结合生态环境分析资源的可用之处；生态决策评价子系统则是通过对相关信息的以往决策进行评价、分析利弊、为决策者提供依据；而生态信息管理子系统则是将各子系统的结构汇总之后渗透到数据库以及管理决策人。各个子系统通过信息流等随时变化的环境因素发挥作用、转换方案，才能促成企业信息生态系统的有效运作、通畅运行。企业信息生态系统模型的构建使我们了解其内部运行机理，同时为下一步剖析其运行机制规划出路径。

6.3 企业信息生态系统的解构与三元性

6.3.1 企业信息生态系统的解构

"解构"的法语词是"deconstruction"，其源于海德格尔，是德里达翻译和采纳海德格尔的德语的"destruction"时想到的，因为在法语里"destruction"明显含有一种毁灭的含义，不符合海德格尔的原有思想。于是德里达想到了"deconstruction"，觉得很适合他要表达的意思。《里特尔》里记载了如下一些条目：①把整体拆散成部分；②把机器解构，以便运送；③自身解构，失去其结构。现代学者已向我们表明，在永恒的东方，一种达到完美状态的语言，会根据符合人类天性变化之道从自身内部自行发生解构和变化。因此，对企业信息生态系统的解构分析，能从内部、基础、实质上了解这个生态系统，为其更好的运作提供了强有力的依据。

企业信息生态系统的系统构建也是基于逻辑模型进行研究。从系统运作角度，可将其细化为生态信息管理子系统、企业信息生态资源调度子系统、企业生态因子调节子系统、企业生态决策评价子系统。而从整体全面的角度归纳，企业信息生态系统实际上就是由信息、生态、系统三大要素构成。信息即为企业需求信息、企业传播信息、外界生态环境信息；生态即为生态资源、生态因子、生态平衡、企业生态决策；系统即为管理子系统、调节子系统、决策评价子系统。因此，信息、生态、系统便是企业信息生态系统的具体化缩影。企业信息生态系统中的各个组成成分相互联系、相互作用成为一个统一体，它们之间除了能量流动和物质交换之外，还有一种非常重要的联系，即信息传递。生物之间交流的信息是生态系统中的重要内容，通过它可以把同一物种之间，以及不同物种之间的"意愿"表达给对方，从而在客观上达到自己的目的。企业与企业之间、企业与外部环境之间便是通过这三者的集合进行着相互作用（图 6.3）。

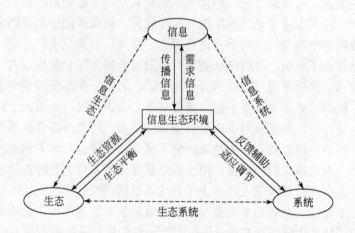

图 6.3　企业信息生态系统的结构

由此可见，信息、生态、系统是构成企业信息生态系统的三大重要基本要素。信息在整个系统中无处不在，根据不同的信息类别与不同的信息需求者进行信息交流，它是系统运行的黏合剂；生态是企业个体之间、企业与外界环境之间共进、衍生的生存状态，它们相互辅助、协调，最终达到生态平衡，长久发展的目标，是系统的灵魂支柱；系统即为企业运行的整体、集合，是企业与外界环境接触的界面，同时也是信息和生态运作的基础、展现的平台。所以，企业信息生态系统的妥善运行是需要信息、生态、系统三者相互促进、和谐统一，才能实现企业长久发展、环境绿色健康。同时，为了更好地挖掘企业信息生态系统的潜力，对信息性、生态性、系统性的研究也是十分必要的。

6.3.2　企业信息生态系统三元性分析

1. 信息性

（1）信息的内涵

信息是客观世界中各种事物的变化和特征的最新反映以及经过传递后的再现；是通过一定的物质载体形式反映出来的，是事物存在的状态、运动形式、运动规律及其相互联系、相互作用的表征；是人类在适应外部世界并且使这种适应作用于外部世界的过程中，与外部世界进行交换的内容和名称。近阶段，以信息技术为先导的高新技术革命正在引发企业生产、管理、决策的重大变化，企业作为社会经济的重要组成部分，它的发展与社会变革息息相关，以致企业信息化是跨越信息经济时代的重要特征。企业信息化通过充分开发和利用内、外部信息资源与人力资源，建立相适应的组织模式与运行模式，以及综合的企业管理信息系统，提高了信息资源利用率、扩大了企业竞争领域，最终实现企业管理模式的变革。

在进行企业信息化改造时，企业管理信息化和企业流程重组之间具有互动的作用。但是，企业往往是片面地强调某一方面的重要性，而不是从生态系统的整体角度来思考。而信息生态系统是一种"以人为本"的企业信息管理的新范式。其主张顺应空前积累的竞争形势，把握市场机遇，由不同企业围绕某一特定任务组成灵活的企业联盟。各企业间形成互相联系、互相影响、共同演进的信息生态系统。

（2）信息、人、信息环境的作用

在企业信息生态系统的基本要素中，第一，信息是系统构建的主要内容，是系统运行的黏合剂，其具有普遍性、客观性、无限性、依附性的特点。随之，信息生态系统沿袭了信息性的基本特点，又结合生态性和系统性开创了自己的相关特性。第二，信息人即一切需要信息并参与信息活动的单个人或多个人组成的社会组织，主要包括信息生产者、信息传播者、信息消费者、信息分解者。它们之间的信息交流和反馈构成了系统的信息循环链，在不同的阶段和场合可能扮演不同的角色。第三，信息环境是信息生态的背景和场所，是企业竞相争夺信息与物质能源的平台。在一个具有适应性的、复杂的信息生态中，信息、信息人、信息环境被称为信息生态因子，三者相互依赖，相互依存，并且互动设计是信息性的特征体现。其中，信息人的相互作用可按其组成性质的不同分为信息人种内相互作用和信息人种间相互作用；按其作用方式分为相互合作与相互竞争；按其作用效果不同可分为互利、互害、偏利、偏害。信息生产者、信息传播者、信息消费者和信息分解者在信息内容和信息技术的支持下构成了整个信息循环链（图6.4）。

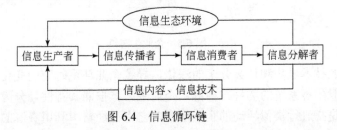

图 6.4　信息循环链

企业信息生态系统的运用有利于对企业间的信息资源的有效配置和开发利用，以适应多变的竞争环境，求得生存和发展。因此，企业信息化与信息生态系统理论相结合的思维方式，拓宽了信息的流通空间，提高了企业的信息利用效率，建立了各类企业共生的信息生态圈，从而达到企业间共生的战略目标。

2. 生态性

生态学（ecology）一词源于希腊文"oikos"，意为"住所"或"栖息地"。从字义上讲，生态学是研究"生活所在地"的生物和它所在地关系的一门科学，即关于居住环境的科学。生态学的定义颇多，根据生态学近些年研究的进展，德国博物学家 E.Haeckel 的定义还是最为适宜的，即"生态学是研究生物及环境间相互关系的科学"。这里，生物包括动物、植物、微生物及人类本身，即不同的生物系统，而环境则指生物生活中的非生物因素（无机因素）、生物因素和人类社会共同构成的环境系统。

（1）企业生态性

纵观企业发展历史，像自然界的生物体一样，历经由盛而衰、由小变大的生物演变过程。企业作为生命有机体，具有生存与发展的欲望、新陈代谢、经历成长、发育、繁殖、衰老和死亡的生命周期过程，同时在遗传与变异、生存与发展过程中种内和种间斗争也受环境的选择。"企业生态链"——它类似于生物界的食物链，按它们的营养级顺序可分为上级、中级、下级，下级为上级产品的消费者。同样，在一个行业内也存在生态链关系，按顺序分为供应商、企业、中间商和顾客，后者为前者的消费者。然而，企业与生物不同的是并非每个地区都存在着特定完整的生态链，它要求充分利用企业生态资源进行区域分工，促使企业与生态环境相互推动与制约，形成自觉的目的性，使企业与资源能够合理匹配、有效运用（图 6.5）。

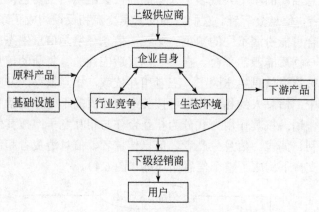

图 6.5 企业生态链

由于社会的技术进步和社会分工的深化，导致企业环境时空的变化，企业依存的空间缩小。结合一般生态系统的物种与种群，企业生态体按照其特性划分为企业种群和企业群落。企业种群是指进行类似活动的企业集合，它们在经营中利用资源的方式类似，其经营结果也类似。同一种群内的组织为了类似的资源或相近的顾客展开竞争。企业种群生态致力于探讨企业种群的创造、成长及消亡的过程及其与环境转变的关系。企业群落是指由若干企业或企业种群在一定的环境条件下所形成的并与环境相互作用的企业群体。在企业信息生态系统中，企业与企业之间、与企业种群、外部环境之间进行着相互作用，其摒弃了传统的企业为了争夺资源和市场而进行破坏性的竞争方式，达成了合作、共生的意识，形成一种基于产品、技术之上的增值服务，这也是企业信息生态系统发展过程中必然出现的结果。

（2）信息生态平衡

信息生态平衡是指企业信息生态系统的各种结构要素、比例、输入和输出数量等都处于稳定和通畅的状态，也就是信息—信息人—信息环境之间的一种均衡状态。其具体体现为：①结构的优化，即信息生态系统的各组成部分相互匹配、相互协调、相互适应、相互补充，具体包括信息人之间的合作、信息生态因子的调节、信息人与信息生态环境的作用和影响。②维持和改造，企业所面临的环境是刚性约束，所以企业信息生态系统在维持原有性能下要相应地建立柔性组织形式和反应机制，提高对环境变化的适应能力，同时顺应新陈代谢的规律，不断寻找新的机会替代失去优势的产业，形成演化循环的生态平衡系统。③循环效应，企业信息生态系统的物质、能量、信息的交换都是连续演进的，通过合理利用信息资源，有效引导信息流向，实现了企业之间的信息循环利用，减少了信息浪费现象，促成了稳定、平衡、健康的信息生态环境。

按照信息生态学的观点，只有当企业现有的信息生态系统具有灵活的、能适时地随外部信息生态环境的改变而不断进化的特性，才能成为真正有效的信息生态系统，才能为企业持续带来经济效益。企业信息生态系统着眼于环境保护和资源节约，使企业的发展不仅仅局限于短暂的经济指标的增长，而是长远的、不危及下一代的持续发展的竞争力。从某个角度来说，企业之间相互合作，共享交叉资源，并对信息资源进行优化配置和有效的开发利用，一起创新。这不仅为企业间的合作培育实力，同时持续提高了企业竞争能力，实现企业增值。这样，企业通过不断的"适应、利用、改善"的过程实现生存、成长、回报、获取，继而再发展的目的。因此，企业信息生态系统的可持续发展进程，促使企业保持了持续的竞争力，均衡了环境资源，创造了新的企业管理范式，回报给社会一个协调、稳定、共生的企业发展最佳方案。

3. 系统性

"系统"一词来自拉丁语"systema"，即"群"或"集合"的意思。它早在古希腊就已出现，原意是复杂事物的总体，不过在当时尚未成为一个具有确定科学含义的概念。英文一词具有体系、系统、体制、秩序、机构、组织等含义。中国学者钱学森认为系统就是"由相互作用和相互联系的若干组成部分结合而成的具有特定功能的整体，而且这个系统本身又是它所从属的一个更大系统的组成部分"。同时，任何系统都存在于一定环境之中，系统的环境是指存在于系统之外的并且与系统发生作用的所有外界事物的总称。系统和环境之间存在着物质、能量和信息的交换，实际上，环境就是为系统提供输入或系统输出的场所，即环境是系统存在和发展的条件。

（1）系统性的内涵

信息系统是一个人造系统，它由人、硬件、软件和数据资源组成，目的是及时、正确地搜索、加工、存储、传递和提供信息，实现组织中各项活动的管理、控制与协调。随着现代企业分工越来越细，面对的生存环境越来越复杂，需要对各种情况做出越来越迅速及时的反映，传统的企业信息系统已经无法应付现代企业管理的需要，无法从全面、整体、长远的角度为企业决策者提供准确、高效的建议。企业信息生态系统便是在此大背景下诞生的，其在原有信息系统的基础上，结合生态学理论，以及针对生态环境中节约资源、环保发展的提议，开发出的创新型企业管理系统。

企业信息生态系统是指企业内部信息环境，包括许多影响信息的创建、分布和使用的，相互依赖的社会和文化环境，由人、惯例、价值及技术共同组成的复杂系统。其强调企业、人类与信息环境之间的相互作用和影响，考察人在信息环境中的地位和作用，探讨企业发展与信息环境的关系，使人类社会与信息环境的发展能够协调一致。

（2）系统性的特征

企业信息生态系统的主要特征为：①共享命运，即整体上企业间的"相互适应、共享资源"，即由传统形式下"你死我活"的竞争转变为"双赢"式的竞争合作，虽然企业在资源和利益分配方面存在竞争，但因为有着共同做大市场的愿望，又能在竞争的排斥力下共处，达成信息协同，实现长远持续发展。②创新性和演化性，一个健康的信息生态系统是动态发展、自主创新、处于不断演化当中的，具有适应和进化能力。基于企业生态链的合作既可以使企业实现资源互补，又可以发挥自身的核心专长，挖掘较强的创新潜力，加强了企业信息生态系统内部机制创新，发挥成员的创造性和潜力，达到协作创新，共同进化的目标。③地域性和情境性，信息生态系统与不同的信息环境相对应，信息环境作为社会环境的一个重要组成部分，必然受其所处的政治、经济、文化等社会环境以及所处的自然环境的影响与制约，从而体现着不同特色的地域性特征。而企业信息生态系统中的人或技术在不同的情境会发挥不同的作用，也可以对自己所在区域的生态施加影响，这也是生态区域之外的人无法办到的。

企业信息生态系统中各个组成部分之间存在强大的相互联系性和相互依赖性，一个生态要素所发生的变化会影响整个系统。因此，引用自然环境的生态特征，同时考虑企业自身资源或缺、与外界环境协调及企业生命体特征等方面，将系统主要分为生态信息管理子系统、企业信息生态资源调度子系统、企业生态因子调节子系统、企业生态决策评价子系统。各子系统之间通过信息交流与开发，达到相互补充、协同发展的目标。

4. 信息性、生态性、系统性三者之间关系

企业信息生态化是关于企业信息管理的一种新范式，同时从系统性角度出发，整体、全面地考察企业自身运行及其与环境之间的相互性，更是一种创新运行模式。企业信息生态系统三大特性：①信息性，根据企业信息化需求来设计和管理信息环境；②生态性，结合资源、环境的变化自我组织、自我调节；③系统性，具有一定层次、结构、开放的各种要素集合。独立看来，信息性、生态性、系统性并没有明显的相关联系，其均是朝着各自学科方向伸延，但通过企业信息生态系统这一平台，透析三者特性，使其相互结合，相互补充，最终实现了一个相对稳定、平衡的企业信息生态系统，为今后企业更好地开展相关工作提供了坚实的基础。

6.4　企业信息生态系统的运行机制

机制——《韦氏大学词典》的解释是"实现目标的过程或者方法"。进一步解释如下，"机制（mechanism）"一词产生于 1662 年，原指一种机械装置，或者实现结果的技术或过程，同时也指在行动、反应或者自然现象中发生的或者起作用的物理或化学过程。《辞海》的解释是："原指机器的构造或运作原理，生物学或医学通过类比借用此词。"可见，机制一词是从机械构造理论中借用的，逐渐应用于各个领域。当用于社会科学时，指的是事物

运动变化的内在联系。

企业信息生态系统的运行机制是各部分组成要素在相互影响作用下进行促进、维持、激励、制约企业信息主体形成-运行-发展的协调管理过程，产生一系列有助于系统形成与发展的工作方式。在系统运行中，信息主体之间分享一定的信息资源，同时又以竞争关系为主，为扩大其利用范围，增加效用价值，信息主体间必然按照某种模式相互依存和相互作用地生活在一起，形成共同生存、协同进化的依存模式。由此，企业信息生态系统的运行机制包括形成机制、竞争机制、协同机制、决策机制、合作共享机制、循环机制。

6.4.1　形成机制

企业信息生态系统的运行机制是多元化的、动态连续的运行机制，具体体现在以下几个方面。

1. 机制机理

企业信息生态系统的生成不是一个自发的过程，需要适当的多种推动因素来完成。自然生态系统在没有受到人类或其他因素严重干扰和破坏时，其形成机制比较简单、明显，而企业信息生态系统是以维持系统的良性循环为依据，需要考虑多方面、复杂的自然条件和社会条件。从动力学角度分析主要包括：①信息生态环境是该系统形成的背景基础，由于生态环境变化的不确定性，企业需要不断增加自我适应能力，提高竞争力，才能得到长足发展。所以它是形成机制的直接动力源；②大量的信息资源是形成机制的内部数据库，是企业信息生态系统的物质资源，起着物质动力作用；③信息技术、资金利润从技术和物质的角度推动了形成机制；④企业信息化激发了企业知识创新，建立了企业文化，对形成机制具有索引作用。企业信息生态系统的形成机制建立之后，企业信息生态系统才能正常进行（图6.6）。

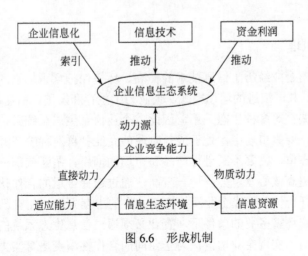

图 6.6　形成机制

形成机制是系统由一定情况下产生的组织性、相关性条件组成，并实现从无序向有序的转化过程。其也是物质和能量转化过程中由于内部因素之间相互作用而形成的一种高度有序的稳定结构。形成机制显著的特征在于它它充分利用外力，形成并维持具有充分组织的有序结构，这是各种环境因素、技术因素、人文因素相互作用的结果，同时也是各子系统之间相互平衡、协调运作，整个系统自身在适宜的内外部条件下作用的结果。生态的、经济的、社会的企业运作系统都是通过不断与外界交换物质、能量时，从环境中获取的资源增强企业本身实力，同时以相应的良性结果回馈给环境，这才能使企业、社会形成良性循环的运作机制。否则系统与环境之间的双向调节难以修复，发生质变，造成更大的污染。将生态优化作为系统形成的考虑因素，也是企业信息生态系统独特之处。

2. 形成机制在系统中的作用

企业信息生态系统的结构和功能是非常和谐的，因为构成系统的各部分均在有效地发挥作用，维持系统的信息性、生态性、系统性，各子系统互相协同、互相促进，保持系统的结构有序和功能发挥。其中以企业信息生态资源调度子系统和企业生态因子调节子系统为主实现企业信息生态系统的组织、调节功能。首先，资源需求量、信息量可以及时、主动地发起整个系统的运作，决定了企业、人类对自然要素的驾驭能力；其次，信息生态因子的调节能够发现在系统内部的混乱和问题，可以及时调整系统的配置，采取措施促进系统的有序运行。相应地，加上其他子系统的配合，通过信息传递与反馈加强系统各要素之间的联系，促进系统有序形成、稳定发展。

形成机制与系统的尺度有关，大尺度系统较小尺度系统的自组织能力强，也与系统的开放度有关，开放系统其形成因素扩展面要宽于封闭系统。因此，企业信息生态系统的形成机制是综合多项系统的优点之处，又有自己特性的运行模式，其保证了系统的组织、形成，又考虑到不影响环境的良性、均衡状态。

6.4.2 竞争机制

1. 竞争机制的机理

信息生态环境中的企业经历了信息技术的提高、环境保护意识加强的阶段后，逐步形成一种企业群体共存、共同演进的运作模式。企业为了生存和发展，相互之间存在如竞争、共生、互惠、偏利、偏害等多种生态关系，因此，企业信息生态系统必须同时包含竞争和合作两种机制。在生产要素市场中，处于成长阶段的企业种群对稀缺资源展开竞争，其一方面要保住自己的生态位，需要不断进行产品和市场的创新，垄断或部分垄断生存资源，积极占据高生态位，提高核心竞争力；另一方面，通过选择合适的合作伙伴达成企业群间的知识共享，积极展开合作，形成企业间的互惠共生的生存方式，使自己壮大。

在市场经济和生态环境多变的条件下，企业必须通过信息生态系统的运行进行知识更新，提高企业竞争能力，实现企业增值，为企业间的合作性演奏培育实力。信息价值链增值是提高竞争机制的根本因素，是一个循序渐进的复杂过程。其中，信息资源是软要素，信息技术是硬要素，信息要素的增值作用贯穿了企业的整个流程。具体包括两方面：①信息在企业中不仅创造自身价值，还通过整合物流、工作流、资金流，加以管理和控制为企业创造更大价值。②信息技术通过与企业战略整合、资产投资互补、业务流程重组优化，极大地提高了企业竞争力及价值创造能力。

2. 竞争机制的特征

类似于自然界的竞争，信息生态环境中的企业表现出的竞争机制体现在以下几点。

（1）不对称性

不对称性是自然界竞争的共同特点，竞争的不对称性是指竞争者各方面受竞争影响产生不等同的后果，面临相同的外界环境变化，面对相同的竞争影响，但是对竞争的企业双方造成的结果和影响是截然不同的。企业由于个体之间竞争能力的差异，同样的资源对于竞争双方来说具有不同的价值，竞争的压力也不对称。

（2）密度效应

在一定生态条件下，种群密度适度时，种群的增长速度最快，密度太低或者太高，都会对种群增长起到抑制作用。同样，企业之间的竞争受到企业密度的制约，其密度越大，相互之间的竞争越激烈，竞争对每个企业的影响也越大。通过竞争可以调节每类企业的数量和规模，提高密度适中的企业成活率，倡导企业良性竞争。

（3）竞争双重性

企业需要获取更多的市场资源以维持自身生存。一方面，残酷的市场竞争加大了企业的生存难度，增加了高技术企业生存成本；但另一方面，面对市场竞争的压力迫使企业、企业种群相互作用、团结起来，高效利用资源，提高企业管理和运营水平，使企业生存环境充满了活力。

6.4.3 协同机制

一个系统从无序向有序转化的关键在于组成该系统的各子系统在一定条件下，通过非线性的相互作用产生相关效应和协同作用，并通过这种作用产生出结构和功能上的有序，这就是协同运动的有序体现。相应地，协同机制是企业信息生态系统中信息生态元素按照某种规则自动形成一定的结构或功能，并与多种资源相结合，在信息系统中形成内驱动力，引导信息流有明确的传递方向，并促进信息系统内部各个环节产生协同力，促使系统在平衡临界点的演化依旧维持系统的动态平衡，最终呈现出企业信息生态系统特有的有序化结构和功能模式。

信息生态系统下的协同机制特征在于它的非线性、组织性、管理性。其主要是分析企业的整体功能，企业对深化改革中存在的阻力进行剖析的能力。企业信息生态系统建立的目的是要提高企业竞争力，实现企业间协调发展、知识创新倍增式涌现以适应信息生态环境的变化。因此，协同关系是以竞争为基础，共享为核心建立起来的。企业信息生态系统必然涉及两个以上的企业或企业种群，每个参与成员都是具有自治权利的独立单位，除了联合与合作外，必然存在着自主与竞争。同时，企业信息生态系统应当保证企业成员及时获得其发展所需的信息资源，使在空间上分布的系统成员及时地通过企业信息生态系统获取需要信息，因此共享就成为了协同过程中的核心问题。协同机制也是企业信息生态系统最重要的运行机制。企业信息生态系统能够获得功能上的增长其主要原因在于各个要素及特定属性间相互配合而形成了新的功能和作用效果。新的功能和作用效果不是要素简单机械的堆砌，而是要素特性属性之间的协同作用，也就是要素属性之间的匹配性或互补性产生的强相互关系。企业处于动态变化的环境中，只有各个运行机制协调结合，信息协同运动，才能形成整体统一的系统运行模式，一份工作必须经过多人、多个成员组织，通过信息的及时沟通和准确传递来完成，以适应外部大环境以及内部小环境的变化求得生存和发展。同时，协同机制还指企业间供应链的协同，其保证了战略伙伴和企业内外部资源的共享与优化利用，从中低层次的企业内部运行流程重组上升到企业之间的协作，这是一种更高级别的系统运行模式。

6.4.4 决策机制

决策机制在企业信息生态系统中具有重要的地位，决策是贯穿于规划、实施和评价整个管理过程的基本活动，不仅在规划过程中需要进行目标选择的规划决策，而且在实施过程中也需要对系统组织机构、人员安排、信息资源配置等进行组织决策，在评价过程还需要进行控制，它是连接各个环节的"枢纽"，是将战略目标贯穿到各个信息化活动中的重要"渠道"。从决策角度来说，要求企业信息生态系统的职能部门与企业运营部门在决策活动上相互适配，运用科学的、完整的的决策方法，对信息化活动中各个环节的各种复杂的方案进行明确的、合理的、迅速的分析选择，以便通过决策活动将企业对应的战略要求贯穿到企业的全部活动中，使系统呈现出相互协调、和谐一致的整体状态。

企业信息生态系统的决策机制，就是要控制影响战略方案的"软的力量"，挖掘企业决策者内在的动力，培育高质量的管理决策行为，使决策评价产生持久的良性效果。企业信息生态系统的决策机制是建立在一定的组织基础之上，基于决策分析的个体、团队、组织都是决策机制的基本骨架。相应地，决策机制在以企业信息生态系统整合的最后信息为依据运行时，此机制还包括信息生产机制、组织转化机制、企业知识创新机制。这三种机制是企业内部信息流动的基本模式，企业分析了转化的信息后进行所需相关知识的优化创新，企业决策者据此引导而实施战略行动。同时，企业信息生态系统还可以对战略实施方法进行验证、调整（图6.7）。

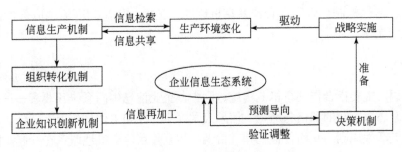

图 6.7 决策机制图

6.4.5 合作共享机制

合作共享机制是指实现企业合作、信息共享的内在方式和途径，它既指一个过程，也指调控的手段和方法。与合作机制对应的就是竞争机制，随着社会和观念的演化，为减少直接、激烈的正面市场竞争，企业间正相互作用将逐渐增强，负相互作用相应减少，企业对竞争的态度逐渐从对抗转化为联盟合作的形式。信息生态环境是一个企业间协调发展，共同进步的平衡环境，而企业间信息生态系统是存在相似性的系统。相应地，具体到企业信息生态系统的合作共享机制是指在系统内部，各组成要素之间为实现合作、共享的方式和方法。所以合作共享是靠各个机制共同完成，并在一个机制框架内进行的。机制建设的状况直接影响着共享的成效，机制的作用就是要保证信息的公开、透明与畅通，降低不必要的搜索与交易费用。企业获取信息的方式以及激励他们收集和获得信息的措施，受到社会环境、组织形式的影响。为了实现企业信息资源的优化配置和有效开发利用，需要企业间相互合作，交叉资源共享，互帮互助，一起创新。企业信息生态系统为信息流动建立了最佳平台，使企业内部获得了准确的信息，帮助企业决策者做出了正确的判断，同时也给企业外部环境带来了信息再利用的机会。

同时，企业信息生态系统的共享合作机制与其他运行机制也是合作、同步、协同运作。其中，各运行机制看到了问题的不同方面，建设性地探索它们的不同点，同步进行各自能力解决方案的相关分析，将结果汇总，互补合作。这样，企业信息生态系统的运作才会从无序到有序，发挥了其整体性的功能。主要表现在以下几个方面。

（1）合作

所谓合作，一是就企业信息生态系统的主体——企业决策者，用户的态度、倾向而言，即企业对信息共享的认同，从思想上真正把握信息共享的重要意义，从而产生强烈参与意识，这是首要条件。二是在合作共享机制的实施目标上必须与整个企业信息生态系统保持统一。

（2）同步

所谓同步，是指合作共享机制的实施在各个环节上应同步化。合作共享机制是一个体系，要协同各运行机制，必须在合作共享机制的实施中，信息共享活动应同步化，各环节应相对应同步实施。

（3）协调

所谓协调，主要指合作共享机制实施过程中，企业信息生态系统各要素——信息人、信息、信息生态环境之间的和谐与适应。信息人发挥主导性和主体性作用，充分体现信息共享的科学性和灵活性原则，从而使他们相互协调、相互作用，有机地联系在一起。因此要充分发挥人的主导作用。人是信息生态因子的核心因子，信息共享离不开人的活动，从信息生产、传播、利用到创新的每一个阶段都离不开人的参与，人可以指导实施共享机制，协调各机制的运行。所以，决定合作共享成功与否取决于企业生态因子调节子系统，其最重要的因素也是人的信息创造能力。

6.4.6　循环机制

针对信息生态环境特征以及循环经济形势，企业应用新思想、新技术建立了企业信息生态系统的循环机制。企业信息生态系统是一个开放的、复杂的系统，其系统内部以及信息生态系统之间的物质、能量、信息的交换都是连续演进的，从能源转换、能源输送调配、能源终端使用、余能回收利用等每个环节做好能源节约与管理工作，并与其周边的社会系统形成了功能协调、优势互补的关系，使企业自身通过"适应、利用、改善"的过程实现生存、成长、回报、获取，继而再发展的目的。从而促进企业信息生态系统的可持续发展进程，形成了动态、平衡的信息生态环境，使各种资源循环利用，就会产生更多的资源，获得更大的价值。

循环机制是企业信息生态系统运行机制的中枢神经，使各个机制能够协调、连续的互动运作。同时，它也为信息资源的合理利用提供平台，引导信息流向，减少了信息浪费现象。循环机制是对于企业信息生态系统运行的一个重要创新，其主要遵循以下原则。

（1）协调原则

在一个系统中，物质的迁移、转化、代谢、积累、释放等功能，在空间上、时间上要遵循一定的序列，按一定层次结构来进行，且各层次、环节间的量及物质和能量的流通量也各有一定的协调比例。一方面要调整并协调内部结构和功能，改善与加速信息生态系统中物质的迁移、转化、循环、输出，以减少过剩资源的输出；另一方面，也要控制过剩资源的输入。

（2）平衡原则

在一个企业信息生态系统中某些资源、信息的输出量大于输入量，其比例小于 1，此种状况即信息生态衰竭，这种发展是以破坏资源及信息生态环境，牺牲持续发展为代价，来获取企业一时的高产与暂时效益的。因此，企业信息生态系统要从三方面达到平衡，即结构平衡、功能平衡和收支平衡。

（3）循环再生原则

循环机制是信息流过程中，从无序到有序的直线变化中的一个旋涡或干扰，将信息汇聚。物质运动，从物质生产和生命再生角度看，也是循环运动，物质循环的每个环节都是为物质生产或生命再生提供机会，促进循环就可更多发挥物质、信息的生产潜力。

（4）多层次分级利用原则

再生循环主要通过分层次分级利用物质、信息能量，这种方法是系统内耗最省、物质利用最充分、工序组合最佳最优工艺设计的基础方法。

循环机制主要是由生态信息管理子系统为主，其他系统为辅的运行模式。其中，信息管理子系统对信息流进行调动、指引，使其完成循环模式。企业信息生态资源调度子系统将企业各种系统中关于生态方面、行业领域需求方面的信息内容汇总整理，使其更具系统性。对其他子系统的正常运作起到监督、控制作用。

6.4.7 企业信息生态系统各运行机制关联图

企业信息生态系统的各种运行机制是一个综合的有机整体，它们相互联系、相互制约，共同促进企业信息生态系统的运行和发展。构建企业信息生态系统运行机制的整体关系图，其中协同机制位于核心位置，只有企业内部子系统、企业与外部环境等各种信息资源协同运动，才能形成平衡协调的信息生态系统；形成机制由智力人力、信息技术、资金利润、信息资源推动；决策机制主要包括生产机制、组织转化机制、知识创新机制。各机制之间的运行关系包括刺激、提高、调解、影响、适应等（图 6.8）。

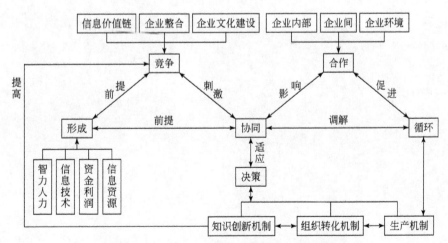

图 6.8 企业信息生态系统各运行机制关联图

当我们对企业进行信息生态学研究时，就会发现企业就像自然界中的生物一样生存在一个完整的生态系统中，即企业信息生态系统。经过一段时间发展后，有的系统壮大了，有的衰败了。对企业信息生态系统运行机制的探索，有利于企业科学的发展，建立企业与相关企业群体的生态信息协同体，实现企业信息生态系统的发展壮大。同时，企业信息生态系统也展现了一种新型信息运用范式，为这一领域的研究开启了新的思维视角，为社会环境系统的发展提供了很好的借鉴。

第7章 网络信息生态系统的构建

7.1 网络信息生态系统的构建原则

一般而言，生态系统具有如下 10 项重要特征：①以生物为主体，具有整体性特征；②复杂、有序的层级系统；③开放的、远离平衡态的热力学系统；④具有明确功能和功益服务性能；⑤受环境影响深刻；⑥环境的演变与生物进化相联系；⑦具有自维持、自调控功能；⑧具有一定的负荷力，它是涉及用户数量和每一个使用者强度的二维概念；⑨具有动态的、生命的特征；⑩具有健康、可持续发展特性。

网络信息生态系统构建相较于自然生态系统具有明显的人为性特征，在构建过程中应遵循以下原则，如图 7.1 所示。

图 7.1 网络信息生态系统构建原则

7.1.1 系统整体协同原则

1. 网络信息生态系统架构应遵循整体性原则

网络信息生态系统是由众多信息生态因子组成的有机整体，各个信息生态因子一旦组成信息生态系统，就会在因子间的相互作用下产生独立因子所不具备的新功能和性质，因此网络信息生态系统的整体属性和系统功能并不是众多信息生态因子功能与性质的线性加和，因子间的相互作用以及共同作用才构成一个统一的整体。如果系统内部的某一因子突发改变，其产生的影响也会使得系统中的其他相应的因子发生改变。网络信息生态系统构建架构需要符合以下两点：第一，系统在各因子相互间的作用下，系统具有的整体性质、系统功能和运动规律，并不同于独立因子所具备的性质、功能和规律，而是具备任何单一因子所不具备的新属性、新功能与整体的运动规律；第二，信息生态因子是网络信息生态系统构建的基石，一旦缺失了其中某些关键性因子，就有可能导致系统无法发挥其整体的功能，更为严重的将导致系统崩溃。网络信息生态系统的功能是在众多独立因子相互关联相互作用下形成的，系统内部有任何改变都会影响其功能的表现。

2. 网络信息生态系统要素构建应遵循协同性原则

网络信息生态系统构建中的诸多要素，不能任意组合，必须满足系统对其特殊的信息要求以确保信息循环畅通无阻。网络信息生态系统构建中的每个独立要素在相互作用相互关联下实现功能互补，不但保障平台信息循环顺利开展，更能有效推动系统演化，进而实现系统整体功能大于独立因子功能简单加和的理想效果。

网络信息生态系统构建系统的动力并非来自外部的能源输入或系统中各层级间的内部指令，而是在系统中全部要素以及各子系统之间的相互协同作用下所产生的。它们通过子系统之间所存在的差异而产生的相互影响进而得出了系统规则。由此可见，复杂性模式的诞生并非源于外部指令，而是在低层次子系统相互之间的竞争和协同中产生。在彼此间不断地竞争和合作下，系统内各子系统将出现明显的竞争趋势化，进而带动整个系统从无序向有序发展。网络信息生态系统作为一个复杂适应系统，其内部的信息生态因子在一定的规则下通过自我协同或相互间的作用，推动系统由低层次无序向高层次有序进化。

7.1.2　系统复杂有序原则

1. 网络信息生态系统构建与发展应保持系统复杂性

复杂性是系统普遍具备的性质，更是系统科学关注与研究的核心问题。想要全面透彻地研究与分析一个系统，首先要掌握其复杂性的特点。网络信息生态系统构建的复杂性特征应在四个方面得以保持。第一，网络信息生态系统构建中具有众多独立异质性的信息人，并且信息人之间建立了多种形式的连带关系。例如，信息人之间的相互联系，信息人与信息场进行信息的交流，信息人对信息资源提供与使用的联系等。第二，信息人之间形成非线性的信息流动。例如，网络信息生态系统构建在进行一次信息循环期间，信息的生产与消费均呈现非线性关系，信息人之间的关联、交流及反馈也均呈现出非线性的特点。第三，网络信息生态系统构建是非对称的或对称性破缺的。这表现为网络信息生态系统构建的任意部分或子集都无法获取充分完整的信息来切实地估计其他部分的性质。第四，网络信息生态系统构建过程是基于有序与无序之间的过渡状态。完全有序与完全无序都不是复杂性的真实体现，系统的复杂性产生于秩序与混沌的变化过程之中。

2. 网络信息生态系统构建结构应具有层次性

生态系统的层次性主要表现为生命系统的层次结构，即从分子到细胞、组织、器官、系统、生物个体、种群及群落等多级的层次结构。每一层级都具有独特的结构和功能，层级间也有紧密的关联衔接，特别是高层级的结构与功能是由演变或组成其的低层级的结构和功能发展演进而来的。因此，研究系统高层级的现象与规律问题不能局限于这一层次，要从低层级的结构与功能入手开始逐级展开。网络信息生态系统构建由次级子系统构成，不同等级的网络信息生态系统构建系统按照由低级到高级、由简单到复杂逐级构成上级系统的子系统，而任何一个系统都包含若干子系统，众多系统的组合也会构成一个更加庞大的系统。任何系统发生变化，都将基于连带关系影响整个系统结构与功能发生变动。

7.1.3 系统动态开放原则

1. 网络信息生态系统构建是一个动态过程

网络信息生态系统构建是一个具有高度复杂性的动态变化过程，系统中相当数量与种类的信息人之间相互作用，同时系统又时刻保持与外界进行信息流通。此外，网络信息生态系统构建也是一个由简单到复杂的动态演化过程。网络信息生态系统的构建存在着如何适应和改造环境的问题。网络信息生态系统构建过程中任何环境因素的变化都有可能改变信息人原始的发展路径，因此为了适应不断变化的环境，信息人要随时做出适当的调整。随着信息人的学习与改进，调整后的网络信息生态系统将呈现出阶梯式的发展跃迁，进而表现为系统对环境的适应与改造。

2. 网络信息生态系统构建应具有边界开放性

网络信息生态系统构建的边界是模糊的，具有不确定性，同时还呈现出网络状的结构。每一个网络信息生态系统构建内部包含着一定数目的小信息生态系统，而与此同时它本身又是更大的一个网络信息生态系统构建的子系统，由此可见，其边界可根据实际需要而定。

网络信息生态系统构建如社会中其他系统一样，并不是独立于万物的一类特殊结构，而是存在于不断发展与演进的动态世界之中。系统的存在有赖于外界环境的支持，脱离了外部环境的输入或是对外部环境的输出，系统就会停止运作，失去了能力，因此系统需要不断地进行物质、能量和信息的交换。

换而言之，一切与信息有关的影响因素和社会现象都将从不同的通道进入系统中，在经历转换与变化之后从不同的出口流出，以此周而复始，循环往复。因此，网络信息生态系统构建应是一个开放的动态系统，它无时无刻不在与外界产生交换。

7.1.4 系统自组织演化原则

1. 网络信息生态系统构建过程中应培育自组织能力

一个具备自组织能力的网络信息生态系统构建，就能通过自身的组织能力来不断自我进化。网络信息生态环境在不断地改变，因此在一定的条件下，网络信息生态系统构建的自组织会随着环境的变化而不断进化。

从复杂自适应系统维度来看，网络信息生态系统构建是存在于共同现实中或者虚拟空间下的人类种群构成的复杂自适应系统。网络信息生态系统构建的构成要素呈现多样性特点，主要表现为信息资源的庞大、信息环境的复杂、信息技术标准的多样以及信息人素质水平的不均；网络信息生态系统构建的构成要素之间的关系呈现复杂性特点，表现为系统内部组成要素间的相互协调、相互关联以及系统内部组成要素与外界环境间的反馈与交流。生态学中的适度干扰理论也在一定程度上解释了知识生态系统具备多样性特征。在复杂自适应系统中，基于构成要素间的调节适应来促进知识生态系统的持续演进，以此保证系统价值的实现与增值。

2. 网络信息生态系统构建应具有协同演化能力

网络信息生态系统的构建过程经历从幼年期到成熟期的成长发育过程，与此同时，知识生态系统还在不平衡与平衡状态间循环往复变动。信息人自身以及系统构成要素之间通过合作共生与互相竞争来提高知识生态系统的动态演化能力，进而促进网络信息生态系统构建不断朝向有利于自身发展的方向演进，构成要素在优胜劣汰、适者生存的原则下不断寻找对自身有利的生态位来实现发展。因此，要有效推动信息人自身以及系统构成要素之间通过协作共生与相互竞争来促进网络信息生态系统构建的不断动态演进。

协同演化是指在网络信息生态系统构建中两个或更多的相互关联相互作用的信息人在演化中建立的彼此相互适应的共同演化过程。因为信息人是在系统内外部环境的共同选择压力下进行演化的，所以任何信息人个体的演化过程都将会对其他物种的选择压力产生改变与影响，进而引起其他信息人的变化。当此类变化积累到一定程度时又会反过来促使相关物种产生质变。在大多数情况下，信息人的独立演化都会互相影响，在协同演化作用的刺激下，每个物种演化的连锁反应优势得到最大程度的发挥，由此促使整个系统获得最优的演化结果。网络信息生态系统构建的信息人通过增加要素的多样性来提升系统的创新能力和动力；通过促进信息人之间产生共同适应来提升系统凝聚力和抵抗外界干扰的能力，进而保持网络信息生态系统构建的稳定性。

7.1.5 系统组织多样性原则

1. 网络信息生态系统构建要保证系统要素的多样性

对网络信息生态系统构建而言，系统要素的多样性至关重要。多样性是一个生态学中的基本概念，不同的生物在生态系统中发挥着各自不同的作用，来维持好整个系统的平衡。物种与物种之间、生物与环境之间存在着错综复杂的物质与能量的流动，各类提供生存的物质和能量只有从环境进入到生物中再回流到环境中才形成一次完整的良性循环，各自的流入途径形成了多样化的食物链和食物网，一旦某一环节出现了断裂，物质与能量将无法正常回到环境中形成循环，将严重影响系统正常功能的发挥。同样，多样性也是信息生态系统具备的最基本、最突出的特征。信息生态系统不同，其结构、模式、特性都将存在差异，进而保持、恢复系统以维持平衡的影响因素也不尽相同。即使不同的系统具有相同的组成部分，这些部分在各自的生态系统中所占的比例结构也都存在差异。信息生态系统的多样性不仅体现了系统的独特个性，还展示了系统间的关联与共性，是生态环境良性发展中的必然产物。

2. 网络信息生态系统构建应保证信息生态位多样性

信息生态位的分离是网络信息生态系统构建建立的基础。两个信息人在未经商讨合作或共用的前提下使用相同要素时，如信息资源或环境，信息生态位就不可避免地会出现重叠，为得到该要素的使用权，两者间的竞争就随之而来。最终由于竞争的原因两个信息人无法同时占有同一信息生态位，从而导致创新生态位发生分离。跟自然生态系统一样，两个信息人之间所拥有的信息功能和所需求的信息资源越相似，其信息生态位重合程度就越高，两者需要展开更为激烈的争夺才能获取共同所需资源。因此为了防止被动的发生信息生态位分离，找出自身在获取所需时的独特优势，信息人必须发掘出本身所具有的与其他信息人存在较大差异的信息。事实证明，平衡状态下的信息生态系统中的各要素总能够找到一个适合自己的信息生态位。有效的信息生态位的分离不仅能降低信息人之间的竞争，还为信息人之间的合作提供了机遇。

在保证信息生态位多样性的同时，保持关键信息人的优势地位也是网络信息生态系统构建的要点。要维持网络信息生态系统构建的正常进行，关键信息人具有重大的存在意义。在自然生态系统中，按照各物种的作用分类可分为伴生种、偶见种、优势种及亚优势种。其中优势种，顾名思义，在整个群落中具有空前的优势，对其他物种起到主宰的作用。一旦优势种发生衰退或消亡，整个群落和生态环境都会受到重大的影响，甚至出现混乱。同样道理，在网络信息生态系统构建里，优势种也作为系统的关键信息生态因子而存在，负责抵御系统外界的干扰，对外界干扰起到缓冲的作用，有效维持网络信息生态系统构建的结构，保护其生产力的正常发挥以及多样性不被损坏。

7.2　网络信息生态系统的构建要素

任何一个生态系统都是由生物成分和非生物成分两部分组成。目前，学者们普遍认同：网络信息生态系统由信息人、信息、信息环境这三类要素组成。信息人是网络信息生态系统的生物成分组成也是核心因素，信息人的价值取向能够左右网络信息生态系统的发展；信息是网络信息生态系统各个环节相互联系的基本形式，它是网络信息生态系统形成的关键因素，信息人之间、信息人与信息环境之间是通过信息的流动实现联系、相互影响的；信息环境是信息人存在发展的背景、场所等空间因素。按照生态学中的营养结构原理，信息生态系统的主要组成成分分析如下。

7.2.1 生物成分——信息人

人是网络信息生态系统的主体，人通过对信息的获取、开发、加工、利用能动地改变着自己、改变着信息环境乃至整个社会。信息人是指一切需要信息并参与信息活动的单个人或由多个人组成的社会组织。事实上，每一个人和每一个社会组织都是信息人，因为每个人和每个社会组织都需要信息，都在进行与信息有关的活动。人在信息生态系统的运行中起着积极的、能动的作用，所以人的数量和质量、人的信息素质对信息生态系统的整体功能有着极为重要的影响，也是衡量一个国家或地区信息环境优劣程度的重要指标。网络信息生态系统中的信息人可分为信息生产者、信息传播者、信息消费者和信息分解者四种类型。

同一信息主体发挥不同作用时，所扮演的角色不同，信息生产者、信息传播者、信息消费者和信息分解者四者之间既有明确的角色界限又可以相互转化，信息主体之间通过信息流动实现相互联系。

1. 信息生产者

在网络信息生态系统构建中，信息的生产者是信息资源的开发和公布者，泛指对其他个人或社会组织输出其所生存的信息的信息人和社会组织。信息生产者作为信息人的一种，同样不仅仅指单一个人，如政府、事业单位或企业、相关媒体等，生产者更多时候不仅仅是生产者，而是多种角色共存的，其中最为常见的是生产者与消费者两种角色共存的情况。因此，生产者并非专指信息链开端的个体，生产者除了传递由自身生产的现存资源以外，还可以在其他资源的基础上进行加工修饰进而作为新的资源传递给消费者。互联网技术的发展使得更多的人加入到互联网中，随着需求的增多，资源生产难度的不断降低，资源的生产不再由专业人员所独占，各类人群进入信息生产领域，使得网络上的信息资源呈现出百花齐放的局面。但也由于信息生产的不专业化，网络信息资源的质量参差不齐。信息生态循环依靠不断的信息供应，因此信息生产作为整个循环得以继续的关键环节，生产出来的信息优劣对整个系统的品质起决定性作用。

2. 信息传播者

信息传播者，是指在信息生产者和信息消费者之间进行信息传递工作的角色，主要由各类媒体承担这一职责。由于不同媒体的信息采集标准、出版时间等方面因素的差异，使得同一信息资源在不同的媒体中传递会体现出不同的价值，如纸质媒体的真实性更高，但由于其出版需要一定的时间，其时效性无法与网络媒体相比。网络媒体在传递网络资源中极高的体现出了其广泛性和及时性，但正由于网络资源的快速传播，信息资源的安全与有效性得不到保证。如何在高速传递的过程中保证信息的使用价值成为如今较为重要的研究课题。此外，信息传播者并不仅仅承担信息传递的工作，在特定的条件下传播者还需要对输入的信息做一定的加工调整再将其输送给目标信宿，因此，信息传播者也担当着信息生产者的职责。

3. 信息消费者

信息消费者指的是对网络信息资源具有需求并且其自身有能力满足其需求的个人或群体，在特定的网络环境中进行信息交易活动并从中获得所需信息资源。信息消费者既是生产者又是消费者，他们接收信息的同时也向外输出信息。信息消费者持续的从网络生态中搜集、内化所需的特定信息资源，并利用所得到的信息资源来直接或间接地帮助其实现自身目标。作为整个网络生态循环链式关系的最末位，信息资源只能从生产者处有效传递到信息消费者处并使得信息资源的价值得以实现，才算是完成了一次循环。对信息资源进行的劳动的主要目的在于能够更好地对其所包含的价值进行挖掘利用，如何在信息时效内迅速地获取并利用信息资源是其实现价值的关键，也是信息消费者的关注点所在。

4. 信息分解者

信息分解者是对信息进行去粗（剔除无用冗余信息）存精，并对信息流的流量、流向进行严格控制的个人或机构，主要是通常会对网络进行管理活动、为有特定信息需求的用户提供信息服务、对现有的信息进行整理、加工、存储等来实现信息分解者的作用。互联网技术的不断优化使得参与网络信息活动变得越来越简单，更多对网络信息资源有不同需求的人进入网络中，在以信息消费者的身份获取自身所需信息的同时，也担当起了信息生产者的职责，为网络提供了大量的信息。但由于进入网络门槛的降低使得网络信息的质量得不到保障，极大地影响整个网络生态的平衡稳定，因此需要一类具备专业能力的技术人员来对整个网络生态进行规整，在提高信息有序性的同时对信息进行过滤，剔除无用或有害信息，发挥信息分解者的作用。

7.2.2 非生物成分——信息

广义上的信息是对所有除物质能量以外，能够被人类用以交换且对人类具有价值的内容的统称。信息不同于物质与能量，它广泛地存在于人类社会中，既可能是现实的客观存在，也可能是不具备实体的虚拟信号。网络信息生态系统构建中的信息并不单单指抽象概念上的信息，也包括了物质意义上的信息。两种不同概念的信息在信息生态系统中都具有其特殊的意义，缺一不可。抽象的信息没有具体的形式，但其在信息人与信息人之间、信息人与信息环境之间以及环境内部流动，为沟通与交流搭建桥梁。

所谓的信息度量是指在获取到所需事件的过程中需要对众多事件进行筛选和过滤的最少次数。但信息度量不是恒定不变的，万物的多样性决定了信息和需求的不同，信息和需求的不同决定了信息度量的差异。在网络有限的环境里，各种信息的量维持在一个一定的平衡值，无论是超出还是过少都会导致网络生态的失衡，多余的信息一般会被淘汰，也可能被信息分解者重新加工进入另外一种传播途径。假设网络信息生态系统构建是一个生命体，信息人将在其中起到神经系统的作用，控制和指挥着整个网络信息生态系统构建的行动与发展，信息则如体内的血液循环系统，为整个生命体输送赖以生存的能源，也将作为系统与外界联系的一个媒介。

针对不同的方面，网络信息资源可以按照多种形式划分。以网络信息资源的内容为划分标准，可将其划分为财经信息资源、娱乐信息资源、体育信息资源、科教信息资源、政务信息资源等。按照网络信息资源的盈利与否划分可分为盈利性信息资源和非盈利性信息资源。盈利性信息资源是以获利为目的的；非盈利性信息资源可被所有网络用户免费使用。在网络信息生态系统运行过程中，信息发挥了两个方面的作用：一方面信息作为维系整个网络信息生态系统发展的基础，是网络信息生态系统活动的主要对象之一；另一方面，作为各个独立个体交流搭建联系的介质，能将整个信息生态紧密地联系在一起，信息人与信息人之间，企业与信息人之间都能直接进行信息交流，维系整个系统的运作。

7.2.3　非生物成分——信息环境

信息环境泛指与人类信息活动有关的一切自然因素、社会因素的总和。它具有广泛性、复杂性和综合性的特点。信息环境是社会环境的一部分，是在自然环境基础上经过人类加工而形成的一种人工环境，它体现了自然、社会、科学技术间的交互作用。信息环境的优劣反映一个国家或地区的信息化水平并影响人们的信息消费与生活质量。人总是处于一定的信息环境中，并与其不断地进行着信息的交流与传递。人从其所处的信息环境中获取与利用信息，通过实践活动改变信息环境，同时信息环境又对人起着一定的影响与制约作用。信息环境主要由网络信息生态外部环境和网络信息生态内部环境两个部分组成。其中，外部环境主要包括影响网络信息生态系统发展的经济环境、社会环境、法律环境、政治环境。内部环境主要包括信息资源环境和信息人文化环境。

1. 外部环境

（1）经济环境

网络信息生态系统的发展离不开稳定的经济环境的支持。一个国家或地区的经济发展良好稳定，将有利于网络信息生态系统的开展，反之，经济的不景气将直接对企业电子商务造成一定的负面影响。

（2）社会环境

网络信息生态系统的社会环境是指与发展网络信息生态系统有关的人文因素，如社会对网络信息生态系统的态度、信息人的信息消费行为与心理等。

（3）法律环境

网络信息生态系统的和谐发展离不开法律和制度的规范。法律对网络信息生态系统起到了引导、评价、教育、约束、强制、预测的作用。

（4）政治环境

网络信息生态系统的扩张需要政治导向的支持。良好的政治环境，自由宽松的舆论氛围有利于网络信息生态系统的平衡和进化。

2. 内部环境

（1）信息资源环境

信息资源主要包括企业内、外部信息，信息资源有两种功能：一是作为信息生态因子的黏合剂，维系信息生态各因子之间的相互作用；二是作为信息生态系统的加工对象，是整个系统维持、运行和发展的基础要素，通过信息资源向外界环境输出系统的整体功能。信息资源环境的丰度是网络信息生态系统演化的基础。

（2）信息人文化环境

从广义上说，信息文化是以电脑为标志的信息技术、信息流通、信息产品，以及人类对第三代生存环境（信息环境）的适应所产生的，包括生产方式、生活方式、交往方式、思维方式等在内的种种人化现实。从狭义上说，信息文化指数字化的传播、生存方式及其过程和结果。网络信息生态系统要关注信息人文化的建设，努力营造重视信息资源及信息资源共享的文化氛围。

3. 信息技术

信息技术（information technology，IT）是用于对信息进行各种操作进而利用信息的各种技术的总称。它主要是应用计算机科学和通信技术，通过设计、开发、安装和实施信息系统及应用软件来更好地运用和处理信息。主要是传感技术、计算机与智能技术、通信技术和控制技术。

随着科技的进步，网络信息生态系统构建的技术环境日新月异，技术条件会给网络信息生态系统构建带来革命性的变革，最终可能会颠覆现今所有的使用方式。举例说明，曾经更多的是通过台式电脑进行网络连接，如今随着智能手机和笔记本电脑的普及，移动网络逐渐成为用户上网的主流工具。网络信息生态系统构建必须顺应态势，并进行调整适应。信息技术主要是人工智能技术、互联网技术、网络安全技术、数据库技术、数据挖掘技术，信息技术的发展使得信息的高效存取、网络信息生态系统的运营维护变得更为便捷有保障。

网络信息生态系统构建需要同时具备信息资源网络以及信息通信网络才能得以正常运作与开发。信息资源网将网络信息生态系统内的各个信息资源单位联系在一起，实现彼此间的信息互补，为信息的充分利用和开发创造条件。而信息通信网络将作为整个网络信息生态系统构建的内部与外部之间沟通的桥梁。

信息安全是能保证整个信息生态系统的平衡不被破坏的基础，否则整个网络信息生态系统构建就会面临毁灭性破坏，因此在网络建立的初期就要对信息安全有意识、有目标地去制定安全策略。网络信息生态系统构建的重要内部信息主要依靠加强自我保护意识，不断完善安全策略。

信息技术是网络信息生态系统得以运作的基础，主要包括平台基础技术以及平台应用技术，两者共同作用下构建出了网络信息生态系统并赋予平台一定的价值，随着技术水平的提高，平台无论是应用性还是安全性都会有所提高。信息技术对网络信息生态系统运行效率的影响有信息传输技术、信息分解技术和信息生产技术三个方面。

网络信息生态系统信息传输技术是在网络信息生态系统内部信息生态链传递过程中的相关信息管理与处理技术；网络信息生态系统信息分解技术是在网络信息生态系统内部信息生态链序化分解过程中的相关信息管理与处理技术；网络信息生态系统信息生产技术是在网络信息生态系统内部信息生态链起始过程中的相关信息管理与处理技术。

7.3　网络信息生态系统的架构

网络信息生态系统的架构因其表达的意义差异呈现出丰富的形态，分别表现为时间架构、空间架构、组织架构和营养架构。

7.3.1　时间架构

网络生态系统随时间的变动结构也会发生变化。一般有三个时间长度量，一是长时间度量，以信息生态系统进化为主要内容；二是中等时间度量，以信息群落演替为主要内容；三是短时间度量，以信息生态位优化为主要内容。如图 7.2 所示。

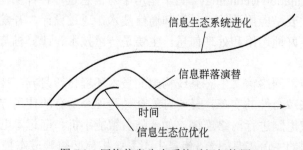

图 7.2　网络信息生态系统时间架构图

（1）信息生态系统进化

网络信息生态系统经历从幼期到成熟期的发育进化过程，同时网络信息生态系统还经历着从不平衡到平衡再到不平衡的循环往复运动。

（2）信息群落演替

在信息功能群落发展变化的过程中，一个优势群落代替另一个优势群落的演变现象称为信息种群演替。

（3）信息生态位优化

信息生态位的形成是一个动态的历史过程，是伴随着信息人自身发展及其与外部环境相互作用而逐步形成的。可以说，信息人的不断发展，促进了信息生态位的不断优化，而外部环境的持续影响，塑造了信息生态位的不断变迁。

7.3.2 空间结构

在垂直空间维度上，外部环境与信息技术投射在网络信息生态系统上，并与网络信息生态系统的内部环境相互作用，如图 7.3 所示。

网络信息生态系统通过与内外环境的互动，形成一个动态的系统。在这个系统内，有能量流动、物质的循环和信息的传递，并且还具有一定的自我调节能力，在一定阈值内，系统对外界的干扰可以自我调节，自我修复，并在一定时期内处于相对稳定的动态平衡状态。

其中，网络信息生态系统的外部生态环境是指以网络信息生态系统为中心构成的多元的空间环境系统，包括政治、经济、文化等环境因素。该生态环境具有一定的层次性，相互影响性和系统性，并从各个方面影响和制约着网络信息生态系统的存在和发展。同时，网络信息生态系统与外部生态环境又是相互制约、相互促进、共同发展的，外部生态环境有自身的客观性，而网络信息生态系统有自身的主观能动性。网络生态系统要主动发挥其主观能动性，积极正确的处理与生态环境的关系。首先，适者生存，网络信息生态系统要主动适应生态环境，这也是网络信息生态系统生存与发展的需要和必经之路。其次，利用环境，当下不仅有网络信息生态系统发展的客观条件，还有大量的对于网络信息生态系统的需求。最后，网络信息生态系统的发展对周围环境相应的也会产生重大的影响，这种相对的影响和变化，更加有利于促进网络生态系统的快速发展和进步。

有关信息技术与网络信息生态系统间的关系在当今信息技术飞速发展的状态下，人们日益认识到这二者关系的复杂性。信息技术的发展提高了网络信息生态系统处理信息的能力。首先，信息技术作为一种重要的资源用于加强网络信息生态系统范围内的信息生产能力；同时信息技术可以通过改变网络信息生态系统的功能分工和生产过程从而促使网络信息生态系统结构发生变化。

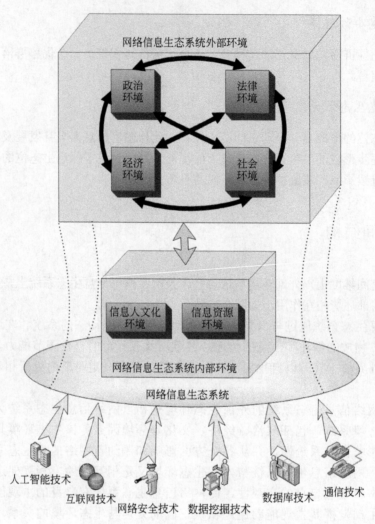

图 7.3 网络信息生态系统空间架构

7.3.3 营养架构

生态系统各要素之间最本质的联系是通过营养来实现的，食物链和食物网构成了物种间的营养关系。生态系统的能量流动以太阳能为起点，每个营养级依靠上一级的能量，自身的生长又在为下一营养级提供着能量，能量在从低营养级流向高营养级，而类似残骸和排泄物这种在各营养级能量流之外的残留能量如果像白色垃圾一样堆积，生态系统将迅速不堪重负。分解者的存在使这些残留能量通过分解作用"废物利用"，使能量循环起来以达到能量的守衡。

网络生态系统中，对信息资源的开发利用是核心任务。生活中信息无处不在，信息资源就像光能一样取之不竭，就像植物需要光合作用才能将光能转化成自身能量一样，网络信息生态系统需要高效的信息流网络,捕捉和转化需要的信息资源。网络信息生态链与网络信息生态网结构如图7.4和图7.5所示。

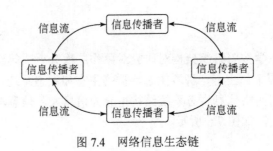

图 7.4 网络信息生态链

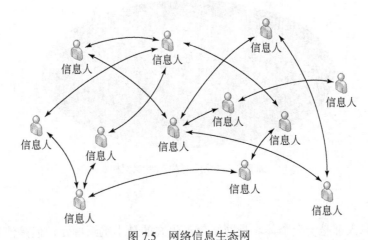

图 7.5 网络信息生态网

同生态系统能量流动一样,信息流在网络生态系统流动中发挥着价值的同时也产生大量的信息冗余。信息不像生态系统中的残留能量那样抢占各能量级的生存空间,多余的信息可以在产生的那一刻就被生产者删除,但生态系统对我们的启发告诉我们,如果利用好这些不被重视的冗余信息,这又将是庞大的信息资源。

在信息生态链上最重要的信息循环是供应信息—需求信息形成的信息循环。在供需信息循环中,目前主要存在两种供需匹配形式,一种是以需求指导供应,另一种是以供应寻找需求,信息流经的主要路径如下,需求信息从信息消费者出发经由信息分解者流向信息生产者,指导信息生产者生产供应信息,信息生产者按照生产需求的供应信息以及信息生产者根据预测等生产的供应信息再经由信息传播者流向信息消费者,完成一个信息生态链上的供需信息匹配的循环,信息生态链上信息消费者因其是需求信息流的起点、供应信息的矢点而成为信息生态链上最重要的供需循环的界点。

在网络信息生态系统中,信息生产者和信息消费者处于系统的核心地位,代表企业电子商务信息流转的能力。信息分解者处于从属地位,根据信息消费者或其他信息分解者的需求,改变自身的信息内容。当网络信息生态系统发展到成熟阶段时,系统中各类信息的比重、数量趋于平衡,信息的流向和流动趋于稳定,即达到网络信息生态系统的平衡状态。在这种平衡下,整个社会经济资源达到最优化配置,经济主体不仅达到经济效益、社会效益，同时也实现了生态效益。

7.3.4 组织架构

一般情况下，生态学按照组织架构对研究对象作层次分析或等级分析研究时，将研究对象分为 4 个层次，即个体生态、种群生态、群落生态和生态系统。因此，根据生态学的这种结构分析方法，将网络信息生态系统结构也分为信息人、信息功能种群、信息资源群落、网络信息生态系统，如图 7.6 所示。

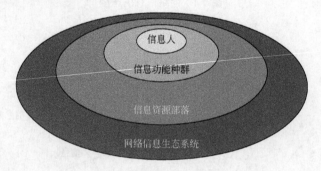

图 7.6　网络信息生态组织架构

1. 信息人

每一个信息人都是一个个体，是网络信息生态的最小组织单元，但是信息人可以具备所有信息功能，能够担任信息活动中的任意角色。

2. 信息功能种群

一般都认为，种群是一个物种在自然界中生存、发展和进化的最基本的单位。是在一定区域内，同种类的个体组合形成的，他们在某一特定的时间，特定的空间里建立相互之间在的各种联系，并通过各种活动及能量的流动，对外界环境产生一定的影响。同时，种群并不是多个体的简单叠加，而是根据一定的规律相互依赖和竞争，并通过这种相互依赖和竞争保证物种的发展与进化。由此，根据生态学的观点，本书认为在整个网络生态系统中，一定存在着信息功能种群。该种群往往都是那些具有相同的信息功能的信息人，它们都以相同的信息角色出现在系统信息活动中。

但在种群内部，并不是简单的大家独自生存即可，他们之间还存在着互惠共生和竞争等关系。种群内的各个体为了生存和发展，会面对同样的外界环境，如目标信息资源、先进的科学技术等，而这些外界环境是有限的，不是无限供应的，因此，信息功能种群内的信息人个体只有互相竞争，才能得到这些有限的资源。同时，信息功能种群通过这种竞争，优胜劣汰，保留能力更高更强的信息人个体，淘汰相对较弱的信息人个体，这一过程也可以提高信息功能种群的质量，保持更高更好的发展方向。一个信息功能种群为了更好的生存和发展，不但要进行种群内部的竞争，优化种群内的个体，还要互利共生，一起应对外界干扰。竞争和互利共生这两种关系在信息功能种群的生存和发展过程中，不断交叉出现，或同时出现，从而保证信息功能种群的质量和发展。

3. 信息资源群落

通常情况下，种群是不能独立存在的，种群与种群、种群与自然界都是存在着各种各样的联系，在一定的时间和空间里，多种不同的种群相互联系、相互依赖且聚集而形成了群落。信息资源群落也是如此，各信息功能种群通过与其他种群和外界环境之间建立起相互的联系、并产生相互依赖关系，遵循一定的规律集合而成了信息资源群落。

信息资源群落的特点与普通生态群落的特点有所不同，指的是聚集于某一特定信息资源范围内，所有信息功能种群的总和，且群落的生存和发展也会受到外界环境的影响。同时，信息资源群落的各种种群都有自己的生态位，因此，在有限的资源和环境面前，群落内部各种群的关系也有两种，一是互惠共生，二是竞争。通过互惠共生，有效的面对内外环境的干扰，通过竞争，有效的优化群落内的种群和种群结构。信息资源群落已经是网络信息结构较为高级的层次，包括多种多样的信息功能种群，这些种群在群落中的作用功能也不尽相同，一般情况下，都会存在一个或几个优势种。

4. 网络信息生态系统

信息资源群落通过与内外环境的互动，形成一个动态的系统。在这个系统内，有能量流动、物质的循环和信息的传递，并且还具有一定的自我调节能力，在一定阈值内，系统对外界的干扰可以自我调节，自我修复，并在一定时期内处于相对稳定的动态平衡状态。

7.4 网络信息生态系统模型构建

与生态系统一样，信息生态系统也是一个具有多样性、复杂性的动态系统。在特定的信息空间，由信息、信息人、信息环境彼此之间构成的一种均衡运动状态，其机理是信息人为了自身的生存，本能地或自觉地适应、利用客观的信息环境，构建信息业务体系，进行一定具体内容的信息研究与服务，实现信息的消费循环，最终以此推动能量的流动和物质的更新。通过这一信息生态循环过程，信息资源得以利用，信息人得以生存、繁衍和发展，信息环境得到更新，同时不断产生并通过一定的形式反馈新的信息需求。这一过程客观上形成了一种需求、提供、更新、反馈的共生连环关系。"信息—信息人—信息环境—信息技术"之间的相互作用关系构成了网络信息生态系统。

7.4.1 网络信息生态系统宏观及微观模型

网络信息生态系统宏观模型如图 7.7 所示。

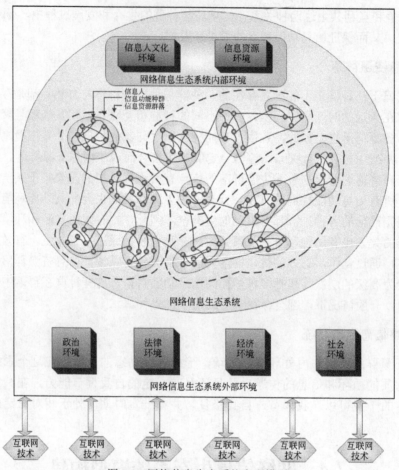

图 7.7　网络信息生态系统宏观模型

网络信息生态系统微观模型，体现了网络信息生态系统的营养结构，描述了网络信息生态系统信息功能单元的小尺度运作关系。如图 7.8 所示。

1）网络信息生态系统中，信息作为信息生态系统的加工对象，是维系整个系统正常运行和发展的基础要素。

2）信息人根据不同的业务处理过程对上述信息进行加工和处理，此处的信息人主要包括信息生产者、信息传播者、信息序化者、信息消费者、信息分解者。依据信息功能的不同，信息人聚集成为信息功能种群。并通过种间竞争和生态位优化达到协同演化。

3）信息功能种群按照信息资源规律形成信息资源群落，并最终形成开放边界的网状网络信息生态系统结构，信息资源群落和信息功能种群具有可扩展性。

4）网络信息生态系统是在系统外部环境和信息技术的影响推动下将原有的信息转化为新的信息的过程。在这一过程中，系统内部因子不断进行有效的配置与协调，同时，信息循环不断地累积增值。

5）信息环境包括内部环境（信息资源环境、信息人文化环境）和外部环境（经济环境、法律环境、社会环境、政治环境），这两个环境直接或间接地影响整个系统的生存和发展。

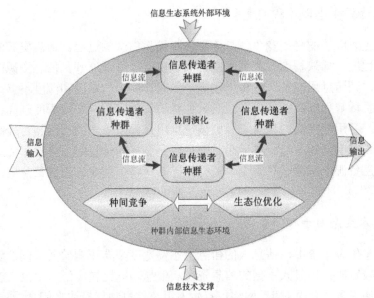

图 7.8　网络信息生态系统微观模型

6）信息技术作为商务网站信息生态系统的重要组成部分，是实现信息有效流转的有力保障。

7）当生态系统由进入期、生长期发展到成熟期时，系统中各类资源的比例、数量趋于平衡，信息的流转与运行趋于稳定，即达到所谓的信息生态系统的平衡状态。在这种平衡状态下，整个社会经济资源达到最优化配置，经济主体不仅实现了经济效益、社会效益，同时也实现了生态效益。

7.4.2　网络信息生态系统运行关系机理

网络信息生态系统中信息生态因子间作用机理与自然生态系统中的物种关系相仿，包括良性竞争机理、互利共生机理和协同进化机理。其中良性竞争机理由于网络环境资源的极大丰富，更多地发生在信息生态因子种内。互利共生机理广泛存在于信息生态因子种间，构成了信息生态因子联系的基础。协同进化机理除广泛存在于信息生态因子种间之外，同时作用于良性竞争机理和互利共生机理，使信息生态因子和作用机理共同构成一个协调有序的信息生态空间。

1. 良性竞争机理

竞争是自然生态系统中普遍存在的物种作用关系，通过合理的竞争，生物物种能够得以进化，同样，信息生态系统也需要通过竞争来提高自身的水平。在优胜劣汰的大环境中，竞争是各个物种所必须面临的问题，也是其继续生存前进的动力。正是由于不间断的合作与竞争，生态系统中的信息才得以流转和发展。

（1）信息资源生态因子种间竞争

信息资源生态因子的种间竞争，是信息资源优胜劣汰的过程。信息资源的竞争通过信息资源的老化程度、稀缺程度、易用程度、知识密度等方面展开。信息资源的时效性高，即老化程度低，则信息用户的关注程度较高，然而被加工的精度和深度不够，容易出现信息错误和冗余。稀缺程度高的信息资源具有独特的竞争优势，稀缺程度越高在竞争中被淘汰的几率越低。易用程度高的信息资源则被信息用户提出需求的程度相对较高，寿命周期相对延长。知识密度高的信息资源能满足信息用户更多的信息需求，检索成本与使用成本低。适度的信息资源生态因子种间竞争能有效提高网络信息生态系统信息资源质量，保持信息流转活力。

（2）信息人生态因子种间竞争

在网络信息生态系统中，信息人的信息生态位宽度分布影响着要素间的竞争关系。信息功能生态位较宽时，信息人占据的信息资源和信息功能比较广泛，信息人在进行信息行为过程中会遭遇更多的竞争对手，网络信息生态系统信息功能模块之间功能重叠也就较多，容易发生竞争；信息生态位较窄时，信息人占据的功能、资源的范围比较狭窄，信息人在进行信息行为过程中会遭遇较少的竞争对手，信息人之间的生态位重叠也就较小，可减少竞争。

信息人竞争能力的发展，不完全受信息生态位宽度及重叠度的约束。信息人的信息生态位宽，则其能综合更多的网络信息生态系统资源，并承担更多的信息功能，从而具有高势能的竞争优势；同时，占据较宽信息生态位的信息人，个人能力被分散，无法形成独特的竞争优势，则其竞争能力会大大减弱，在受到外来竞争者攻击时，没有独特竞争优势的信息人就会释放信息生态位宽度。当信息人占据较窄的信息功能生态位时，一方面，信息人会由于缺乏信息资源和信息功能，所以竞争能力较弱；另一方面，信息人的信息素养会使网络信息生态系统的信息功能被放大，信息资源的特质被充分发掘，从而形成无法替代的竞争优势。

（3）信息技术生态因子种间竞争

信息技术生态因子的种间竞争体现为对网络信息生态系统的服务器资源，如存储能力、运算能力、运行时间的分配竞争。信息技术生态因子种间竞争实质上是对网络信息生态系统业务流程优化重组的过程，对业务流程涉及的网络信息生态系统资源进行批量分配，通过对运算等级的排序、端口的配给、计算时间的组合，形成短链高效的业务流程，最大程度的缩短信息业务处理的时间。信息技术生态因子的种间竞争有效地促进了网络信息生态系统资源分配，达到成本最小化，利益最大化。信息技术通过战略整合、业务流程重组优化，极大地提高了网络信息生态系统的竞争力及价值创造能力。

2. 互利共生机理

互利共生是网络信息生态系统信息人生态因子、信息技术生态因子、信息资源生态因子在信息环境生态因子为基础的信息生态空间中的主要作用机理，互利共生使网络信息生态系统能够有机运行。

（1）信息人生态因子与信息资源生态因子、信息技术生态因子的共生作用关系

网络信息生态系统中信息人发挥主导性和主体性作用，分别与信息资源生态因子和信息技术生态因子处于高度共生融合的状态。

信息人生态因子与信息资源生态因子的互利共生表现为：信息资源满足信息人的信息需求；信息资源为信息人的信息生产功能、信息传播功能、信息消费功能和信息分解功能提供了基础原料；信息资源构成了信息人之间的基础联系；信息人将个人知识与经验注入信息资源，信息人对信息资源进行再加工再创作，使信息资源不断创新；信息人通过信息生产需求推动信息资源的流传；信息人通过信息消费需求拉动信息资源流转。

信息人生态因子与信息资源生态因子的互利共生表现为：信息技术为信息人提供服务；信息技术使信息人的信息检索、获取、存储等信息行为成为可能并高效进行；信息技术为信息人在虚拟环境中的沟通提供有效工具；信息人创造并使用信息技术；信息人的现实需求为信息环境提供前景方向。

（2）信息人生态因子、信息资源生态因子、信息技术生态因子与信息环境生态因子的共生作用关系

信息生态环境是网络信息生态系统存在的现实和虚拟基础。信息环境为信息人提供进行信息行为的空间；信息环境是信息流转的空间；信息环境是信息技术作用的空间。信息环境的动态有机变化对信息人、信息资源、信息技术产生正向和逆向影响，促进或抑制信息人、信息资源、信息技术的发展。信息人、信息技术对信息环境进行改造，使信息环境趋向平衡态发展；信息人、信息资源、信息技术与信息环境相互作用、相互影响。

3. 协同进化机理

网络信息生态系统信息生态因子间建立了非线性的关系并相互作用，进而在结构和功能上实现有序化，这就是协同运动的具体体现。在协同运动的作用下，网络信息生态系统在逐步形成一定的结构和功能的条件下，与内外各种资源相融合，在信息系统内部驱动系统朝一定的方向进化，对信息流的走向具有明显的引流作用，并进一步加深信息系统内部各个环节、各个组成部分的协同力，保证充足的发展动力的同时维持系统的动态平衡。因此呈现出的网络信息生态系统能持续保持有序化的结构和功能模式的进化。

（1）信息技术生态因子迭代主导的协同进化

当信息技术的发展产生代差之后，迭代的信息技术提供了更加高效可靠的网络信息生态系统硬件和软件系统，为信息人提供更加精准的信息服务，能够处理异构海量的信息资源。因此为信息人和信息资源的进化提升了空间，拉动信息人和信息资源的发展，改变了信息人的信息行为模式，并促使信息环境中的信息制度与其相适应，实现协调发展，在信

息生态因子的协同作用下达成网络信息生态系统的进化。

（2）信息资源生态因子规模扩大主导的协同进化

大数据环境下，网络中的信息资源海量、高速增长，且日益呈现异构化特征。信息资源的规模呈几何倍数扩大后，可以满足信息人更多的信息需求，并通过信息推送促使信息人接收更多的信息，同时要求信息人提升自身信息素养，才能从大规模信息资源中以较低成本检索到所需的信息，也需要信息人提高对信息的辨识能力。信息资源规模扩大的同时要求信息技术的发展以提供存储、运算和传输支持，催发信息技术的创造。同时信息资源的规模扩大会带来信息失衡的信息环境问题，需要信息环境的整体进化达到信息生态系统平衡状态，从而推动网络信息生态系统的发展。

（3）信息环境生态因子变革主导的协同进化

信息环境对网络信息生态系统的其他信息生态因子有促进和抑制作用，信息环境的政策法规发生变化时信息资源及信息技术会受到波动，如国家对大数据技术进行扶持后，大数据相关技术得到了迅猛的发展。此外，信息经济环境会影响信息人的信息行为，影响电子商务及相关网络信息生态系统的发展，能适应信息环境变化的网络信息生态系统才能进化。

7.4.3　网络平台系统功能

生态系统的基本功能包括能量流动、物质循环和信息传递三个方面。网络平台系统功能首先满足其主营业务设计需求，实现特定的信息功能。而从平台通用性考量，其系统功能与生态系统功能有共通之处。可以从知识增值、因子循环、信息流转三个方面进行描述。

1. 知识增值功能

生态系统中的能量流动描述了生态系统中能量输入、传递、转化和丧失的过程，具有单向流动、逐级递减的特点。网络平台系统的知识增值过程是指网络平台运行过程中信息知识化并通过有序化、系统化的过程使价值密度增高。

信息人以自身知识能力和储备作为基础，信息自然人功能个体通过大脑思维活动、算法处理，在信息行为过程中，利用信息技术对信息资源进行检索、处理、再生产，这一过程受到信息生态环境的影响，并对网络平台信息资源的知识结构、知识密度和创新性进行有序加工。

信息生态视角网络平台为信息人的信息活动提供了广阔丰富的信息生态空间，并通过以下运行模式进行系统知识增值。首先是对现有信息业务流程的重组，对信息业务流程所涉及的信息生态链节点重新规划，对链路结构和路径进行优化，加速信息流转的速率，从而加快系统知识增值。其次是对系统的信息产品包括信息服务进行改造，并通过信息技术的更新和信息功能优化，提供更符合信息用户需求的信息产品和信息服务，以持续的创新完成网络平台信息资源知识化的过程，并实现了网络平台的知识增值。

2. 因子循环功能

生态系统的物质循环描述了生态系统中的物质随着能量流动在生物群落与无机环境间循环的过程。网络平台因子循环是指在网络平台运行过程中，随着网络平台信息业务流转，网络平台的各个信息生态因子在网络平台系统内外部流动循环。

信息人生态因子循环包括信息人自然个体的循环和信息人功能个体的循环。信息人自然个体的循环主要体现为信息用户在网络平台系统和信息生态环境中的循环。信息人自然个体从信息生态环境中进入网络平台即在网络平台系统中创立一个信息角色，随着信息需求的提出和被满足，信息角色的经验在网络平台系统内增长，从而获得信息角色的生命周期变化动力，并反映在信息角色的权限变更上。当信息人自然个体在网络平台系统的生命周期自然或受外力影响终止时，再由网络平台系统中释放回到信息生态环境中。信息人功能个体的循环是在网络平台运行过程中受业务流程要求，不同信息功能生态单元在信息功能模块和信息功能种群中循环，组成不同业务流程链条，信息功能单元本身的数量和功能定义也在循环过程中波动增删，调整网络平台的信息功能生态位宽度、重叠度等定位状态，保持网络平台系统的高速运行和系统动态平衡。

信息资源生态因子循环是网络平台从其外部信息生态系统中采集信息，使信息流入网络平台系统，并通过信息生产者、信息传播者、信息消费者及信息分解者的共同作用，进行效用和经济增值，最后在其老化之后被删除释放。与自然生态系统不同的是，网络平台系统信息循环的过程是往复多向的累加过程，因为网络平台的营养结构本身是复杂的网状结构，具有极强的开放性，无边界，可随意延展，随着节点的扩充和信息生态链的变更，网络平台的信息功能和信息服务也在扩充，因此网络平台的循环是动态无方向的。而且在信息价值在网状结构中流转的过程内，知识从循环起点到终点呈非线性累加状态，在循环终点达到最优值。在信息循环之后，知识被沉积在网络平台系统内开始新的知识增值并循环。

3. 信息流转

信息生态视角网络平台的信息流转功能是其最基本的系统功能，其流转的信息既包括网络平台信息资源本身，也包括信息用户的信息行为模式等系统运行信息。

网络平台信息流转是信息在信息人与信息硬件环境之间的流状运动。由于在网络平台系统中，信息人生态因子由信息人自然个体和信息人功能个体构成，因此网络平台系统的信息流转方式更加灵活多变。网络平台硬件环境之间的信息流动表现为现实网络环境的终端互联，通过信息人功能个体的算法搭建数据传输的协议框架，实现网络通信设备与个人通信终端的信息流动，并在这一过程中保障信息安全。信息人自然个体与网络平台硬件环境的信息流动是指信息人自然个体借助硬件输入输出设备，实现人机对话和信息交互，这一流动过程中，信息人自然个体通过信息人功能个体，提出信息请求，表达信息业务需要，并获得反馈。

信息流转的方向和路径由流转的动力来源决定，包括信息消费者拉动力和信息生产者推动力两种。信息消费者拉动力作为动力源的信息流转始于信息消费者的信息需求，进而刺激信息分解者对信息需求进行流程分配，要求信息生产者在约束范围内开展信息生产活动。信息生产者推动力作为动力源的信息流转始于信息生产者的自身的知识增值过程，信息被生产之后，刺激信息传播者将信息传播出去，推送至信息消费者节点，从而促使信息消费者完成信息行为。

7.5 网络信息生态系统的评价

网络信息生态系统运行效率评价指标选取秉承统筹兼顾的原则，选取适用于中国情境的指标。从多个角度进行评价，即分别对网络信息生态系统信息资源、信息环境、信息技术、信息功能、信息人和信息生态平衡度进行研究。即一级指标体系分为 6 个，二级指标则分别对 6 个一级指标展开分析。最后，指标体系要经过验证的，指标之间的相关性不可过高，指标体系的信度、效度都要经过验证。

一级指标"信息资源指标"主要分成可操作的 2 个二级指标，分别是信息资源基本特征指标和信息资源生态特征指标。其中信息资源基本特征指标分为信息量、信息多样度；信息资源生态特征指标分别为信息有效度、信息冗余度、信息可信度。

一级指标"信息环境指标"主要分成可操作的 2 个二级指标，分别是内部环境和外部环境。其中，内部环境分为组织文化科学性和管理制度科学性 2 个维度；外部环境分为政治环境支持度、经济环境支持度、技术环境支持度、法律环境支持度 4 个维度。

一级指标"信息技术指标"主要分成可操作的 2 个二级指标，分别是系统基础技术指标和系统功能技术指标。其中系统基础技术指标分别是信息安全技术先进性、信息通信技术先进性、系统构建技术先进性 3 个维度；系统功能技术指标分别是信息存储技术先进性、信息检索技术先进性、信息传递技术先进性 3 个维度。

一级指标"信息功能指标"主要分成可操作的 4 个二级指标，分别是信息生产功能、信息传播功能、信息消费功能、信息分解功能。其中，信息生产功能分为信息搜集效率、信息摄入产出比、信息加工深度、错误信息识别能力、错误信息删除能力 5 个维度；信息传播功能分为信息传递速度、信息传播广度、信息流转保有率 3 个维度；信息消费功能分为信息摄入量、信息有效性敏感度 2 个维度；信息分解功能分为冗余信息释放率、需求偏好分析水平、请求响应效率、反馈信息响应效率 4 个维度。

二级指标"信息人指标"主要分成可操作的 2 个三级指标，分别是信息人构成和信息人素养。其中，信息人构成分为用户受教育程度、用户年龄分布、用户地区分布、用户职业分布、信息生产者比例、信息消费者比例 6 个维度；信息人素养分为信息检索能力、信息应用能力、信息再加工能力和信息表达能力 4 个维度。

二级指标"信息生态平衡度"的指标构成主要分成可操作的 2 个三级指标，分别是系统要素协同演化能力和网络信息生态系统可持续发展能力。其中，系统要素协同演化能力分为系统要素协同度、系统自我净化能力、系统自我修复能力 3 个维度；网络信息生态系统可持续发展能力分为系统信息人忠诚度、网络信息生态系统信誉度、网络信息生态系统创新能力 3 个维度。见表 7.1。

表 7.1　网络信息生态系统评价体系

一级指标	二级指标	三级指标	指标方向
信息人指标	信息人构成	用户受教育程度	适度
		用户年龄分布	适度
		用户地区分布	适度
		用户职业分布	适度
		信息生产者比例	适度
		信息消费者比例	适度
	信息人素养	信息检索能力	正向
		信息应用能力	正向
		信息再加工能力	正向
		信息表达能力	正向
信息资源指标	信息资源基本特征	信息量	正向
		信息多样度	正向
	信息资源生态特征	信息多效度	正向
		信息冗余度	逆向
		信息可信度	正向
信息环境指标	内部环境	组织文化科学性	正向
		管理制度科学性	正向
	外部环境	政治环境支持度	正向
		经济环境支持度	正向
		技术环境支持度	正向
		法律环境支持度	正向
信息技术指标	系统基础技术	信息安全技术先进性	适度
		信息通信技术先进性	适度
		系统构建技术先进性	适度
	系统功能技术	信息存储技术先进性	适度
		信息检索技术先进性	适度
		信息传递技术先进性	适度

续表

一级指标	二级指标	三级指标	指标方向
信息功能指标	信息生产功能	信息搜集效率	正向
		信息摄入产出比	正向
		信息加工深度	正向
		错误信息误别能力	正向
		错误信息删除能力	正向
	信息传播功能	信息传递速度	正向
		信息传播广度	正向
		信息流转保有率	正向
	信息消费功能	信息摄入量	正向
		信息有效性敏感度	正向
	信息分解功能	冗余信息释放率	正向
		需求偏好分析水平	正向
		请求响应效率	正向
		反馈信息响应效率	正向
信息生态平衡度指标	系统要素协同演化能力	系统要素协同度	适度
		系统自我净化能力	正向
		系统自我修复能力	正向
	网络信息生态系统可持续发展能力	系统信息人忠诚度	正向
		网络信息生态系统信誉度	正向
		网络信息生态系统创新能力	正向

首先对 6 个一级评价指标进行描述。

1）信息资源指标，是指对网络信息生态系统运行起影响作用的信息资源要素的量化描述。

2）信息环境指标，是指对网络信息生态系统运行起影响作用的信息环境要素的量化描述。

3）信息技术指标，是指对网络信息生态系统运行起影响作用的信息技术要素的量化描述。

4）信息功能指标，是指对网络信息生态系统运行起影响作用的信息功能要素的量化描述。

5）信息人指标，是指对网络信息生态系统运行起影响作用的信息人要素的量化描述。

6）信息生态平衡度指标，是指对网络信息生态系统运行起影响作用的信息生态平衡度要素的量化描述。

然后对 14 个二级指标进行描述。

1）信息资源基本特征，是指对网络信息生态系统运行时接收、传递信息的最基本特征的量化描述。例如，信息接收、传递量的多少或种类的多少。

2）信息资源生态特征，是对网络信息生态系统运行时接收、传递信息的生态特征的量化描述。

3）内部环境，是指对网络信息生态系统运行起影响作用的内部有关要素的描述。

4）外部环境，是指对网络信息生态系统运行起影响作用的外部有关要素的描述。

5）系统基础技术，是指对网络信息生态系统运行起影响作用的相关基础技术要素的描述。

6）系统功能技术，是指对网络信息生态系统运行起影响作用的相关功能技术要素的描述。

7）信息生产功能，是指对网络信息生态系统运行起影响作用的信息生产功能要素的描述。

8）信息传播功能，是指对网络信息生态系统运行起影响作用的信息传播功能要素的描述。

9）信息消费功能，是指对网络信息生态系统运行起影响作用的信息消费功能要素的描述。

10）信息分解功能，是指对网络信息生态系统运行起影响作用的信息分解功能要素的描述。

11）信息人构成，是指对网络信息生态系统运行起影响作用的信息人构成要素的描述。

12）信息人素养，是指对网络信息生态系统运行起影响作用的信息人素养要素的描述。

13）系统要素协同演化能力，是指对网络信息生态系统运行起影响作用的系统要素协同演化能力要素的描述。

14）网络信息生态系统可持续发展能力，是指对网络系统运行起影响作用的网络信息生态系统可持续发展能力要素的描述。

最后对 47 个三级指标进行描述如下。

1）信息量，是指从 N 个相等可能事件中选出一个事件所需要的信息度量或含量，也就是在辨识 N 个事件中特定的一个事件的过程中所需要提问"是或否"的最少次数。

2）信息多样度，是指网络信息生态系统运行时所获信息资源的种类多少的描述。

3）信息有效度，交互式 IT 产品/系统的重要质量指标，指的是信息对用户来说少错和令人满意的程度。实际上是从用户角度所看到的信息质量，是信息竞争力的核心。

4）信息冗余度，在数据传输中，由于衰减或干扰会使数据代码发生突变，此时就要提高数据代码的抗干扰能力，这必须在原二进制代码长度的基础上增加几位二进制代码的长度，使相应数据具有一定的冗余度，也称作富裕度。

5）信息可信度，通常信息传达者的工作履历与当时状况的联系在很大程度上影响着的信息力度。

6）组织文化科学性，组织文化科学性有助于提高网站内部员工的工作态度。它是对网站自身综合素质提升的重要因子。组织文化科学与否，对员工的积极、互信、协作等方面起到至关重要的作用，是网站内部运转的客观因素。

7）管理制度科学性，是指在管理领域应用科学方法，综合抽象出管理过程的规律、原理所表现出来的性质。揭示管理过程的客观规律性，是管理者实践的结晶。如果不承认管理是一门科学，不按照客观规律办事，违背管理原则，在实践中，随心所欲地进行管理，必然会遭到惩罚，最终导致管理效果不佳或失败。科学的管理制度对于任何一家成功企业都是必不可少的因子。

8）政治环境支持度，政治环境是指一个国家或地区在一定时期内的政治大背景。例如，政府是否经常换动，政策是否经常变动等，有些抽象。

9）经济环境支持度，所谓经济环境是指构成企业生存和发展的社会经济状况和国家经济政策，是影响消费者购买能力和支出模式的因素，它包括收入的变化，消费者支出模式的变化等。

10）技术环境支持度，技术环境是指一个国家和地区的技术水平、技术政策、新产品开发能力以及技术发展动向等。

11）法律环境支持度，法律环境主要是法律意识形态及其与之相适应的法律规范、法律制度、法律组织机构、法律设施所形成的有机整体。

12）信息安全技术先进性，信息安全是指信息网络的硬件、软件及其系统中的数据受到保护，不受偶然的或者恶意的原因而遭到破坏、更改、泄露，系统连续、可靠、正常地运行，信息服务不中断。信息安全技术的地位毋庸置疑，随着网络时代的日益成熟，信息安全技术的重要性是网络公司及个体网民最为看重的。

13）信息通信技术先进性，是指信息通信时所具有的通信技术先进程度的量化描述。

14）信息存储技术先进性，在人类信息技术发展史上，信息存储技术是一项划时代的成就。综观 IT 发展史，信息存储技术已有过两次发展浪潮。第一次是以处理技术为中心，以处理器的发展为核心动力，产生了计算机工业，特别是 PC 工业，促使计算机迅速普及和应用；第二次是以传输技术为中心，以网络的发展为核心动力，通过互联网，人们无论在何处都可以方便地获取和传递信息。

15）信息检索技术先进性，信息检索技术是指利用信息检索系统，各种数据库检索信息而采用的技术。信息检索技术已成为现代社会信息化和各种应用的关键。通过检索和利用各种信息，不仅可以方便网民更好地了解企业信息，为其提供便捷的网上浏览条件，更加容易增加企业网络的知名度和可信度。

16）信息通信技术先进性，是指信息通信时所具有的传递技术先进程度的量化描述。

17）系统构建技术先进性，网络信息系统是后台应用的入口和展现，通过对现有信息和应用程序的整合、集成和改进，实现信息整合、流程门户、单点登录和个性化展现等功能；是网站建设的基石，系统构建技术越先进，网站用户使用越方便、快捷，对网站认可度越高。

18）信息搜集效率，信息搜集的快慢直接影响网站对浏览者的吸引力，如何提升浏览者在网站的信息搜集效率直接影响网站的点击率。

19）信息摄入产出比，网民在网站浏览大量的垃圾信息会为网站带来灾难性的影响。最直接的现象就是信息严重碎片化，会让浏览者变得越来越急躁。所以网站应适当减少信息产出，优化有用信息的应用程度，让浏览者在搜索引擎里直接找到高质量的信息。

20）信息加工深度，很多网上信息是驳杂无序的，往往一条信息中既有垃圾信息也有实用信息，加大网站对垃圾信息的剔除度，化繁为简，剔除糟粕，将实用、有效的信息按照浏览者需求进行深度加工。

21）错误信息识别能力，在常有的系统识别错误信息基础上，可以优化与本网站相关词条的识别度，将这些信息覆盖到无用、错误的信息之上。

22）错误信息删除能力，将无用、错误信息覆盖之后，按照固定时间周期，安排管理员对这些信息进行删除，也可以在网站后台设置无法刊发的词条或禁字，利用系统自动对这些无用信息进行删除。

23）信息传递速度，信息传递高速主要依靠网络服务器实现，它的传递速度对网络信息生态系统的使用者具有极强的吸引力，是网络平台软件提升的重要组成部分。

24）信息传播广度，是指通过网络获取信息的受众群体范围，扩大信息传播广度可以通过信息系统硬件建设实现，同时应扩大网站知名度。

25）信息流转保有率，是指在所有发布的网站信息中，重复被浏览和使用的信息，它的计算方式是重复信息除以所有信息。

26）信息摄入量，是指满足所有信息浏览者中97%~98%的有效信息。网站信息摄入量的稳定是网站长远发展的必要条件。

27）信息有效性敏感度，是指由于网站信息内容过多，如何通过系统敏感地发现有效信息。

28）冗余信息释放率，是指多余信息在网站的传播速率和程度。有效的控制冗余信息释放率可以减少浏览者浏览垃圾信息所浪费的时间。

29）需求偏好分析水平，是指网站通过浏览者曾经浏览记录进行数据分析整合，得出的浏览者需求的几种高概率分析。

30）请求响应效率，是指网站针对用户需求或多数用户需求进行的相应措施速度和效率。用户请求响应效率越好，越能达到更好的服务效果。

31）反馈信息响应效率，是指网站针对用户提出的网站漏洞或不足的合理性要求的反馈效率。

32）用户受教育程度，通过对用户系统调查，掌握大部分用户的基础信息与受教育程度，从而实现网站有效信息的合理分配。

33）用户年龄分布，通过对用户年龄分布调查，根据不同用户年龄段需求，定期发布有效信息，从而实现信息使用率的最大化。

34）用户地区分布，根据不同用户地区分布进行有效信息及商品的划分，从而最大程度地减少因地域差别而造成的用户流失。

35）用户职业分布，针对不同职业领域、岗位、薪酬开展定向信息服务，以满足社会不同人群消费需求。

36）信息生产者比例，是指提供有效源信息占源信息的比重。

37）信息消费者比例，是指使用信息和提供信息者的比重。

38）信息检索能力，信息检索是指信息按一定的方式组织起来，并根据信息用户的需要找出有关的信息的过程和技术。狭义的信息检索就是信息检索过程的后半部分，即从信息集合中找出所需要的信息的过程，也就是我们常说的信息查寻。信息检索是指从信息资源的集合中查找所需文献或查找所需文献中包含的信息内容的过程。

39）信息应用能力，是指对有效信息的使用能力。网站对有效信息的合理使用与规划会减少网络信息生态系统运行中不必要的信息浪费。

40）信息再加工能力，信息加工是对收集来的信息进行去伪存真、去粗取精、由表及里、由此及彼的加工过程。它是在原始信息的基础上，生产出价值含量高、方便用户利用的二次信息的活动过程。这一过程将使信息增值。只有在对信息进行适当处理的基础上，才能产生出新的、用以指导决策的有效信息或知识。

41）信息表达能力，即公开信息的准确性、实效性、可适用性的有机组合。

42）系统要素协同度，是系统构成中不能或不必再分的最基本的成分。系统由要素构成，要素是系统存在的基础。系统要素具有一定结构，在一般情况下，系统的质由要素的质、要素的数量、要素的运动量和要素的排列秩序的相互作用确定。系统的质可以表示为要素的质与量的函数。

43）系统自我净化能力，是指系统对无用信息的筛选与处理能力，是网络信息生态系统运行中不可或缺的硬件条件。及时地进行系统自我净化对网络更新起到最直接的作用。

44）系统自我修复能力，其是网络信息生态系统运行的过程中系统获得的自我防御机制之一。其目的是为了自我保护，延长系统所存在的时间，但无论如何自我修复皆不能还原成原始状态。系统自我修复能力是网络信息生态系统硬件实施延长使命寿命的必要手段。

45）系统信息人忠诚度，客户忠诚是指客户对企业的产品或服务的依恋或爱慕的感情，它主要通过客户的情感忠诚、行为忠诚和意识忠诚表现出来。

46）网络信息生态系统信誉度，信誉是指依附在人之间、单位之间和商品交易之间形成的一种相互信任的生产关系和社会关系。信誉构成了人之间、单位之间、商品交易之间的双方自觉自愿的反复交往，消费者甚至愿意付出更多的钱来延续这种关系。

47）网络信息生态系统创新能力，创新能力，也称为创新力。创新能力按主体分，最常提及的有国家创新能力、区域创新能力、企业创新能力等，并且存在多个衡量创新能力的创新指数的排名。

第 8 章 商务网站信息生态系统的构建与评价

8.1 商务网站信息生态系统的概述

8.1.1 商务网站系统的内涵

在生态学中，生态系统就是在一定空间中共同栖居的所有生物（即生物群落）与环境之间由于不断地进行物质循环和能量流动而形成的统一整体。纳笛和欧戴将信息系统定义为特定环境里由人、实践、价值和技术构成的一个系统，并提出系统里占核心地位的是由技术支持的人的活动。信息与生态学中的生物一样，不可能单独存在。因此，信息生态系统是由信息、信息人和信息环境组成、具有一定的自我调节能力的人工系统，其组成要素包含三方面内容：信息人、信息和信息环境。

商务网站信息生态系统即在商务网站环境下，利用生态学的部分观点，以信息技术为支撑，信息人采取科学合理的方式对信息资源进行有效的配置与管理后所形成的具有自我调节功能的、动态的、开放的系统。商务网站信息生态系统运行和管理的最终目标是寻求信息生态系统的平衡和共同进化，即通过系统内部和外部的自我调节及相互作用，避免信息生态的失调并保护信息生态的平衡。在这个过程中，系统中各信息主体通过相互间的协同作用实现共同进化，进而推动整个商务网站信息生态系统的进化。

8.1.2 商务网站信息生态系统的构成

商务网站信息生态系统由信息、信息人、信息环境和信息技术四要素所构成。信息是整个系统维持、运行和发展的基础；信息人是商务网站信息生态系统的核心，所有的商务活动都离不开人；信息环境是媒介，信息人通过信息环境的帮助对信息进行加工处理；信息技术是关键，先进的信息技术为实现信息的高速存取、网站的运营维护提供了必要保障。

商务网站信息生态系统在其运行和发展的过程中，对内要不断协调构成要素，使它们可以协同工作，形成稳定的结构关系和高效的运行机制，对外系统要不断与外界进行信息交流、物质流动和能量转换，为各种人群和社会提供全面有效的信息服务，并通过此服务为商务网站带来更多的经营效益。谈到经营效益，我们首先就要分析商务网站信息生态系统的经营过程，以及其价值是如何实现的，这也成为我们研究商务网站信息生态系统经营效益的基础。

8.1.3　商务网站信息生态系统的特征

从生态系统的观点来看，商务网站信息生态系统与自然生态系统性质相似、功能相仿。从社会学角度而言，商务网站信息生态系统是一个与社会、经济、环境相互耦合的，由具有适应能力的主体和环境按照一定的规则（系统内部模型）交互作用形成的动态的复杂系统（卢剑波，2005）。复杂性是其本质属性，商务网站信息生态系统作为一个"生态化"的商务网站其复杂性主要表现为系统的整体性、动态性、开放性、协同性以及信息人的适应性等。

（1）整体性

商务网站信息生态系统是一个包含众多不同种类、不同层次要素的复杂整体。系统当中某一个信息要素所发生的变化都将影响整个系统的运行。

（2）动态性

动态性是商务网站信息生态系统最明显的特征，系统各要素不但可与外界选择性的进行双向交流，同时网站也可根据自身的需要增加或者删除要素。

（3）开放性

商务网站信息生态系统是个开放的系统，系统根据功能的需要从环境中选择性的接纳和吸收用户所需要的物质、信息和能量。同时，环境的复杂性也会造成商务网站信息生态系统的复杂性。

（4）协同性

商务网站信息生态系统的内部各要素是按照某种规则自动形成在结构和功能上能够相互补充、相互协调的复杂整体以期达到整体功能大于部分功能之和。

（5）适应性

除了以上特性以外，商务网站信息生态系统还具有自调节与自适应能力，这主要表现在信息人的能动性上，即信息人不仅对整个信息生态系统具有一定的驾驭能力，而且还可通过自身的动态演化来适应环境并采取行动来改变环境。

8.2 商务网站信息生态系统的构建

8.2.1 商务网站信息生态系统的影响因子

商务网站信息因子指的是商务网络环境下对整个网站的形成、发展、序化、使用过程有直接或者间接影响的各种要素。目前学术界对信息生态系统的构成要素已基本达成共识，即信息、信息人、信息环境。结合信息生态系统的这三个构成要素与商务网站本身的特点，商务网站信息生态系统应该由四部分组成，即信息、信息人、信息环境及信息技术。其中按照在信息流转链中充当的角色可将信息人分为：信息生产者、信息传播者、信息序化者、信息消费者和信息分解者；信息环境则由外部环境与内部环境构成（图 8.1）。

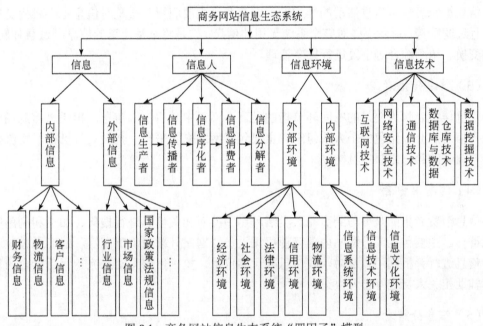

图 8.1 商务网站信息生态系统"四因子"模型

1. 信息

信息作为信息生态系统的加工对象，存在于系统业务活动的每个环节中。而商务网站信息不仅是整个系统维持、运行和发展的基础要素，而且还为生态因子之间的相互作用充当"黏合剂"角色。因此，在进行商务网站信息生态系统构建工作中，首先要考虑的就是信息这一要素。商务网站信息生态系统中的信息包括网站内、外部的信息：内部的财务信息、物流信息、客户信息等；外部的行业信息、市场信息、国家政策法规信息等。

2. 信息人

信息人是指参与信息活动的单个人或者由多个人组成的社会组织，是信息生态系统的主体。根据所从事的信息活动和充当的角色可以将商务网站信息生态系统的信息人分为五大类，即信息生产者、信息组织者、信息传播者、信息消费者以及信息分解者。他们之间虽然具有明确的角色界限但是也存在相互依存、相互转化、互利共生的关系。

（1）信息生产者

信息生产者作为信息流转链的起点，负责向整个系统输入信息。信息生产者主要指的是商务活动中生产并提供信息的个人或组织，主要包括位于商务网站上游的供货商与位于网站下游的买家。

（2）信息组织者

信息组织者也是信息活动的维护者，它有两个主要职责：一是对信息生产者提交的信息进行过滤筛选，排除那些对整个系统无用的信息；二是将杂乱无章的信息经过载体转换、结构变换、浓缩综合等手段进行排序管理。

（3）信息传播者

信息传播者作为交易的中间环节指的是商务活动中负责传输信息，担任"信息通道"或者"信息媒介"角色的个人或组织。主要包括网络交易平台、金融支付机构、物流公司及参与商务的第三方服务机构。

（4）信息消费者

信息消费者指的是参与到商品买卖活动当中并对相关信息进行搜集、加工和利用的个人或群体。主要包括商务网站内部管理决策人员与网站外部的供货商等。他们通过对序化了的信息进行分析利用，及时获取信息隐含的价值，挖掘出信息动态流转背后蕴含的规律进而辅助相关人员进行管理决策。

（5）信息分解者

信息分解者作为整个信息流转链的终点，指的是将商务活动中已经转化为知识的那部分信息进行还原并为信息二次加工与利用做好储备工作的个人或组织。主要包括政府、科研机构、教育组织等。

3. 信息环境

商务网站信息生态系统的信息环境是指商务网站主体以外的直接或间接影响商务网站主体生存和发展的各种要素的总和。信息环境分为外部环境和内部环境。一个良好的商务网站信息生态系统环境包括稳定的经济环境、健全的法律环境、良好的社会环境、完善的信用制度、安全的线上结算体系和线下物流配送系统、强大的技术环境支持、健康的信息文化和必要的网络基础设施等。

4. 信息技术

信息技术按照不同的分类标准可以分成不同的部分，针对商务网站的信息技术领域，可将其分为互联网技术、网络安全技术、数据库与数据仓库技术、数据挖掘技术、通信技术等。信息技术的出现有效地解决了商务活动中存在的"信息不对称"与"柠檬市场"等问题，淡化了存在于信息生产者、信息传播者、信息序化者、信息消费者、信息分解者之间的信息交流障碍，与此同时，先进的信息技术支持为网站前期建设、网站中期运营、网站后期的管理维护提供了有力的保障。

8.2.2 商务网站信息生态系统模型的构建

1. 系统构建原则

商务网站信息生态系统作为一个"生态化"的商务网站应该遵循一般商务网站构建原则，但基于信息生态的视角对商务网站进行构建，每个原则阐述的角度也会随之改变。根据商务网站信息生态系统的功能及系统构建的原理，商务网站信息生态系统的构建应遵循以下几项原则。

（1）系统性原则

商务网站信息生态系统是一个大的复杂系统，里面还包括许多小的子系统，虽然这些子系统逻辑上相对独立，但在功能上子系统相互协调、相互合作构成一个整体。

（2）开放性原则

商务网站信息生态系统不是一个封闭的系统，而是一个可以根据需求增加或者删除系统成分的具有自我调节功能的开放系统。在构建模型时要充分考虑信息的动态交换性和信息系统的开放性。

（3）目的性原则

构建商务网站信息生态系统的目的是帮助网站提升自身信息化水平，进行有效的信息化管理，因此所构建的系统要经得起实践的考验。

2. 系统模型构建

过程概念是现代组织管理最基本的概念之一，在 ISO9000：2000《质量管理体系基础和术语》中，将过程定义为一组将输入转化为输出的相互关联或相互作用的活动。过程管理的一般模型如图 8.2 所示。

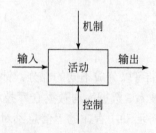

图 8.2　过程管理的一般模型

对过程管理进行深入学习研讨后，发现过程管理的核心任务在于将输入转化为输出。对于商务网站信息生态系统而言，输入的是原有资本和信息，输出的是新的经过增值的资本和信息。转化条件是商务网站四因子，终极目标是实现信息生态系统的和谐运转，进而使网站经营效益最大化。由此可见，企业过程管理模型同样适用于基于信息生态理论的商务网站模型构建。

商务网站信息生态系统总体模型图是将"过程管理"一般模型与商务网站"四因子"模型进行有机结合得到的（图 8.3）。

"信息-信息人-信息环境-信息技术"之间的相互作用关系构成了商务网站信息生态系统。

1）商务网站信息生态系统中，信息作为信息生态系统的加工对象，是维系整个系统正常运行和发展的基础要素。

2）信息人根据不同的业务处理过程对上述信息进行加工和处理，此处的信息人主要包括信息生产者、信息传播者、信息序化者、信息消费者、信息分解者。其中，信息生产者和信息消费者处于系统的核心地位，这二者的能力直接决定着商务网站信息流转效率。信息的传播者、信息序化者、信息分解者处于从属地位，根据信息生产者和信息分解者的不同需求不断调整自身策略。

3）信息环境包括内部环境（信息技术、信息系统、信息网络、信息资源、信息文化）和外部环境（经济、法律、社会、信用、物流），这两个环境直接或间接地影响整个系统的生存和发展。

4）信息技术作为商务网站信息生态系统的重要组成部分，是实现信息有效流转的有力保障。

5）信息人在信息的内驱动力和信息需求的内牵引力共同作用下，实现信息流、资金流、物流的高速有效流转。

6）商务网站信息生态系统是在系统外部环境和信息技术的影响推动下将原有的资本与信息转化为新的资本与信息的过程。这一过程中，系统内部因子不断进行有效地配置协调，同时，资本循环不断地累积增值。

7）当商务网站信息生态系统由进入期、生长期发展到成熟期时，系统中各类资源的比例、数量趋于平衡，信息的流转与运行趋于稳定，即达到所谓的商务网站信息生态系统的平衡状态。在这种平衡下，整个社会经济资源达到最优化配置，经济主体不仅实现了经济效益、社会效益，同时也实现了生态效益。

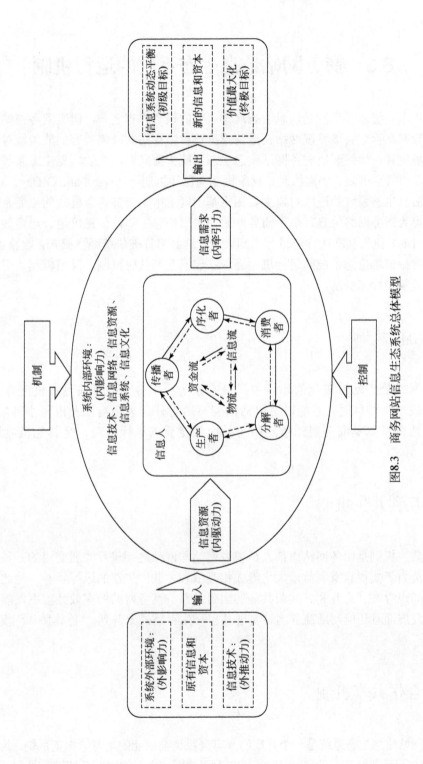

图8.3 商务网站信息生态系统总体模型

8.3　商务网站信息生态系统的运行机制

信息生态系统运行机制是信息生态理论研究的核心内容之一，研究商务网站的运行规律能够引导网站管理人员发现网站在运营维护过程中存在的缺陷，有的放矢地对其内部运行机制逐步完善，最终解决商务网站信息生态系统失衡问题。企业信息生态系统的运行机制包括：合作共享机制、协同机制、竞争机制和循环机制等（Nardi and O'Day，1999），而商务网站信息生态系统的适应对象主要侧重基于网上电子商务运营模式的电商企业，传递的信息内容为商务网络信息，电子商务网站为主要信息主体，信息价值、电商效益增值为系统运行目的，凭借互联网优势进行组织联合，这必将打破传统经济模式，收获更多利益。因此商务网站信息生态系统的运行机制还应该包括互利共生机制、反馈机制、引导机制、安全保障机制和价值机制。

8.3.1　协同机制

商务网站处于动态变化的环境中，只有系统内部各个要素通过有机配置，动态的排列组合成一个整体时，才能以更灵活的姿态应对外部大环境以及内部小环境的变化。由此可见协同机制是商务网站信息生态系统最重要的运行机制，是其他机制运行的必要前提。

8.3.2　互利共生机制

互利共生机制是商务网站内部人员或者网站与网站之间进行沟通交流的一种模式。网站内部人员为了实现自身利益最大化形成相互依赖、共同生存的运行状态。除此以外，商务网站之间也存在互惠互利、共荣共辱的裙带关系。商务网站的有效经营不仅能够促进相关行业的发展而且还能帮助商务网站实现从单一生存模式上升到"群体协作"模式的完美转型。

8.3.3　合作共享机制

商务网站信息生态系统是一个开放的具有自我调节功能的动态的稳定系统。为了实现信息资源的优化配置和有效开发利用，需要在不同的网站之间构建一个和谐的外部环境来帮助网站以"相互合作、互通有无"的方式实现资源和技术的共享。

8.3.4 竞争机制

生物学里的"适者生存，优胜劣汰"和"物竞天择"理论强调的是竞争理念，不同的物种之间通过生存斗争进行抉择，生存下来的生物都是适应环境的。同样，在市场环境变幻莫测的经济背景下，竞争现象仍然存在，商务网站信息生态系统只有通过技术改革和知识创新等方式不断提高自身的竞争能力才能实现网站价值增值。

8.3.5 循环机制

循环机制是商务网站引入信息生态系统观后形成的最具特色的一个运行机制。商务网站信息生态系统内部各要素通过不断地与周边的环境进行物质、能量和信息的交换来推动系统的循环持续的发展。由此可见，循环机制是区别于传统商务网站信息系统运行机制的一个重要创新。

8.3.6 安全保障机制

商务网站信息生态系统是一个开放的系统，在与外部环境交换信息资源的过程中可能会对系统内部资源造成损害，影响信息主体利益分配，造成系统的资源流失。因此，必须制定相关制度，采用合理的保障方式，使商务网站信息生态系统生存在健康健全的生态环境中，最大程度地实现安全运行。

8.3.7 引导机制

商务网站信息生态系统的健康持续发展需要经济、法律和社会方面的保障以及国家宏观调控政策的引导。稳定的经济环境、健全的法律环境和良好的社会环境对商务网站的发展产生重要的影响。如果没有国家宏观的正确引导，商务网站很容易在市场利益的驱动下畸形的发展下去，这对整个商务环境的"生态化"是非常不利的。由此可见，国家宏观引导是维护商务网站信息生态系统正常运行的必要保障。

8.3.8 反馈机制

商务网站信息生态系统的运行不是一个单向的推送过程，而是一个通过反馈信息不断增删内部要素的动态系统。它强调的是以用户满意度为中心的服务理念，即商务网站可通过建立用户评价体系获取多方反馈信息以帮助指导网站结构设计，完善网站功能建设。反馈机制的"推-拉"机理促进了信息的循环流动，实现了商务网站生存、成长、回报、获取，继而再发展的目标。

8.3.9　价值机制

商务网站信息生态系统建立的目标是通过对信息因子进行有效配置，改善商务网站内部经营中存在的缺陷，提升网站本身的核心竞争力进而实现自身的价值；在此基础上，通过平台共享、信息共享等举措促进整个网站群体间的协调发展，进而帮助整个商务群体获得"经济价值""社会价值"和"生态价值"三丰收。由此可见，价值机制是整个商务网站运行的终极机制。

8.3.10　商务网站信息生态系统运行机制总体关系图

价值链是由哈佛大学商学院教授迈克尔·波特于1985年提出的概念，迈克尔·波特的价值链理论认为信息是增值过程中的支持因素，而不是增值的源泉，结构机制与行为机制是供应链价值创造的两大影响因素。商务网站内部各因子相互影响，相互制约构成一个综合的有机、复杂的整体，其内部各因子都为实现网站整体价值最大化充当必要角色。因此，在研究商务网站内在运行机制过程中，价值链理论同样适用。下面主要以"价值链模型"为蓝本并融合"复杂系统理论"对商务网站信息生态系统运行机制总体关系图进行构建（图8.4）。

商务网站信息生态系统作为一个包含众多不同种类、不同层次要素的复杂系统，应参照对复杂系统的处理办法，利用整体论和还原论相结合的方法对其进行分析。即可以根据系统所处的环境从商务网站外部和内部两个方面构建商务网站信息生态系统运行机制的整体关系图，对图8.4的分析如下。

1）循环机制是整个商务网站信息生态系统运行机制的中枢神经，因此应该位于核心位置。

2）以循环机制为核心点，向外延伸出一条水平线。

3）位于水平线上部的是商务网站外部的运行机制，主要包括竞争机制、引导机制、互利共生机制与合作共享机制。国家对经济、法律和社会的宏观调控作用形成了引导机制，这一机制对竞争机制和互利共生机制起着动态调节作用。在社会主义市场经济条件下，网站的信息资源、人员素养、信息技术、核心价值与文化建设作为商家相互竞争的对象构成了商务网站的竞争机制，商务网站间的竞争激励着网站个体不断创新进取。当然，网站之间除了竞争还存在合作，这种合作关系主要体现在信息资源与技术平台的共享上。整个商务网站群体正是在这种竞争与合作的不断矛盾当中求得发展。在竞争机制、互利共生机制和合作共享机制的相互作用下，循环机制得以有效运行。

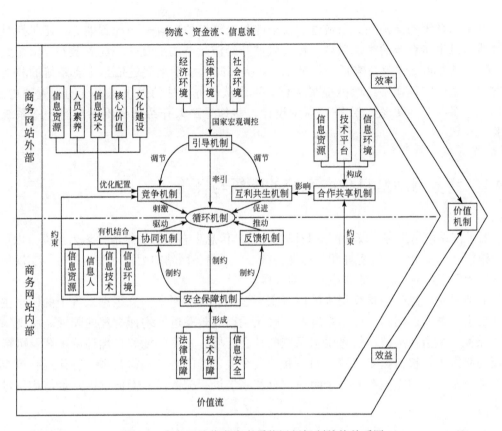

图 8.4 商务网站信息生态系统运行机制总体关系图

4）位于分割线下部的是商务网站内部的运行机制，主要包括协同机制、安全保障机制和反馈机制。在这三个机制中，安全保障机制是整个系统正常运行的有力保障，包括法律保障、技术保障与信息安全保障。协同机制指的是商务网站内部各要素之间通过有机的配置以帮助系统实现整体功能大于各部分功能之和，它是循环机制的驱动力。反馈机制通过客户评价体系，即客户在完成买卖活动后对整个过程进行客观的评价，成功扭转了商务网站生存、成长、回报、发展过程中信息流、资金流、价值流单向流动的局面，为循环机制的有效运行奠定了基础。

5）价值机制是商务网站信息生态系统运行过程中必不可少的一个机制。它为其他 8 个机制的运行指明了方向。商务网站内外部的这 8 个运行机制在物流、资金流和信息流的作用下相互影响、相互制约，共同促进价值机制的实现，进而获得商务网站最大尺度的价值增值。

8.4 商务网站信息生态系统的配置与评价

商务网站信息生态系统的配置应该包括对组成要素的配置，即对商务信息、商务信息人、商务信息环境以及商务信息技术四要素的协同配置——配置效率；包括对商务网站信息生态系统的结构性、系统性、安全性和经济性的配置——配置能力；还包括对商务网站信息生态系统的生态效益、社会效益和经济效益的配置——配置效益。用配置效率、配置能力和配置效益来反映配置水平，提高配置水平来促进信息生态系统的和谐健康发展，从而实现网站经营效益最大化。下面从商务网站信息生态系统的配置的内涵、目标和任务、配置要素的分析、模型设计、整体思路来介绍商务网站信息生态系统的配置。

8.4.1 商务网站信息生态系统的配置与评价

商务网站信息生态系统的配置是以商务网站信息生态系统的组成要素为前提，以系统性、结构性、安全性、经济性和生态性为核心，以商务网站的配置水平为指针，实现信息生态环境下商务网站经营效益最大化的过程。

商务网站信息生态系统配置的内容主要包括对商务网站信息生态系统中的四个主要组成要素、要素之间结构性、系统性、安全性以及效益进行均衡合理的配置。所谓均衡合理配置，是指在不破坏信息生态系统的社会环境、文化环境和自然环境平衡及可持续发展的前提下，权衡国家政府、网站和消费个人之间的经济利益关系，有计划有组织地对商务网站信息生态系统的各个组成部分和系统进行配置，从而促进网站价值增值过程的实现。

1. 商务网站信息生态系统配置的目标与任务

信息资源优化配置的目标是实现信息资源均衡合理配置，实现社会经济福利的最大化。同样的商务网站信息生态系统配置的最终目标也是在实现商务网站信息生态系统配置的均衡合理基础上，实现网站经营价值的增值和效益最大化，促进帕累托最优的实现。

商务网站信息生态系统配置的主要任务有以下几个方面：第一，对当前商务网站信息生态系统的主要组成要素进行均衡配置，即对商务网站信息生态系统中的商务信息、商务信息人、商务环境及商务信息技术等各个要素进行合理分配，促进四个维度之间的协同配置——配置效率；第二，对当前商务网站信息生态系统的结构和系统安全、经济性能进行均衡配置——配置能力。第三，实现商务网站系统的生态效益、社会效益和经济效益。第四，通过配置效率、配置能力和配置效益之间的协同共同提高配置水平，实现商务网站价值的增值。

2. 商务网站信息生态系统配置的整体思路

企业对信息资源的配置水平用配置效率和配置能力来衡量和评价，而商务网站信息生态系统配置的最终目的是实现商务网站的经营价值增值和效益最大化，而要实现价值增值和效益最大化就必须提高网站信息生态系统配置的效益。因而商务网站信息生态系统的配置水平由配置能力、配置效率、配置效益三个方面来体现。网站信息生态系统的配置要由商务网站信息生态系统的健康、稳定、平衡发展做保障和支持。商务网站由多要素组成并且要素之间又有着巨大的相互作用和制约，那么怎样才能发挥其巨大的作用呢？那就必须促进四个要素之间的相互协同作用。当对各要素的协同配置作用发挥时，系统配置才能是高效的，才能达到预期的效果——配置效率，才能促进和推动商务网站的健康、稳定、平衡发展；要素构成系统，除了要素之间的协同外还必须考虑系统性和结构性的要求——配置能力；考虑了配置效率和配置能力的同时还必须注重配置效益的评价即考虑生态效益、社会效益和经济效益——配置效益。只有配置效率、配置能力、配置效益的三维度的协调统一才能提高配置水平，从而达到帕累托最优，实现商务网站信息生态系统的配置目标——商务网站经营效益最大化。商务网站信息生态系统的具体配置流程如图 8.5 所示。

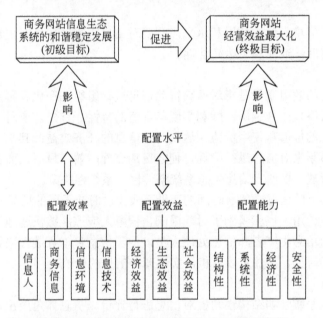

图 8.5 商务网站信息生态系统的具体配置流程图

3. 商务网站信息生态系统配置的要素分析

商务网站信息生态系统的配置水平要由配置效率、配置能力和配置效益来体现。然而配置效率、配置能力和配置效益都与商务网站信息生态系统的组成要素密切相关。因而，对商务网站信息生态系统配置要素进行了以下的分析，以便于指标体系的建立和评价，从而提高系统的配置水平。

（1）信息

与传统的信息相比商务信息具有一些特殊性。首先，信息的整理和网上发布过程中具有明显的商品生产劳动的性质，这种信息商品化劳动具有网络从业者追求利润的明显目的。其次，网站从业者在信息商品化过程中付出了具体劳动。例如，网络从业者对社会网络信息消费需求的分析、研究和评估工作，对信息源的分析、研究、对比及选择工作，对被选信息资源的整理、编辑及上网等产生商业网站信息资源的商品使用价值等。再次，商务信息在商务网站中通过人-机界面上的用户"交易"行为，实现其价值以及商务信息的使用价值。

由于商务信息的以上性质,信息的有效配置评价实质是对信息的质量评价,其中信息质量包括信息的内容质量、表达质量、效用质量和集合质量四个指标。

a. 内容质量

所谓内容质量就是要保证生产和收集的信息的客观性和正确性,即商务信息人要对需求分析得到的信息进行识别来保证信息真实有效,并且商务信息序化和重组过程中也要保证其准确符合事实,防止虚假、欺诈等有害信息进入信息生态系统并危及系统的和谐、健康、平衡发展,影响网站经营效益。

b. 表达质量

表达质量是指信息表达的效果和水平,即要对信息进行处理使之更加易于理解,更加准确,保持信息前后一致性和表达简洁性。

c. 效用质量

所谓商务信息的效用质量是指对所获得的信息进行组织、序化、再生产,使之在传递过程进行增值,最终被充分利用,顺利实现其价值的特性。首先,要对商务信息进行重组和创新来实现信息的价值和使用价值,达到网站信息的经济效益;其次,要有专门的信息评价标准的指标体系来对信息进行筛选,使之更加合理高效;最后,商务信息的配置还必须加强对信息的管理,以便于信息生态系统整体性、系统性决策。

由于信息载体上的信息会随着时间的流逝而成为过时或无用的信息,也就是信息老化。因此,商务信息在使用上也就受到了时间限制,信息人应该能够快速地获取信息,并将所获信息及时传递给信息生产者和信息处理人员,便于信息管理者进行决策。同时也必须保证商务信息具有实时性,抓住重要商机,实现商务信息的价值。

d. 集合质量

集合质量是从系统性和结构性角度对信息进行评价。从总体角度出发审视信息之间的相关度和完整性。

由以上分析可知,必须保证商务网站信息在内容质量、表达质量、效用质量、集合质量四方面达到质量要求,防止由于商务信息的虚假、滞后、低效或者无用而影响商务网站信息生态系统的稳定和谐,阻碍商务网站经营效益实现。具体的要素指标如图 8.6所示。

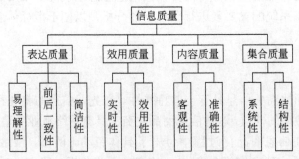

图 8.6　商务信息的配置指标影响要素图

（2）信息人

要实现商务网站信息生态系统的合理配置，除了对商务信息进行合理优化配置外，还必须重视对信息人的配置。信息人配置的好坏直接影响商务网站信息生态系统的配置效率和配置能力，进而影响配置水平，也就会影响网站价值实现。商务网站除了应该包含一般网站信息人素质外，还要对信息人的素养和能力方面提出更高要求，具体影响信息人的要素如图 8.6。

a. 网站人力资源指数

网站资源指数是指网站人员的教育文化素质，用大专学历以上的员工占员工总数的比例来表示，具体的反映网站总体人力资源条件。

b. 管理人员对人员结构的优化调整能力

人员结构的调整应充分利用配置手段和方法，按照配置目标的要求来调整人员结构。网站管理人员和决策人员应该具备从全局角度出发、细化人员分配和分工、重视结构的独立性和整体性建设能力，从而实现网站人员结构的优化配置。

c. 商务信息的需求分析能力

网站需求分析人员对信息消费者的需求以及消费心理的调查与研究，利用信息技术手段对获得的数据进行加工、分析和处理，以便于网站管理人员进行决策和管理。网站需求分析人员还应该具备一定的统计技能、数据分析技能、数据仓库和数据挖掘技能以及心理分析技能等。

d. 商务网站的创建和管理能力

网站创建人员根据从网络需求分析人员那里得到的数据和企业的要求来进一步对信息进行筛选以完成网站的创建、测试和修改，直到建立一个结构优化和性能稳定的商务网站。因此，网站人员必须具有良好的沟通能力，及时和需求分析人员沟通了解市场需求，并建立相应的网站系统。此外，还应该掌握信息识别技术、数据仓库与数据挖掘技术，具备网站数据库安全管理的能力。

e. 商务网站的营销能力

网络人员借助于已经建设好的商务网站采取一系列的营销策略对商务网站的信息产品或服务进行宣传和销售。营销人员应该抓住消费者的消费心理，制定一系列的策略来吸引消费者，同时也让消费者对所宣传的产品及服务有进一步的了解，促进信息产品及服务的传播和销售，顺利实现商务网站信息的价值和使用价值。网站营销人员还应该能够认清网络营销环境，灵活运用网络营销的产品策略、定价策略和服务策略来实现信息产品或者服务的价值，来提高商务网站的经营效益。

f. 商务网站数据库的更新和维护能力

当一个商务网站建立成功运行一段时间后必然会有新数据进入，这就需要系统维护人员对数据进行动态更新，同时也会有一些旧的数据信息失去实时性而造成信息冗余，使得商务网站的运行和访问速度变慢，影响整个商务网站的效率。这就要求网站数据库更新和维护人员具备能从瞬息万变的信息中分辨出效用性高的商务信息，去伪存真，去糟取精来提高商务网站信息系统效率的能力，维护网站稳定、高效的运行，促进信息生态系统的良性循环。

g. 商务信息化技能的普及率

商务信息化技能的普及率可以反映商务信息人的信息化应用能力,具体是由掌握专业IT应用技术的人数占总数的比例,非专业IT人员应用技术培训的覆盖率来体现和反映。

（3）信息环境

商务网站信息生态系统的信息环境是信息生态稳定发展的前提,是商务网站经营效益顺利实现的重要保证。环境配置包括对网站系统内环境和网站系统外环境的配置。系统外环境配置主要是国家、政府、法律部门和相关网站等的配置水平;系统内环境是网站本身的配置水平。

a. 国家和政府的宏观调控能力

国家和政府的宏观调控能力即国家和政府相关政策的制定和实施能力。具体是指国家政策指引网站建设的方向和设计倾向,国家对基础设施的投入程度,网站利用政策的方向和要求去设计网站,才能实现建设的网站适销对路,最终实现网站建设的使用价值和价值。

b. 法律部门的保障和维护能力

商务网站环境净化和治理需要法律部门制定法律法规来规范商务网站的市场环境,维护商务网站的市场秩序,为商务网站实现经营效益提供良好的市场环境。

c. 环境协调度

商务网站信息生态系统环境的协调度包括网站系统的文化协调度和网站系统管理运行的协调度。构建和谐网站文化是网站可持续发展的必然要求,网站决策是根据企业对网站建设提供的保障性行为和网站管理人员对网站运行环境的维护和管理,对所获得信息的可靠性验证、信息人分配结构的调整;设立各种标准来量化网站结构标准;网站内部人员结构的调整;各个部门人员分配和对内部人员专业素质的培训来增强网站成员间的团队精神等系统的运行管理协调发展。

d. 网络性能水平

相关网站的运行和实施会对该系统产生一定的影响,一个网站的运行必然会受到其他相关网站和网络环境制约,网站需要链接到其他网站时要求给予响应,这就要求网站之间的兼容性要符合统一的标准,为网站之间资源共享和协同合作提供一个和谐、健康、稳定发展的环境,实现各个网站的经营效益。

e. 信息使用者的信息素养水平

信息使用者的素质决定了信息的传播、分解和利用的效果和效率,信息素养的高低决定了对信息的理解和再加工的水平和深度,同时也影响信息本身价值和使用价值的实现程度,制约商务网站信息生态系统的健康发展。

（4）信息技术

信息技术的配置应重视综合利用宏观和微观手段进行配置,包括政府对商务网站信息生态系统基础设施的投入力度和建设程度;网站管理层对商务网站信息技术使用者的合理安排调控情况。只有合理利用信息技术才能实现信息技术本身的价值，实现信息技术的合理优化配置。具体的指标体系如下。

a. 信息技术基础设施的投入力度

政府宏观调控和政策的实施力度将影响信息技术发展水平，因为信息属于公共物品，所以具有非竞争性和非排他性。信息的这种公共物品原理决定其技术实现必须要有政府的介入，并需要政府在预算上给予资助。因此，要想发挥信息技术的巨大作用政府要加大政策的指引作用和政府对基础设施建设的投入力度。

b. 信息技术的整合度

信息技术的整合度是指技术之间采用统一的标准使信息技术更加规范化和有序化，也可以解决网站技术人员对接口技术实现的难题，便于网站之间的共享和兼容，采用先进技术可以高效实现网站的运行，减少用户等待时间，提高系统运行效率，从而便于加快信息生态系统循环，实现网站经营效益最大化。

c. 信息技术的作业效率

信息技术的作业效率是指信息技术本身的结构安排合理，并且同其他信息技术之间进行相互协调，提高系统运行效率，达到信息技术最大利用率。

d. 信息技术对环境变化的反应度

信息技术对环境变化的反应度是指当系统突然遇到外界的干扰和破坏时，能迅速自我保护和具备抵御外来侵害的能力，信息技术应该不断地提高信息技术反应度以提高系统自我保护能力。

e. 信息技术的经济效益性

信息技术的应用可以显著提高资源利用率、信息生产率，从而降低成本投入，取得巨大经济效益。

综上，信息技术是商务网站信息生态系统一个不可或缺的组成部分，要重视对信息技术的配置，提高配置效率，从而充分实现和发挥信息技术的效用，实现信息技术的经济效益达到优化配置的最终目标。

（5）商务网站信息生态系统配置模型

通过配置要素的分析，用信息、信息人、信息技术和信息环境之间的协同作用来反映配置效率；用结构性、系统性、安全性和经济性之间的整体作用来反映配置能力；用生态效益、经济效益和社会效益来反映配置效益；本系统配置的模型是由配置效率、配置效益和配置能力来共同反映配置水平的总体。通过合理有效的配置系统的各个要素和协同作用、结构性和系统性的整体作用以及生态效益、社会效益和经济效益的推动作用等维度的实现来共同反映配置水平这一总体体积，从而促进网站经营效益最大化的实现，下面作者根据对各个组成要素的分析，综合运用商务网站系统的指标设计方法和原则，由面到体的思想反映配置水平。即从构建的系统配置能力、配置效率和配置效益三个侧面来反映配置水平这一体积要素建立商务网站信息生态系统优化配置模型（图 8.7）。

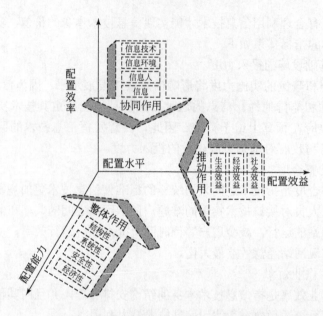

图 8.7   商务网站信息生态系统优化配置模型

8.4.2   商务网站信息生态系统配置的评价指标体系

商务网站信息生态系统配置水平的评价指标体系设计应该由三个层次的因素构成：第一层次包括系统影响要素；第二层是反映第一个层次的具体指标；第三个层次是细化指标说明。采用模糊综合评判法对指标进行定量分析，对于较难的定量分析指标采用专家打分的办法对指标进行分析和评判，运用有序图法处理权重问题，具体配置水平评价指标体系设计如下。

1. 商务网站信息生态系统配置的评价指标体系设计原则

1）科学性与简明性相结合的原则。科学性是指指标的概念应该明确，具有一定科学内涵；简明性是指指标的含义简单明了、易于理解。

2）完备性与代表性相结合的原则。指标体系是一个整体，应该能全面反映配置的水平，并在此基础上选择有代表性的指标。

3）定性与定量分析相结合的原则。选取量化的指标比较直观，而对于难以量化的指标应该采取定性的方法来描述。

4）综合性和具体性相结合的原则。即指标体系既要全面详细又要简单明确。

5）整体性和层次性相结合的原则。指标体系是一个不可分的整体，用整个体系来反映系统的配置水平；若想体系明了，还需建立层次分明的指标体系。

6）静态性和动态性相结合的原则。指标在一定时间内保持稳定的状态，但当有新需求的时候还应该对指标体系进行实时更新。

2.商务网站信息生态系统的配置效率评价指标体系设计

通过对各个配置的影响要素分析，影响配置效率的要素是协同各个要素包括信息、信息人、信息环境、信息技术之间的相互关系，增强四要素之间的协调度，提高配置效率来构建反映配置水平指标体系，采用专家打分和数据测量计算方法来定性和定量的分析和评价配置水平，具体的指标体系见表 8.1。

表 8.1 商务网站信息生态系统的配置效率评价指标体系

目标层	准则层	一级指标	二级指标	指标说明
商务网站信息生态系统配置效率指标	商务网站信息生态系统配置效益	信息	内容质量（分）	客观性、准确性
			表达质量（分）	易理解性、前后一致性、简洁性
			效用质量（分）	实时性、效用性
			集合质量（分）	系统性、结构性
		信息人	网站人力资源指数（%）	大专学历以上的人员占员工总数的比例
			管理水平（分）	管理人员对人员结构的优化调整能力
			商务信息化技能的普及率（%）	掌握专业 IT 的应用技术的人数占总数的比例；非专业 IT 人员应用技术培训的覆盖率
			理解力水平（分）	商务信息的需求分析能力
			专业技能水平（分）	商务网站的创建和管理能力
			网络营销应用率（%）	商务网站的营销能力
			数据库的更新和维护知识的熟练掌握程度（分）	商务网站数据库的更新和维护能力
		信息环境	国家和政府的宏观调控能力（%）	基础设施的投入占总的经费的比重
			法律法规的完善程度（分）	法律部门的保障和维护能力
			环境协调度（分）	网站文化协调度 网站系统管理运行的协调度
			网络性能水平（分）	网站的出口带宽
			信息使用者的信息素养水平（分）	信息的理解和再加工的水平和深度，信息本身价值和使用价值的实现程度
		信息技术	信息技术基础设施的投入力度（%）	信息基础设施的投入金额占总的系统建设的比重
			信息技术的整合度（%）	信息技术的集成水平
			信息技术的作业效率（%）	信息技术的利用率
			信息技术对环境变化的反应度（分）	环境变化时系统的自我恢复和调节的程度
			信息技术的经济效益性（分）	技术投入创造的价值和没有信息投入时所创价值的差值

8.4.3 商务网站信息生态系统配置能力的指标体系

与传统系统相比较商务网站信息生态系统是一个复杂自适应系统，之所以说其是一个复杂自适应系统是因为其具备了复杂自适应系统的最本质特征，即复杂性和整体性。商务网站信息生态系统的复杂性是指由许多影响要素组成，并且要素之间具有相互作用关系；整体性是指要素之间协同为实现目标而调节形成一个整体，从而实现部分之和大于整体的过程。用整体性和复杂性理论对该信息生态系统配置水平进行分析，并用配置能力来反映。配置能力应该包括：①对网站系统性和结构的整体性把握；②当系统出现异常时系统本身具有自我调节能力，甚至当系统崩溃时具有自我备份和恢复能力便于系统管理人员的维护，使损失减少到最低；③任何系统都避免不了故障的发生，如不加防范，故障将有可能对企业和网站带来不可估量的损失，因此必须采取有力措施保障信息系统的安全；④由于商务网站信息生态系统配置的目标是经营效益最大化，那么配置的能力还应该包括系统经济性这一要素。综上，商务网站配置能力的具体指标体系见表8.2。

表8.2 商务网站信息生态系统的配置能力评价指标体系

目标层	准则层	一级指标	二级指标	指标说明
商务网站信息生态系统配置水平	商务网站信息生态系统配置能力	结构性	系统之间的依存度（分）	（1）系统的每个组成部分要能完成相应的功能；（2）各个部分之间具有相独立性，尽量减少结构之间的依赖
		系统性	系统协调度（分） 环境适应度（分）	（1）系统的各组成部分之间要相互协同程度；（2）具备自我调节能力；（3）自我恢复能力；（4）具备统一的接口标准
		安全性	安全措施应用率（%）	（1）系统的安全管理能力；（2）系统自我备份能力；（3）抵御外来危害的对策应用能力
			保障信息安全的投入费占全部系统配置的费用的比重（%）	信息安全的费用包括技术费用、培训和人力资源支出费用
		经济性	投入和产出	投入与产出的差值

8.4.4 商务网站信息生态系统配置效益评价指标体系

配置效益的内容包括多个角度，本书按照商务网站信息生态系统配置的经济效益、社会效益和生态效益三个方面来构建指标体系。所谓信息生态系统配置的经济效益是指用一定配置投入获取最大的产出，或者是用最小配置投入获取一定的产出，他们的实质都是用最小的配置投入获得最大的配置产出。商务网站信息生态系统的生态效益是用生态环境效益来衡量，包括本系统对自然生态环境资源的依存程度和该系统对自然环境产生的影响。

社会效益包括商务网站信息生态系统的社会环境效益和社会文化效益，这就要求信息生态系统的运行不能以环境为代价，并且商务网站信息生态系统应该能够推动社会科技水平和文明程度的提高。具体的评价指标体系见表 8.3。

表 8.3 商务网站信息生态系统的配置效益评价指标体系

目标层	准则层	一级指标	二级指标	指标说明
商务网站信息生态系统配置水平	商务网站信息生态系统配置效益	经济效益	资金占有率（%）	系统的资金占投入金额的比重
			利润率（%）	总的系统利润占总投入的比重
			资金周转率（%）	反映资金周转速度
		生态效益	生态环境效益（分）	对生态环境的依存程度
				对生态环境的作用程度
		社会效益	社会环境效益（分）	对社会环境的依赖程度
				对社会环境的影响程度
			社会文化效益（分）	社会科技水平的影响程度
				人员素质的提高程度
				人类文明的提高程度

8.5 商务网站信息生态系统经营效益评价

8.5.1 商务网站信息生态系统的经营过程分析和价值实现

1. 商务网站信息生态系统的经营过程分析

商务网站作为商务网站信息生态系统的核心，意义重大。而在商务网站中，重中之重的就是信息。信息作为 21 世纪的第一生产力，掌握信息、传递信息、驾驭信息的严肃意义不言而喻，大到社会生产力发展水平，小到人民大众每天的学习、生活、娱乐都与其相关。商务网站主要的商务活动包括宣传企业形象，发布产品信息、宣传经济法规、提供商业服务等。从最一般意义上讲，经营效益可定义为经营活动中投入和产出的比较。这恰好与过程管理理论不谋而合，所以我们运用此理论对商务网站的经营过程进行分析。

过程概念是现代组织管理最基本的概念之一，过程的任务在于将输入转化为输出，转化的条件是资源，通常包括人力、设备设施、物料和环境等资源。增值是对过程的期望，为了获得稳定和最大化的增值，组织应当对过程进行策划，建立过程绩效测量指标和过程控制方法，并持续改进和创新（图 8.8）。

从图 8.8 中可以看出，商务网站信息生态系统的经营过程分为三个阶段：投入、业务流程和产出。

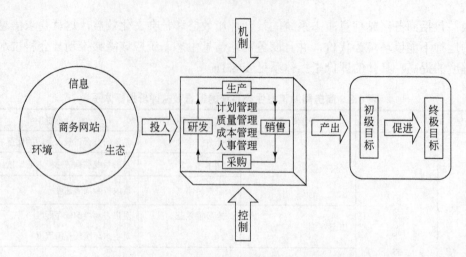

图 8.8　商务网站信息生态系统的经营过程管理模型

1）在商务网站信息生态系统经营过程中，信息、信息人、信息环境和信息技术作为整体投入其中。信息作用于整个过程，并为其服务；信息人是主体，对信息进行获取、开发、加工和利用；信息环境为信息提供生存环境；信息技术作为支撑，提供技术保障。

2）业务流程是整个经营过程的核心部分，把商务网站看作为一个由产品研发、生产、销售、采购组成的一系列工作流程，计划管理、质量管理、成本管理和人事管理等业务过程作为制约和影响工作流程的内在因素，两部分按一定方式组成的过程网络系统。根据企业经营目标，优化设计业务过程，确定业务过程之间的联结方式或组合方式，以业务过程为中心，制定资源配置方案和组织机构设计方案，制定解决企业信息流、物流、资金流和工作流管理问题的方案；综合应用信息技术、网络技术解决过程管理问题。同时，内部流程还受到商务网站信息生态系统运行机制的控制，即协同机制、互利共生机制、合作共享机制、竞争机制、循环机制、安全保障机制、引导机制、反馈机制和价值机制。

3）产出是整个经营过程的最后一个阶段，也是实现价值的阶段，商务网站由初级目标逐步实现企业的终极目标——效益最大化。在商务网站信息生态系统经营过程中，并没有对价值是如何实现做细致的描述，这就需要我们进一步分析商务网站信息生态系统的价值是如何实现的。

2. 商务网站信息生态系统的价值实现

迈克尔·波特的价值链理论认为，价值链是指企业提供的产品及服务在价值产生和价值实现/增值过程中存在的环节或链条，价值链上的每一项价值活动都会影响企业价值的实现。但同时也指出在企业的经营活动中，并不是每个经营环节都会创造价值。

在外部受到商务网站信息环境和生态环境的相互作用和影响，使整个体系保持平衡、内部各要素协同发展，技术是整个体系的支撑和保障，商务网站要正常、高效和长久的运行，必须有强大的技术做后盾。发展过程中物流、资金流、信息流单向流动，同时也体现商务网站信息生态系统的价值流动过程。在内部信息人起到主导地位，信息贯穿整个系统，并为其服务；上层的战略决策者将信息传递给中层管理者，再由中层管理者传递给基层的执行人员，信息从上到下，战略层经战术层到操作层的传递，从做什么、怎么做、去做，形成了信息的处理过程，信息的传递并不是一个方向的；从下到上，信息形成了反馈，使系统达到一种动态的平衡，促进系统不断优化、完善，体现了网站的效益和效率，最后形成了商务网站信息生态系统的价值（图8.9）。

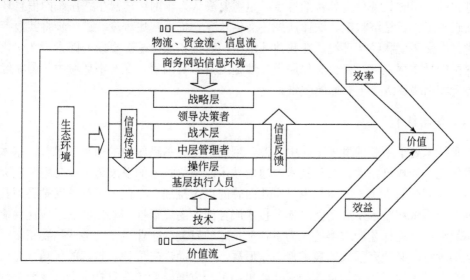

图8.9 商务网站信息生态系统的价值链模型

（1）信息

美国的维纳（N.Wiener）认为，"信息是人类在适应外部世界并且使这种适应作用于外部世界的过程中，与外部世界进行交换的内容和名称"。信息资源是商务网站信息生态系统中人的作用对象，是商务网站信息生态系统的客体。资源作为商务网站信息生态系统的黏合剂，维持着系统中各个要素间的相互作用。

网站内容是网站建设的一个非常重要的指标。一个企业网站的好坏，会直接影响企业的网络形象和网站效果的发挥，进而影响企业网站的经营效益。用户需要了解一个商务网站提供的产品和服务类型，这就涉及产品和服务的相关信息，网站内容做得好，可以激发用户的购买欲望。所有的企业电子商务网站都希望将网站来访者转化成自己的消费用户，从而产生可观的效益。

（2）信息人

按照美国情报学家兰卡斯特的观点，信息生态中的关键因素是具有一定文化知识水平的人——信息人。现代信息社会，成为一名合格的信息人应该具备敏锐的信息意识，良好的信息能力，合理的知识结构。信息人是信息生态的主体。与其他高等生物相比，唯有人能有意识地处理来自周围的各种信息，并在此基础上按照自己的意念行事。人凭借信息媒介，不仅从自然界中获取所需的生存资源，还借此创造了辉煌的物质文明和精神文明。

（3）信息环境

商务网站信息生态系统是以网络为载体的人类信息化生存环境，是现实生存环境的网络映射，它具备现实条件下人类生存的社会环境的一切特征，其存在和发展无不与现实社会息息相关，同时具备自身独特的特点。赵需要等认为，网络信息生态系统的信息环境指标包括政治形势、经济状况、法律法规、文化教育和资源富集程度。进一步将其概括为政治环境、人文环境和经济环境。在政治环境中，政策和法律是主要影响因素。在文化环境中，网民的受教育程度及社会文化风俗习惯是主要影响因素。在经济环境中，国家经济宏观大环境和网络经济是主要影响因素。

（4）信息技术

信息技术处于不断的发展变化中，商务网站信息生态系统中的信息技术包括基本功能和技术保证。计算机技术、信息技术、通信技术及网络技术的发展为企业带来了巨大的市场机遇，而同时这种飞速的变化也是企业面临的巨大挑战。企业电子商务网站必须具备能够根据客户需求和技术发展而随时提升技术服务能力的灵活性，必须能够适应这种快速变化的市场环境，这样才能求得持久的生存与长远的发展。企业电子商务网站要正常、高效和长久的运行，必须有强大的技术保证做后盾。一方面，先进信息技术的优越性会引起信息人的兴趣和重视，满足信息人的求新心里；另一方面，新的信息技术会改变商务网站信息生态系统的资源形势和资源传递方式。

（5）生态环境

在商务网站信息生态系统的价值实现中，主要体现了生态系统的协同性。把影响网站价值实现的诸多子系统或要素进行统一，形成一个整体。协同的目的不仅仅是实现网站的组织、管理和使用，确保整个系统内部结构的相适应，以提供强有力的支持，同时还必须保障网站组成部分信息流的合理流动，资金流的合理分配，使整个商务网站信息生态系统的经营效益最大化。

8.5.2 商务网站信息生态系统经营效益评价模型

1. 商务网站信息生态系统经营效益评价的指导思想和选取原则

经营效益是指商务网站在生产经营过程中所获得的效益。本书主要研究信息生态环境下商务网站的经营效益，首先就要分析和掌握信息生态环境中影响商务网站经营效益的有关因素，从中找出薄弱环节或症结所在，再确定切实有效的提高经营效益的途径。

构建一套科学的经营效益评价指标体系，是客观评价和反映一个商务网站经营效益状况的重要依据。由于衡量经营效益的指标比较复杂，受到各种资源的使用状况、社会、经济、科技和环境等多方面影响，采用一个或几个指标组成的指标体系很难对商务网站经营效益状况做出全面的评价，因此有必要建立一套比较科学、完备的评价指标体系。所以构建商务网站经营效益评价指标体系时应该遵循以下原则。

（1）科学性与简明性相结合原则

指标的概念明确且具有一定的科学内涵，符合信息生态环境下商务网站经济效益评价的内涵和目标。

（2）完备性与代表性相结合原则

评价指标体系作为一个整体，它的覆盖面应该比较广，应能尽量全面地反映被评价网站的经营效益状况。同时，不能为了盲目追求评价指标体系的完备性而设置过多的指标，应选择一些具有代表性的指标。

（3）可获取性和可操作性相结合原则

所选取的指标都是能够通过可靠的统计方法，或者较为可靠的途径获取到可量化的原始数据。

（4）定性和定量相结合原则

评价指标体系尽量选择可量化的指标，以便能够比较客观的反映所评价网站的经营效益状况。

（5）综合性和具体性相结合原则

评价指标体系既要能反映商务网站经营效益的总体状况，又要能对网站各个方面的发展水平做具体的分析，既要全面详细又要简单明确。

（6）整体性和层次性相结合原则

评价指标体系是一个不可分割的整体，用整个评价指标体系来反映某个商务网站的经营效益状况。若想使评价体系清楚明了，就需要建立体系。

（7）静态性和动态性相结合原则

商务网站处在不断的发展变化中，有些指标变化快，有些指标变化慢。商务网站的评价指标不应该只局限于过去和现在，还应该能够考虑未来的发展潜力和趋势。因此建立的评价指标体系应该与时俱进，能够显示随时间变化的发展趋势。

2. 商务网站信息生态系统经营效益的评价模型构建

本书结合过程管理概念和平衡计分卡方法，为商务网站信息生态系统构建了基本的评价模型图。着力于构建出这样一个商务网站评价体系：注重客户感知的、针对网站经济效益的、综合考虑网站各项投入与产出的评价指标体系。并且综合考虑定性和定量指标，用长远的眼光评价商务网站经营效益的可持续发展。

（1）基于过程管理的评价内容

从商务网站信息生态系统的经营效益角度考虑，过程管理的基本思想是"横向"角度看企业，投入的是企业的资金流、物流、信息流，产出的是增值的资本和信息。在投入和产出的中间环节就是商务网站信息生态系统的各构成因素的协同作用，以及内部的业务流程在各机制的控制下平稳运转，这也是整个过程的核心环节。只有保证了此环节的健康和稳定，才能使商务网站信息生态系统达到一种动态平衡，从而创造商务网站资本和信息的增值。

（2）基于平衡计分卡的评价内容

平衡计分卡是从财务、客户、内部流程、学习与成长四个维度，将组织的战略落实为可操作的衡量指标和目标值的一种新型绩效管理体系。设计平衡计分卡的目的就是要建立"实现战略制导"的绩效管理系统，从而保证企业战略得到有效的执行。因此，人们通常称平衡计分卡是加强企业战略执行力的最有效的战略管理工具。

平衡计分卡能让企业洞察完成使命的影响因素及关键环节，促使企业优化和完善相应的环节，而企业信息化可以把信息要素融于平衡计分卡的 4 个维度中，从而优化 4 个维度的业务内容，并极大地提高其运营水平及能力，实现企业价值的最大化。因此，从平衡计分卡的角度来看，要实现商务网站价值的最大化，就必须提高平衡计分卡的 4 个维度协同能力，这也是商务网站的主要战略思想。同时也归纳总结出信息生态环境下商务网站的经营效益评价的战略指标。

综合过程管理和平衡计分卡理论的分析研究，建立了商务网站信息生态系统经营效益的评价模型（图 8.10）。

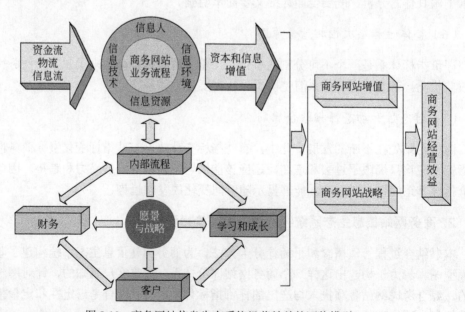

图 8.10　商务网站信息生态系统经营效益的评价模型

8.5.3 商务网站信息生态系统经营效益的评价指标

商务网站的最终目的就是创造经营效益最大化，判断网站是否到达预期的效果，这就需要我们设计一个科学的合理的经营效益评价指标体系，对其进行评价和衡量。

构建商务网站信息生态系统的经营效益指标体系，具体而言分为以下几点。

1）总目标层，它是本节探讨的主要内容，即"商务网站信息生态系统经营效益评价"；

2）一级指标层 F（first），通过"基础指标""应用指标""效益指标"三个维度对总目标的细分；

3）二级指标层 S（second），它在一级指标基础上进一步分解，组成 11 个二级指标，分别在指标本质含义和内容上予以识别和评价；

4）三级指标 T（third），建立具体的评价指标。

建立商务网站信息生态系统经营效益评价指标体系见表 8.4。

表 8.4　商务网站信息生态系统经营效益评价指标

总目标	一级指标（F）	二级指标（S）	三级指标（T）
商务网站信息生态系统经营效益评价指标	基础指标 F_1	信息人 S_1	信息生产者 T_1
			信息组织者 T_2
			信息传播者 T_3
			信息消费者 T_4
		信息内容 S_2	准确性 T_5
			及时性 T_6
			丰富性 T_7
			便捷性 T_8
		信息环境 S_3	政治形势 T_9
			经济状况 T_{10}
			法律信息 T_{11}
			产业科技发展水平 T_{12}
商务网站信息生态系统经营效益评价指标	应用指标 F_2	信息技术 S_4	人文教育 T_{13}
			数据库稳定性 T_{14}
			数据库安全性 T_{15}
			网站安全性 T_{16}
			信息技术应用性 T_{17}

总目标	一级指标（F）	二级指标（S）	三级指标（T）
商务网站信息生态系统经营效益评价指标	应用指标 F_2	信息生态文化 S_5	信息共享及发布 T_{18}
			信息的传播及使用 T_{19}
		生态环境 S_6	综合调控能力 T_{20}
			协同发展能力 T_{21}
			资源协调能力 T_{22}
		信息组织结构 S_7	信息组织职能部门 T_{23}
			信息化人员 T_{24}
		信息战略 S_8	网站战略 T_{25}
			网站信息化规划 T_{26}
	效益指标 F_3	经营效益 S_9	销售利润率 T_{27}
			成本降低率 T_{28}
			总资产周转率 T_{29}
		生态效益 S_{10}	对生态环境的依存程度 T_{30}
			对生态环境的作用程度 T_{31}
		社会效益 S_{11}	对社会环境的影响程度 T_{32}
			对社会环境的依赖程度 T_{33}
			社会科技水平的影响程度 T_{34}
			人员素质的提高程度 T_{35}

8.5.4　商务网站信息生态系统经营效益的评价方法

1. 动态指数法

动态指数法是从动态角度来评价商务网站经营效益的一种综合评价方法。它采用百分制计分，以得分的高低来反映商务网站经营效益的高低。首先，对选定的经营效益评价指标按其重要程度确定标准分值（加起来的总和为 100 分），再将各项指标的报告期水平和基期水平进行对比，计算出对比结果，根据对比数值按标准计分，然后将各项指标的得分相加，便是报告期该企业综合经营效益的动态指数值。

具体评价方法如下。

1）选取指标体系 36 项指标为综合评价指标。

2）确定各项指标的计分标准，每项指标的满分为 12.5 分。

3）实行三档计分，各项指标（除个别特殊负相指标）与上年同期相比，递增速度超过 5%视为改善，递减速度超过 5%的视为退步，增减速度等于或小于 5%的视为持平。每项指标改善的计 12.5 分，持平的计 5 分，退步的计 0 分。

4）以总分的高低来综合评价信息生态环境下商务网站的经营效益状况。

这种评价方法的优点是，只要有了各项效益指标的经常统计，掌握了基期和报告期的指标数值，就可以很容易地进行计算和评分，并可以基本上反映出商务网站的综合经营效益提高或降低的变化趋势。它用百分制计分，较为直观。

2. 综合指数法

综合指数法是将各项经营效益指标报告期的实际数值与该项指标的统一标准基数进行对比，计算出对比结果，同时，根据各项指标的作用和重要程度确定权数，然后计算出他们的加权平均数，作为评价商务网站经营效益的综合指数。

具体方法步骤如下。

1）确定评价指标体系。所选定的指标必须是数值越大表示经营效益越好的正指标。如果入选的是数值越小表示经营效益越好的逆指标，则应加以说明，并在计算对比数时作相反的处理。

2）确定统一的评价值。把各项经营效益指标的时间平均值或平均先进水平作为评价标准值，从而使商务网站之间具有可比性。

3）去掉各项指标的重要程度权数。由权威部门召集有关单位和专家进行共同研究，确定一个符合实际情况且多方共认的重要程度权数，在一定时期内统一使用。各项经济指标权数之和最好等于 100。

4）计算各项指标的对比系数。对于数值越大越好的正向指标，将该项指标报告期的实际数值除以该项指标的标准值，得出对比系数值。对于数值越小越好的负向指标，将该项指标的标准值除以该项指标报告期的实际数值，得出对比系数值。如果各项指标的权数之和为 1 或者 100%，则将各项指标的对比系数乘以该项指标的权数，加总以后就得出某个商务网站经营效益评价指标的综合指数。

8.6 案 例 分 析

8.6.1 阿里巴巴集团简介

1998 年 12 月，阿里巴巴在开曼群岛成功注册；1999 年，阿里巴巴集团正式创立，成立之初，其立足于为 B2B[①]交易提供相应的技术支持服务；2003 年，阿里巴巴集团建立网上购物平台——淘宝网，为其内的合作伙伴提供协作的发展及经营空间，力求为消费者提供更多更好的用户消费体验，截至目前已成为中国 C2C[②]领军网络购物平台；2004 年，阿里巴巴集团投资成立支付宝，面向中国电子商务市场推出第三方担保交易服务，支付宝本质上是一种线上虚拟货币交易平台，截至目前支付宝已成为中国商务网络空间中主要的网络货币支付渠道；2011 年，阿里巴巴集团将淘宝网分拆为三个独立公司，即淘宝网、淘宝商城（天猫）和一淘，更加准确且有效的服务于中国网购人群。发展至今，阿里巴巴集团已为中国乃至全球的中小企业提供了一个最大的网络营销平台，其主要商务模式为 B2B、B2C[③]、C2C，阿里巴巴集团旗下的主要网络信息平台如图 8.11 所示。

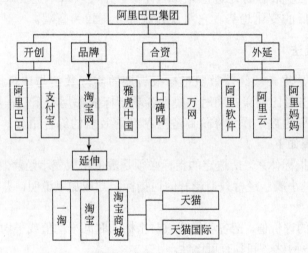

图 8.11　阿里巴巴集团主要网络信息平台

8.6.2　阿里巴巴商务网站信息生态系统的构建

阿里巴巴商务网站信息生态系统是以信息技术为支撑，确保可用的商务信息依托信息生态环境能够高效、高速的传递，在围绕品牌购物网站——淘宝网运作的同时，其子公司按照各自的核心运营能力及特点形成有序的网络状结构，完成集团内部信息共享与协同。根据阿里巴巴集团的运营模式，我们对阿里巴巴商务网站信息生态系统的构成要素——商务信息、信息人和包括信息技术在内的信息环境进行影响因子分析。

---

①B2B 也写作 BTB（business to business），是指企业与企业之间通过专用网络，进行数据信息的交换、传递，开展交易活动的商业模式。

②C2C（customer to customer）是个人与个人之间的电子商务。

③B2C（business to customer）是企业与个人之间的电子商务。

1. 商务信息及信息主体

阿里巴巴商务网站信息生态系统的商务信息主要包括：①阿里巴巴集团内的企业或个体商户发布的各类出售信息。②阿里巴巴集团旗下各个商务网站发布的信息。③在阿里巴巴集团网站进行消费的企业、个体商户及个人所发布的信息。④对阿里巴巴集团网站进行评价的消费者、新闻媒体等的评价信息（图8.12）。

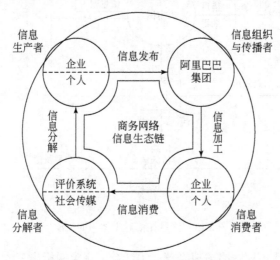

图 8.12 信息主体及功能角色

借鉴商务网站系统影响因子理论，结合信息主体在商务网站信息生态系统中所扮演的角色及功能的发挥，阿里巴巴商务网站信息生态系统中信息主体的功能角色大致可以概括为：①信息生产者；②信息组织与传播者；③信息消费者；④信息分解者。阿里巴巴集团在业务上不断地拓展使其信息传播的架构更加稳固，同时呈现出信息在生态系统不同信息主体间的流动趋势。在 8.5 节理论基础之上，对阿里巴巴商务网站信息生态系统中信息主体的角色及信息的流动方向进行说明（图8.13）。

（1）信息生产者

最早创建的以 B2B 为主的电子商务平台阿里巴巴网，集中服务于全球进出口商品的国际交易市场、国内贸易的中国交易市场。发展至今，这个老牌的商务网站已经成为商家批发及下游商务网站卖家的进货渠道，具有批量供货能力的线下实体商家利用该平台发布商品出售信息，以网络低廉的运营成本配合薄利多销的经营策略获取丰厚的网络经济利润。

作为集团内部商务网站信息生态系统中的信息主体，阿里巴巴网可被视为信息发布者，即商品信息供应源。它不仅锁定了那些试图想高速、高效销售商品的批发商，也锁定了那些想以低廉的价格批量购买商品的客户。

（2）信息组织与传播者

2003 年，阿里巴巴集团斥资 1 亿元打造了大型电子商务 C2C 平台——淘宝网，商家

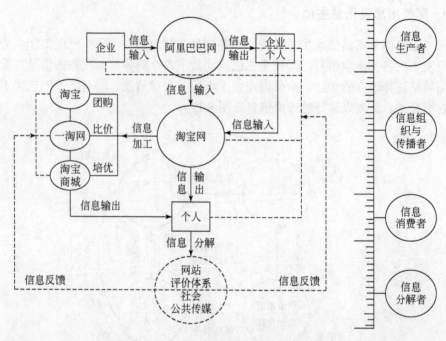

图 8.13　信息在信息主体间的流动

可通过淘宝网平台进行各种网络虚拟经营。2011 年，淘宝网析出三大独立运营模块：天猫、聚划算、一淘，天猫用以加强品牌认知度并更好地将企业与淘宝网的小型 C2C 商家进行区分；聚划算是展现淘宝网优质卖家服务的互联网团购平台，并确立了国内最大团购网站地位；一淘网通过价格竞争模式，已成为中国最大的购物搜索引擎。阿里巴巴网与淘宝网是一脉相承的，众多淘宝店主在阿里巴巴网中进行批量消费，随后在淘宝网中进行二次商品出售，以获得差价利润；同时，淘宝网通过"竞争、团购、跨国购买"等主营体系的划分，有效的对信息进行了价格、地域等方面的序化编排，在一定程度上拉动了阿里巴巴网的信息需求，通过一淘网的价格比对，其结果将直接刺激阿里巴巴网更多的消费行为。2014 年 2 月，阿里巴巴集团宣布天猫国际正式上线，为国内消费者直供海外原装进口商品。天猫国际的出现不仅解决了消费者对于海外购物的不信任等问题，也使商品信息打破了地域界线，为消费者提供种类更多、范围更广的购买选择。

（3）信息消费者

从集团角度来看，信息消费者是整个信息输出的受众，也是信息价值链的终端，它既可以是具有经营能力的企业，也可以是进行网络消费的个人。从阿里巴巴集团旗下的各个商务网站来看，信息消费者的身份具有一定的双重性，它一方面作为需求方从网络商家获取信息进行消费，另一方面作为供应方将消费后所获的信息进行再加工销售给其他需求方。

（4）信息分解者

对于网商而言，客户的反馈意见十分重要，它不仅能提高售后服务的水平，而且有助于企业实时改变经营策略以满足更多消费者的需求。阿里巴巴集团旗下的商务网站均建立了消费者评价模块，并且作为监管方，阿里巴巴集团内部实行商家、商品、物流等多方面的评价制度；对于线下实体消费，2004 年淘宝专门推出口碑网，向用户提供覆盖全国 2000多个县市的餐饮、休闲娱乐、房产等行业多层次的点评方式，包括印象评分、图文点评等。大量点评的累积，使得商家的各种信息更加透明，成为消费的重要参考。

然而，近年来随着阿里巴巴集团社会影响力的剧增，越来越多的人开始关注该集团的动态，包括竞争者、社会公众、新闻传媒等。因此，阿里巴巴商务网站信息生态系统中的信息分解已不仅仅是其网站内部层面上的用户评价及相关数据分析，而是延伸到整个社会舆论层次上的信息反馈分析。换言之，阿里巴巴集团的主要信息分解者是那些拥有过阿里巴巴集团网站消费体验的用户，他们既是信息消费者，也参与着信息分解过程；次要信息分解者则是来自集团外部社会各界的"点评者"的反馈，如：通过大数据挖掘向社会公布各项评价指标的百度指数、面向全网网商的比价购物助手软件、公布各项排名的网络数据监控网站以及各大社交网络门户中的购物信息交流、对阿里巴巴集团进行分析研究的学术文章、新闻媒体报道等。这些信息反馈内容形成了信息反馈流，反向作用于商务网站信息生态系统，对集团发展起着至关重要的作用。

2. 信息环境

（1）内部环境

借鉴迈克尔·波特的五力相关知识，阿里巴巴商务网站信息生态系统呈现出内部竞争、外部受限两种发展环境。内部竞争力的实现主要来源于网站商家的经营策略，如限时打折、礼品赠送、节假日促销等经营方式，同时消费者作为价格战的参与方，其议价能力也从次要方面刺激着整体商务网站的价格竞争；另外，新进者与替代品的不断出现，不仅可以丰富网站的商品信息数量及种类，也在一定程度上激发了更多的网站内部竞争。阿里巴巴集团为商家及消费者提供了一个充满活力与竞争力的交易平台，并以第三方的身份参与内部竞争：在阿里巴巴集团各个商务网站中均设有卖家交流模块，在这些模块中卖家不仅可以学习到由阿里巴巴集团官方公开提供的网络经营策略参考及商品推广技巧，还可以从其技术部得到相关数据及技术产品的支持。阿里巴巴集团通过与网站商家的合作全力打造优秀网店并扶持其品牌成长，这种对内部竞争力指向的引导，使集团与网络用户在利益上达到了双赢。

（2）外部环境

阿里巴巴集团内部竞争力的加强将直接提高其外部竞争力。阿里巴巴集团外部竞争力主要张显于市场地位、价格、技术、信誉四个方面。现今阿里巴巴集团已在行业中占据市场主导地位，各项数据榜单均名列前茅；从内部竞争力中萃取而出的价格策略使得集团在全网价格战中保持着相当大的防守弹性和进攻力道；支付宝等电子支付技术及信息处理技术的研发切实有效的保证了网络交易安全及集团自身的信息交流；从阿里巴巴到淘宝网，阿里巴巴集团的每一步成长都本着对消费者及商家信誉方面提供坚实保障的理念。

阿里巴巴集团内外竞争力实现的深度可以由该集团自身来定义，然而其实现的广度却要受到外部环境的制约，包括国家政策、经济增长状况、网络供需、同行业竞争对手。阿里巴巴集团根据外部环境的改变实时调整内部经营策略，以新的导向作用干预内部竞争力，使其在大环境中保持了常青。

（3）信息技术

阿里巴巴集团的成功在于旗下阿里巴巴网与淘宝网两个主力网站紧密的结合度及强大的客户锁定能力。除此之外，从信息技术角度来分析，它的成功还得益于其精湛的电子商务技术能力，包括网络技术、网页浏览技术、安全技术、数据库技术及电子商务技术。例如，2004 年，阿里巴巴集团创办第三方网上支付平台——支付宝；2009 年，淘宝官方数据产品——量子恒道上线，它秉承"数据让生意更简单"的使命，致力于为各个电商、淘宝卖家提供精准实时的数据统计、多维的数据分析、权威的数据解决方案。信息技术的有利支撑使入驻阿里巴巴集团的商家及消费者的交易有了一定的安全保证，并为商家提供技术产品支持，指导实际交易活动，最终达到双赢，获取各自的商业价值。

阿里巴巴集团商务网站信息生态系统内外环境中的竞争力如图 8.14 所示。

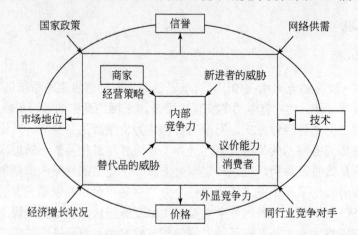

图 8.14　阿里巴巴集团商务网站信息生态系统内外环境中的竞争力

4. 阿里巴巴商务网站信息生态系统构建

阿里巴巴集团是一家综合 B2B、B2C、C2C 商务模式运营的集团公司，该集团公司从信息主体的功能布局，信息、资金的流向，信息环境的动态平衡三方面完善了其内部商务网站信息生态系统（图 8.15）。

8.6.3　阿里巴巴商务网站信息生态系统的运行机制

阿里巴巴商务网站信息生态系统的形成，其主要驱动力为该集团对于更大价值的追求

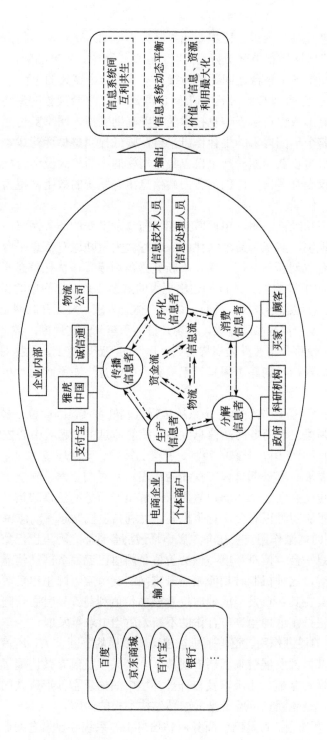

图8.15 阿里巴巴商务网站信息生态系统模型

以及其和谐统一的发展战略。阿里巴巴集团始终坚持不懈的对传统网络信息平台阿里巴巴网进行优化，使阿里巴巴网做得更强更好。同时，在此过程中，发展品牌，创造新的平台，达到多点均衡发展，使得各个平台之间无缝衔接，构造出一个庞大的电商帝国。

从 B2B 平台阿里巴巴网到 C2C 平台淘宝网，再到 B2C 平台天猫的最终析出，阿里巴巴集团发展路径的良好形成也得益于信息技术的完美辅助支撑。网络支付平台——支付宝的出现，全面覆盖于整个集团内部的主体信息平台，降低集团整体运营成本的同时也为集团整体带来了更高的价值收获。随着阿里巴巴集团规模的不断扩大及运营能力的提升，这种支付技术的发展不仅提升了阿里巴巴商务网站信息生态系统的效用，也为其运行提供了安全且高端的资金运转保证。

阿里巴巴集团的成功经验表明，电商若想在当前复杂多变的商务网络中获取更多的市场份额及一定的市场地位，实现利益最大化，应坚持做大做强原有信息平台，并在原有平台的基础之上，寻求企业创新与价值创新，不断完善盈利模式，优化信息平台服务。只有保证网络信息平台之间的"粘性"，才能构建出更大的规模体系，把简单的生态化节点扩展成为全面的商务网络信息生态链系统。同时，以客户体验为重，发挥互联网企业的创新精神与思想，在信息平台研发中搞好品牌建设，当客户群体积累到一定程度，必将加快阿里巴巴集团多点扩张的速度，使整个企业量化积累达到"质"的飞跃。综上，根据对阿里巴巴集团的成长及发展进一步的探析，构建了阿里巴巴商务网络信息生态系统运行机制总体框架图（图 8.16）。

1）循环机制是整个商务网站信息生态系统运行机制的主线，因此位于核心位置。以循环机制为核心点，对阿里巴巴商务网站信息生态系统的信息主体起着中心控制的作用。

2）可持续发展机制的牵引作用。国家的经济、社会、技术、政治环境对阿里巴巴商务网站信息生态系统形成及发展起着外部总体宏观调控作用，其对淘宝网、阿里巴巴、支付宝的运行进行政策指导，也使企业、个体商户等用户了解电子商务的法规政策，从而更有效地进行网上交易。这一机制同时也对合作竞争机制、互利共生机制起着动态调节作用。

3）合作竞争机制的刺激作用。在社会主义市场经济条件下，阿里巴巴集团内部的信息资源、技术平台、信息平台、信息环境与核心价值是阿里巴巴商务网站信息生态系统合作竞争机制中的主要内容，这种机制时刻激励着淘宝网、支付宝、阿里巴巴等外延领域的创新与进取，同时也将会在其各自发展成熟时提升整体价值利益。换言之，阿里巴巴集团的所有商务网站群体也正是在这种竞争与合作的不断矛盾当中求得发展。

4）互利共生机制的促进作用。随着阿里巴巴集团规模的不断扩大，所占取的市场份额随之增加的同时也为其内部发展带来了诸多挑战。互利共生机制有效协调了系统内部淘宝网、支付宝等之间实现利益最大化，以及与外部环境中的信息主体形成共同生存的状态，使其达到良性的发展，避免因竞争所带来的整体结构不稳的问题。

5）协同机制的平衡作用。阿里巴巴商务网站信息生态系统各要素之间通过有机配置帮助系统实现整体功能大于各部分功能之和，是其成长的主要驱动力。协同机制的实现将扭转阿里巴巴集团中淘宝网、支付宝、阿里云、阿里妈妈等信息平台在生存、成长、回报、发展过程中信息流单向流动的局面，也为可持续发展机制的有效运行奠定了基础。

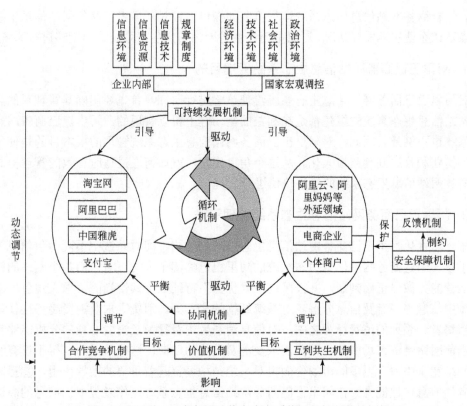

图 8.16 阿里巴巴商务网站信息生态系统运行机制总体框架图

6）反馈机制。商务网站信息生态系统信息的输出经过某种处理回馈打到输入系统，进而影响系统再输出的运动过程。通过反馈机制，系统可以更好地根据环境变化调节内部要素之间的结构，更好地适应环境乃至改变环境，保证系统的自组织运行，如更新客户需求信息、观察市场需求动向等。

7）价值机制的目的性追求。商务网站信息生态系统运行的目标是实现资源持续利用、与环境协调发展的价值机制效用最大化。阿里巴巴商务网站信息生态系统内部各因子都会对其创造最大的利润造成影响，因此这些机制之间也存在着价值链的缔结，机制与机制间的有效融合，势必将促进整个系统价值的实现，进而获得各子网站最大尺度的信息价值及经济价值的增值。

8）安全保障机制主要包括：个人企业信息是否保密，结算制度是否完善，支付平台是否安全等问题，它的存在消除了一些传统商务活动不存在的法律纠纷问题，如"网上诈骗"和"网上犯罪"，保障了个人和企业的财产和信息的安全。

8.6.4 阿里巴巴商务网站信息生态系统管理策略

对阿里巴巴商务网站信息生态系统管理策略的研究，本质是对该企业系统运行机制的梳理。结合商务网站信息生态系统运行机制的探讨，针对阿里巴巴商务网站信息生态系统的特点及该企业实际发展状况，对阿里巴巴商务网站信息生态系统管理策略进行系统分析。

1. 阿里巴巴商务网站信息生态系统管理目的

对阿里巴巴商务网站信息生态系统管理策略进行研究，首先要明确其管理目的。任何商务网站信息生态系统的组建都是在利益的驱动之下得以实现的，阿里巴巴商务网站信息生态系统也不例外。因此，对阿里巴巴商务网站信息生态系统管理的根本目的是使子系统能够均衡获利且达到利益最大化。从这个角度出发，就如何通过适时有效的管理提高阿里巴巴商务网站信息生态系统的经济价值进行研究。

2. 阿里巴巴商务网站信息生态系统管理策略

第一，优化阿里巴巴商务网站信息生态系统的结构，即对系统中不同角色信息人的管理。①参与组建商务网站信息生态系统的阿里巴巴集团子公司，对它们各个网站的核心能力、运营能力做出正确判断，并按照这些"优势"特征赋予其恰当的信息人角色。②要注重系统中信息消费者及信息分解者对系统结构的影响力。消费需求及消费趋势往往显现于信息消费者一系列的消费行为之中，对信息消费者消费行为及消费心理的分析能够有效地了解当前网络经济市场中整体消费需求及消费趋势的动向，这些数据的获得不仅有利于系统在网络竞争中占有更多的市场份额也对系统结构调整起着重要的指导作用。③提高信息传播者的信息传递能力。在阿里巴巴商务网站信息生态系统运作过程中，信息的高速、高效流转是该集团在复杂且激烈的网络竞争中获胜的关键，这就需要集团能够对信息传播者的信息传递能力进行优化，既要保证信息可以顺利且快速的通过各个子系统，也要在此过程中降低信息流失率，提高信息利用价值。

第二，净化阿里巴巴商务网站信息生态系统内部环境。①提高信息技术能力。从信息的输入到输出，信息技术除了要有效地在信息流转方面提供支持之外，还应在信息质量上进行有效把控，如对垃圾信息的有效识别、对虚假信息的清除等。②完善内部规章制度。虽然阿里巴巴商务网站信息生态系统只为消费者及商家提供了网络交易平台，却依然在交易过程中占主导。对于商家之间不正当的竞争及商家与消费者之间不正当的交易，阿里巴巴集团内部应有完备的规章制度作以约束。③依靠公共媒体促进节点商务网站自控力的形成。正确的社会舆论将促进阿里巴巴商务网站信息生态系统自控能力不断提高，将对内部环境的净化起到根本性的作用，同时也有效地促进系统生态化的成长。

第9章 信息生态理论在社会网络中的应用

社会网络原是指由于相同的价值观、态度、抱负而把一个人同其亲戚、邻居和朋友等社会性地联系起来的方式。在信息社会中，社会网络关系扩展到虚拟世界。以 Web2.0 技术为基础的社会网络信息传播与交互，包括微博、博客、SNS（社会性网络服务）、维基、视频分享、在线办公、互动问答等，极大地拉近了人与人之间的关系，使社会网络更趋复杂化。

社会网络信息的传播呈现出快速、广泛、多样、复杂等特点，成为反映民情民意的重要渠道，对社会、政治、经济、文化的作用不容忽视。运用生态学、信息科学、社会学的研究思路和研究方法，可以从系统化、动态化、平衡化等角度研究社会网络信息生态链的结构和运行规律，对于优化策略的析出，推进网络信息社会的健康可持续发展具有重大理论意义和现实意义。

9.1 社会网络信息生态问题国内外研究现状

社会网络信息生态系统、社会网络信息生态链属于一个非常前沿的研究课题，国内外尚无专门针对这一主题的研究。社会网络信息生态问题的研究与社会网络信息传播、信息利用、信息分享以及以社会网络为媒介的信息服务、产品推广与营销密不可分，同时，对社会网络的信息用户的研究也是其重要组成部分。9.1.1 节和 9.1.2 节从上述角度对国内外文献进行研究述评。

9.1.1 国外研究现状

国外关于社会网络的研究非常具体，多是针对某一种社会网络形式在具体领域内的应用进行以实证为基础的研究，最后得出某种规律性的结论。国外的典型社会网络形式包括博客、微博、虚拟社区等，比较著名的有 facebook，twitter、youtube。本节从两大方面对国外社会网络信息生态链相关研究进行综述，一是社会网络的属性，二是社会网络的实践应用。这些论文并没有直接从信息生态链的角度去研究，但是其研究内容对社会网络信息生态链形成机理的揭示具有重要参考价值。

1. 社会网络信息传播与信息内容的属性研究

（1）社会网络的信息内容、信息交互与信息传播

社会网络信息内容、交互、传播是社会网络信息生态链构成和运行的基础。国外关于这方面的研究较为丰富。Hend 等（2011）提出了基于 twitter 发言与正式新闻源的相似度、基于 twitter 发言与界定属性之后的正式新闻源之间的相似度的新闻信息内容可信度的评估方法；Schaal 等（2010）研究了博客内容质量评价的方法，表明 BlogRazzi Bookmark Rank 方法优于或相似于 Google Page Rank 方法；Coulter 等（2012）发现社交网络上说服性的信息在其接近信息源头处更不易被接受，网络上用户的数量及用户之间的朋友关系都影响信息的可接受性；Scale （2008）发现 facebook 作为社会搜索引擎，当搜索不认识的人或群的时候会给出无关的结果；Lu 等（2010）对 231 个博客用户进行了调查研究，结果表明内容是博客的最重要因素，学生和非学生对博客内容粘性有不同的表现；Goh 等 （2011）基于"Michael Jackson 之死"这一社会热点事件进行实证调查分析，发现 50% 的发言与这一事件带来的情绪感受有关；Coeckelbergh（2011）讨论了关于微博作为媒体的结构特点：注重活跃性，观点性，注重普通大众、模糊私人和公众的界限、现实性，远近的矛盾性，研究表明微博的语言偏离传统媒体；Burton 等（2011）的研究表明不同组织之间 twitter 活动具有不一致性。

（2）社会网络的社会性与文化根治性

国外研究中，关于社会网络与真实社会关系之间关系的研究、社会网络的社会性的表现与其文化根治性的研究占有一定的比例。Tan（2011）采用定量的博客参数分析、内容分析及社区身份判定的方法进行研究，发现引用和被引用的博客作者之间的共识，双方对常见话题的同感，还有双方社会成分的类似性都在检测有关联博客的社会影响力上有显著的统计作用；Andrew Keenan 等（2009）发现社交网站用一些不同的手段来激励用户间的社交行为。facebook 提倡隐私，而 myspace 提倡开放，介于之间的网站如 linkedin 和 twitter 更注重于特别的方面，如社群性和技术。

（3）社会网络用户研究

关于社会网络用户的研究多和信息内容的研究一同进行。以下文献对用户阅读行为、阅读动机、用户交流等问题进行了研究。Lu 等（2010）认为，博客的社会声望影响用户阅读博客的时间长度，但不影响用户关注博客的持久度；Doyle 等（2012）研究了博客用户的信任问题，认为信任的形成受到博客用户知识、独特的阅读经验以及确信博客能够促进市场的程度共同影响。博客用户的权威性知识对信任意图有负面影响，积极的博客阅读体验有助于建立博客和读者之间的信任。

（4）社会网络中的知识分享与知识创新

国外研究中关于基于社会网络的知识共享和创新的研究不多见，现有的研究是从新观点产生的角度。如 den Besten（2012）研究了社会网络中新观点产生的问题，发现在

"slate-twitter 竞争"之中，重复观点是少见的，而整合观点则常见，独特观点数量的变化表明这种竞争随着时间发展更专注了，研究还表明一个被认为有价值的观点会吸引类似的更多的观点。

2. 社会网络工具的实践应用问题

国外关于社会网络的研究和国内研究的显著区别是重视社会网络工具在实践领域中的应用问题，又以在数字图书馆领域的应用和在商业领域的应用研究最多。

（1）社会网络工具在数字图书馆领域的应用

社会网络工具在数字图书馆的应用是图书情报专业人员研究社会网络工具的热点。这部分研究内容涉及社会网络工具的信息组织功能、信息传播和共享功能、图书馆用户与图书馆之间的交互功能等。数字图书馆是知识信息传播的集散地，并能够构成独立的、清晰的网络生态系统，对这部分文献进行综述有助于解析社会网络信息生态链在专业领域的形成机理。

Frumkin（2005）认为数字图书馆 wiki 有三个富有潜力的应用：作为知识库工具、内容管理工具、交互式信息搜索辅助工具；Dworak（2009）描述了如何将一个图书馆内联网由 html 格式转化为 Wiki，使内联网内各部门更容易编辑和共享信息；Aharony（2012）发现在 facebook 应用中，公共图书馆比学术图书馆更多地使用墙和照片作为主要信息渠道，两种图书馆都是简单的将 facebook 作为把信息传递给用户的途径，而不是将其作为一个发起讨论的场所；Xia（2009）发现 facebook 群组在图书馆营销方面的成功可以通过活跃的图书馆员使用更加常用的话题来维持讨论的热烈进行来实现；Pan（2009）基于 PRIMO 在上海交通大学图书馆建立了主题服务虚拟社区，为用户提供了更为方便和有吸引力的环境来保护他们的研究成果和分享研究经验；Bosque（2012）发现研究样本中，只有34%的图书馆员有 twitter 账号，通过 twitter，图书馆员可以顺畅地与用户交流。

（2）社会网络工具的商业用途

社会网络工具在市场营销、企业品牌运作等领域得到了广泛的应用。国外文献中，针对各种社会网络工具在不同类型企业和不同类型商业活动中的效果的研究比较丰富。Gummerus（2012）认为 facebook 品牌社群中用户的参与行为可以为企业带来社会效益、娱乐效益与经济效益；Coyle 等（2012）发现当公司提供更多的解决问题的回应的时候，微博用户会对品牌有积极的认知；Tran 等（2012）的研究表明，微博发言会对消费者的电子服务空间认知有负面影响，经销商网址的可用性，财务的安全性，界面定制，趣味性可以促进消费者的信任感，进而正面影响销售和声誉；Nirupama（2012）发现航空公司将微博主要用于营销，没有利用微博进行分享信息、咨询问题等活动。

3. 关于信息生态的研究

在信息生态研究方面，美国著名未来学家阿尔文·托夫勒（1980）提出了"信息圈"

的概念；德国学者拉斐尔·卡普罗（Rafael. Capurro）在《信息生态学进展》中对信息生态平衡、信息污染、数字鸿沟等问题进行了分析，被认为是最早提出"信息生态"概念的学者。美国学者大卫·阿什德（David L. ALtheide）强调要确立媒介与环境、人与自然和谐相处的新型价值观和资源观，构建正确的信息传播与消费模式。

9.1.2　国内研究现状

国内关于社会网络的研究比较丰富，除了进行了一定的基于实证的应用研究外，还进行了大量社会网络信息传播模式的研究，如对微博、虚拟社区、社会网络信息传播模式、特点、规律、作用、存在的问题等均有不同角度的研究，这些研究对于揭示社会网络信息生态链的形成和发展具有重要的参考意义。在信息生态理论研究方面，国内的成果从数量上大大多于国外学术成果。以信息生态理论为核心的信息生态系统和信息生态链研究都在逐渐丰富。

1. 社会网络信息传播研究

（1）社会网络信息传播模型与特征

社会网络信息传播模型描述了社会网络中信息传播的路径和规律，对于社会网络信息生态链的研究具有重要参考价值。国内关于这方面的研究比较丰富，如窦彦昭（2011）发现了新浪博客中的突发性话题传播中，具有信任关系的用户的相似度在总体上要大于不具有信任关系的用户的相似度，提出了突发性话题中情感传播的研究方法和基于贝叶斯理论的信任传播模型；唐泳（2006）提出小世界社会网络中的信息传播模型，发现网络的拓扑结构和参与者态度的正负反馈作用以及对于全局信息的权重对信息的传播均衡结果有显著的影响。顾明毅（2009）从传播学的角度，提出了社会性网络信息传播模式下的网络议题升级模型。潘新（2011）提出了一个基于社会网络分析的舆情传播模型；王伟（2007）以社会网理论为基础，论述了公共危机信息传播中的"六度分隔"、"小世界"和"无尺度网络"现象，运用"弱关系—强关系"假设和"结构洞"理论对公共危机信息网络结构及公共危机信息传播机制进行了分析；翟延祥（2011）采用实证的方法，通过测量网络密度、点度中心度、中间中心度、接近中心度和小团体等研究指标，获得整体网中成员点的个体特征，总结出网络社区中存在的几种信息传播模式；张乐（2009）认为社会信息传播网络中存在大量弱关系连接的强关系群体，导致了社会信息传播网络上信息传播的不均匀现象；王方芳（2010）研究结果表明 SNS 虚拟社区的交往结构中，存在着构建于现实社会关系基础之上网络平行化和分散化、局部网络的互动频率存在差异等特征。

（2）社会网络信息搜索算法

信息搜索算法是网络信息生态链运行效率研究的一个方面，目前关于该问题的研究尚待发展。惠淑敏（2012）认为大部分社会网络搜索算法都基于最短路径原则，忽视社会网络上主体之间社会关系的强度和方向，导致搜索结果不能很好地满足用户需求。因此提出了最大影响强度的路径优化原则，并基于该原则构造搜索算法，验证了基于最大影响强度的路径优化算法优于基于最短路径的优化算法。

（3）社会网络知识共享与知识流动

知识共享和知识流动是社会网络的一个重要应用价值，也是社会网络信息生态链的主要研究领域。邵波（2011）找出了人与人之间隐含的知识分布特点与共享规律，并对如何提高社区知识共享效率提出了相应的策略；李枫林（2011）发现虚拟社区中，用户感知结果和情感是影响信息分享意向的重要因素，习惯、自我效能和资源有利条件对信息分享行为呈显著的正相关；欧阳剑（2009）认为社会网络情景下动态的信息组织方式是受用户、信息流运动、网络社区交流与社会关系的影响与控制，具有高度的自组织特性；黄谛（2011）将知识放在知识生态系统中考虑，将学习团队视为知识生态系统，从各成员之间关系的角度出发研究知识共享活动，提出了团队成员间存在的情报关系和情感关系对知识共享关系的影响的假设，并加以验证。

（4）传播节点关系网络问题

传播节点与网络新生态链中的节点含义类似。有学者对新浪微博中的用户行为进行采集和统计分析，得出了微博网络中节点的特异性阈值服从幂律分布这一重要结论；利用节点度的累积分布、相关性、结构洞、聚类系数等网络结构特征参数，实证分析得出真实社会网络中的节点间关系具有多样化的特性，其多样性指标分布呈指数或高斯方式的衰减，具有结构洞特性的节点比其他节点更具竞争力；发现用户在信息交流过程中形成关注、评论、转发和引用四种社会关系网络并有各自不同的形态，同时又具有某些共性特征及联系。

2. 微博的信息传播与应用模式研究

微博是目前应用最为普遍的社会网络平台，关于微博信息传播的研究比较丰富。相关研究包括：从微博关注数据中挖掘用户关注对象的分布及对象间的关联性；对比分析"相互关注"和"共同关注"的网络属性差异及差异产生的原因；结合微博用户之间的"关注"与"被关注"信息传播的网络拓扑关系，对微博社会网络的中心性进行分析；发现微博舆论传播中的把关效果可以分为短时效果的"螺旋效应"、中期效果的议程"集聚效应"、长时效果的"涵化效应"；微博传播模式可以分为人对人的自媒体初级传播、非正式组织的群体传播和与网络大众媒体深度对接呈现大众传播形态三个阶段等。

3. 微博与博客用户分析

用户是网络信息生态链中节点的一种形式，关于用户的研究也得到关注。郑蕾（2012）研究得出当信息敏感度大于某一临界值后，明星用户在信息扩散中的意见领袖角色随着信息敏感度的增加而逐渐弱化；当信息敏感度趋于 1 时，明星用户在信息传播中的优势趋于0；邬心云（2012）发现私下自我意识和公开自我意识水平的提高都会显著提高个体在博客中对某些信息的表露水平，从而有助于个体获得内心平衡、发展人际关系；赵文兵（2011）

研究表明，微博用户的特性、关注者数、被关注者数和博文数均具有统计特性，地域差异明显。也有学者对 twitter 用户关系网络进行了可视化分析，对用户关系网络的中心度和异质性进行了测量。从当前研究来看，微博可视化的研究多停留在可视化工具的算法和优化上，并未发挥微博可视化分析工具的实际应用优势，去揭示微博和微博公共事件的传播过程、影响因素和驱动模式相关的问题。

4. 微博社会事件相关研究

国内学者对微博社会事件相关内容进行了多角度的研究，主要集中于新闻学和传播学领域，研究内容多为微博社会公共事件的传播方式、传播影响、传播机理及用户转发心理分析等。例如，对微博时代突发公共事件的传播特性进行了对比分析，对网络舆情的转变模式进行剖析，建立基于影响力和活跃度的量化模型；对微博传播影响社会事件走向的机制进行分析，指出"局部性的优势意见"对舆论传播的推动作用。

5. 微博可视化研究

在微博可视化研究方面，有学者对可视化分布式数据采集进行了软件功能模块设计，提出了优化和改进的方法；对现有可视化工具进行了对比分析，并利用相关插件在火狐浏览器上实现了特征数据库的建立和平行坐标图方式的可视化。提出了基于平行坐标的热点分析方法、参与者间回复曲面关系图绘制方法、层次交互可视化方法等可视化映射方法。

6. 社会网络的信息生态系统和信息生态链问题

国内学者从博客信息生产者、博客信息消费者、博客信息分解者和黑客 4 个方面阐述博客信息生态链的影响因素，提出维护和管理博客信息生态链的措施；构建了由驱动力因子子系统、驱动力因子激发子系统和驱动力因子载体子系统所构成的网络社会生态系统形成驱动力系统，构建了驱动力系统作用下网络社会生态系统形成与发展的合力模型；从宏观层面分析了虚拟社区生态系统的物质循环、信息传递和能量流动的作用。

9.1.3 国内外研究现状述评

1. 国内外研究成果比较分析

总的来说，国外关于社会网络的研究更重视应用，重视细节问题、具体问题的分析。例如，基于公众人物去世这一事件，研究微博用户的情感走向；基于 twitter 在航空公司的应用，探讨航空公司 twitter 发言的现状和与用户交流的问题，指出哪类发言更有利于促进与用户之间的沟通；尤其是针对社会网络工具在数字图书馆的应用进行了大量研究。这类研究涉及信息内容要素、用户要素、供求关系要素等，对于网络信息生态链的形成机理揭示具有重要的启示意义。从另一方面来说，国外研究从宏观角度研究社会网络信息传播规律的比较少，没有轻易从传播模式的角度去研究。社会网络信息生态链与信息传播规律和特征关系非常密切，信息传播是信息生态链构成的主要因素。相比较而言，国内的学术成果中，有大量关于社会网络信息传播模式的研究，有从理论分析的视角，有从案例研究的视角，还有从数学分析的视角，其中既有学术论文，又有学位论文，然而并没有就传播模式形成比较公认的观点，而是更多地借鉴着传播学的理论成果。

2. 需要进一步研究的问题

综合国内外研究成果，目前研究存在的主要问题是缺乏具有有力数据支持的系统化研究。国外研究尽管数据丰富，方法科学，但多是针对于局部问题的研究；国内的研究比较倾向于宏观层面，但数据和方法支持有待加强。

在社会网络信息生态链形成机理揭示与优化策略研究领域，需要在以下方面的问题上加大研究力度，重视有理论和实践依据的规律揭示和策略提出。

1) 社会网络信息生态系统理论与系统演化模型研究，具体包括：社会网络信息生态系统结构；社会网络信息生态链的基本结构；社会网络信息生态链在生态系统中的作用；社会网络信息生态系统演化过程与影响因素；社会网络信息生态系统演化模型。

2) 社会网络公共领域与社会网络生态环境的形成研究，具体包括：①社会网络中个人事件传播的公共化途径；②社会网络中公共事件的形成模式；③社会网络公共领域的形成机理；④社会网络生态环境的形成规律和构成要素。

3) 社会网络中信息人网络心理解析与网络伦理原则构成研究，具体包括：①社会网络信息生态链中信息人的网络心理解析；②信息人的网络人际交往行为分析；③网络伦理的社会控制、影响与原则；④网络心理伦理与现实心理和伦理的关系。

4) 社会事件网络传播的信息生态链模型研究，具体包括：①社会事件网络传播的动力机制；②基于信息生态学视角的社会事件网络传播途径、传播规律、传播噪声、传播控制、传播节点分析；③社会事件网络传播的信息生态链模型；④社会事件网络传播的引导、调控和优化策略。

5) 社会网络信息生态链的系统化运行模式研究，具体包括：①社会网络信息生态链主干链和支撑链信息活动解析；②社会网络信息生态链节点的活动状态解析；③社会网络信息生态链运行的影响因素；④社会网络信息生态链的运行模式。

6) 社会网络信息生态链的优化与社会网络的可持续发展研究，具体包括：①社会网络信息生态链优化的原则与实施；②社会网络信息生态链优化促进社会网络可持续发展的机理；社会网络可持续发展的生态环境建设。

9.2 社会网络公共事件传播特征与驱动模式

"社会公共事件"简称"社会事件"，是社会网络的焦点问题，关系民情民生，是网络舆情的聚集点，越来越受到我国政府的关注。社会事件经由网络传播而爆发引起社会广泛关注是近年来的常见模式，已经成为社会新闻的主要传播方式，如"活熊取胆事件"

"温岭虐童案""微博打拐事件"等。网络对社会事件的形成具有强大的推动作用——它提供了一个方便快捷的平台使得某一事件的相关信息得以快速传播，最终形成具有广泛影响力的社会事件。网络社会事件的处理是对政府快速反应能力、决策能力、执行能力的巨大考验，对现实社会的安定和谐具有重要影响。社会事件网络驱动机制的研究有助于社会事件爆发的及时预警，对于政府及时解决社会事件所反映的社会矛盾，进行舆论疏导，防止事态发展恶化具有重要价值。基于信息生态视角，研究社会事件网络传播的驱动机制，有利于对其间的复杂关系进行揭示，有利于发现社会事件网络传播的驱动规律和机制。

9.2.1 社会事件网络传播规律

"社会事件"指的是在社会中形成，并藉由各种传播媒体进行传播，最终引起广泛社会关注并形成一定效应的事件。社会网络的各种模式，如微博、论坛、SNS等，提供了快捷、便利、快速的信息传播方式，社会公众可以通过网络这一媒体发表自己的言论，体现社会大众的力量。

网络社会事件的形成可以分为以下 4 个阶段。

1. 社会事件网络传播潜伏期

一个事件只有引起社会的广泛关注和热议，并对社会的某些方面产生显著影响，才可以称其为社会事件。潜伏期内，事件已经发生，具备了成为社会事件的基本条件，但还没有引起广泛关注，此时社会网络平台中只有少量关于该事件的信息，如网民的"爆料"或对事件的评论。

2. 社会事件网络传播膨胀期

随着有关某一事件的信息的增多，关注事件的用户越来越多，藉由网络平台，相关的原创信息、转发信息和评论信息快速暴发式增长，并逐渐影响和扩散到其他媒体空间。在膨胀期内，暴发的信息推动事件不断升温，社会事件形成。

3. 社会事件网络传播高峰期

随着关注该社会事件的网络信息量的膨胀，网民对社会事件的关注达到顶峰，相关信息量达到峰值，事件开始出现激化的趋势，此时若政府不加以积极干预，公平公正地解决矛盾问题，则极易引起现实社会中的动荡和不安。这个时期也是政府相关部门、组织和人员针对事件作出积极回应，解决问题，防止事件激化的最后机会。

4. 社会事件网络传播消退期

随着政府的积极干预，社会事件得到基本解决，当网民对解决结果满意的时候，网络社会事件开始逐渐降温，单位时间内关于该事件的新产生信息、转发和评论信息等开始减少，事件平息，渐渐失去用户的关注。

社会事件经由网络传播的形成规律如图 9.1 所示。

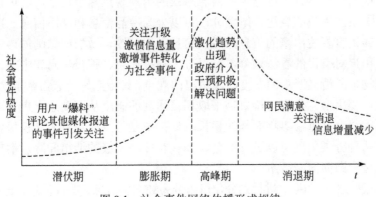

图 9.1 社会事件网络传播形成规律

目前关于社会事件形成规律的研究普遍认为，政府对事件的消极处理是社会事件激发形成高峰的原因之一，而政府的积极协调处理有利于事件的平息。

9.2.2 信息生态视角下社会事件网络传播的驱动因素分析

信息环境及其相关要素构成的系统与自然生态系统有诸多相似之处，如系统的组成均有生产者、消费者和分解者；组分间均有正相互作用和负相互作用；都有主导因子和限制因子；均存在能量效率问题；都存在演化的问题；都具备系统调控机制等，这是学者们提出信息生态的理念，并进行初步的类比研究的基础，因此有了网络信息生态系统的称谓。驱动机理应在网络信息生态系统中以动态观、系统观、平衡观、人本观、循环观（Davenport and Prusak，1997）的视角加以分析。

社会事件的网络传播发生在网络信息生态系统之中，社会事件本身的发展变化体现了失衡—平衡的动态关系，也引起了网络信息生态系统失衡—平衡的变化。网络中社会事件传播和爆发的主要外在表现是信息，分析网络信息生态多样性对于信息生态系统平衡的影响，揭示社会事件内在的驱动因素。

1. 网络信息生态多样性

网络信息生态多样性是指在网络信息生态系统中信息的丰富性程度。同物种多样性一样，信息生态多样性也包含两个方面：①指某具体的信息生态系统中信息种类的丰富程度及每个种类下信息量的丰富程度，称为信息种类生态多样性；②指各个种类的信息在不同区域、层次用户之中分布的均匀程度，称为信息分布生态多样性。

为了研究社会网络平台中信息的社会属性，可以对用户发布的信息按照以下角度分类，进而研究其生态多样性。

1）按照发布方式可以分为一次信息、二次信息和多次信息。二次信息和多次信息是指经过转发而形成的信息，这主要是针对微博、博客、微信等交流方式而言的。

2）按照用户发布信息所承载的情感进行划分。社会网络信息的一个特征就是承载了用户的情感。而根据用户语言表达方式和信息承载的用户观点两个角度，又可以有两种不同的分类方式：①按照用户的表达情绪划分，可以分为冷静信息和激愤信息。冷静信息是指用中庸、平和的语言表达出来的信息；激愤信息是用尖锐、激烈或讽刺的语言表达出来的信息。②按照用户对事件的看法划分，可以分为消极信息、积极信息和中立信息。消极信息是指对待事物采取消极悲观的态度而表达出的观点，其特点是一味强调事物不利的一面，忽视积极因素；积极信息是指对待事物采取积极乐观的态度从而表达出来的观点，其特点是既正视不利因素，又重视事物面临的积极条件；中立信息即没有明显积极或消极情绪的中庸观点。这两种分类角度可以进行结合，如存在冷静积极的情绪和冷静消极情绪，也存在激愤积极情绪和激愤消极情绪。

3）按照信息的容量和形式进行划分，可以分为纯文字信息、图片信息、链接信息。其中链接信息是指包含外部链接的信息，链接指向可以是音乐、视频、网页等。

信息种类生态多样性指的是网络信息生态系统中，信息在各种分类角度下都具有一定的数量。信息分布生态多样性体现在各种用户群较均衡地使用社会网络发布观点，即社会网络信息在各个年龄阶段、各种教育程度和各个社会阶层的用户中均衡分布。

在自然生态中，物种多样性是生态系统平衡的重要条件，丰富的物种保证了系统食物链的顺畅，使系统具有较强的自我调节能力。在社会事件得以传播的社会网络信息生态系统中，用户覆盖面的广度、用户发布信息所承载的情绪、观点、形式的多样性有利于社会网络传达各阶层民众的各种呼声，避免意见观点一边倒，从逻辑推理的角度，可以认为信息生态多样性有利于网络信息生态系统的自我调节和平衡。第 2 小节将从实证角度，考察社会事件发生的潜伏期和膨胀期内各类信息量的变化，在系统失衡—平衡的理论背景下发现驱动因素。

2. 驱动因素分析

本章选取当前典型的社会网络平台新浪微博，根据其 2012 年年度数据统计，选取"温岭虐童""三亚宰客""小传旺"三个典型社会事件，分时段进行数据采集和分析，以发现社会事件网络传播的驱动因素。

（1）研究思路

网络社会事件的驱动，最直接的分析依据是信息本身，信息种类和信息分布的生态多样性考虑到了社会网络信息的社会属性和生态属性。信息社会属性的重要表现是信息所承载的用户情绪和观点，这也是信息生态多样性属性的表现。本章以社会事件网络传播的形成规律和信息生态多样性为基本依据，对几个典型社会事件进行综合分析，以发现信息变化特点，进而发现驱动其传播的因素。

（2）数据收集与分析

本章的数据收集与分析采用半人工方法，对原创信息所承载的情绪和观点进行人工分析。原创帖代表了社会事件网络信息的主要舆论走向，往往是几个原创帖，就能引发上百万的点击、转发量。原创帖是一个事件当中网民主要情绪和观点的焦点所在。

1）数据的获取与收集。针对"温岭虐童""三亚宰客""小传旺"三个事件，利用百度搜索引擎搜索该事件，通过各种渠道来确认该事件的第一信源的大致时间，然后以时间顺序倒推，确认目标事件在微博的第一信源。

第一信源的时间大致确立之后，使用新浪微博的搜索引擎 s.weibo.com，找到关于该事件的首发时段，利用高级搜索中的分时间段搜索的功能，以 2 个小时为间隔、以事件的关键词为检索词进行检索。将检索到的微博原创信息抓取出来，形成文本文件。

在微博平台中，存在一些原创帖删帖的问题。本章的研究中，所获取的原创帖不包括删帖。微博平台管理员删帖的原因一般是帖子内容反社会、语言污秽、语言过激等，用户自行删帖的主要原因是收回原帖中的言论。删帖后，针对该帖的转发和评论将一并被删，该帖在微博社会事件传播中的影响和作用在事件的后续发展中被消除。基于以上原因，本书认为删帖对社会事件网络传播的驱动作用有限，不影响本章主要结论的得出。

2）数据的整理与分析。获取数据之后，需要对其进行数据整理与分析。首先，针对每个事件，按照时间段，计算每个时间段的原创帖总数。然后，采用人工方式，按照两个维度对帖子内容进行分析：一是情绪维度，标注出冷静信息和激愤信息；二是理性维度，标注出积极信息和消极信息。每个原创帖都兼有两个维度。人工标注由一个三人小组完成。其中两人为标注员，一人为审核员。标注员是图书情报专业研究生，具有正常的语言理解能力；审核员为社会心理学教授，长期从事心理学教学科研工作。两名标注员分别进行初始标注，然后对标注结果进行比对，当出现不一致意见时，由审核员和两名标注员共同协商确定最后的结论。

两个维度的标注标准是标注准确性的关键，在本书中，冷静、激愤的判断标准是语言中是否含有讽刺、抨击、过激语言和过激性文字，若有，则判定为激愤信息，若无，则判定为冷静信息；积极和消极的判断标准是该信息中所表达的态度，若表达的含义带有对社会、现实、国家、政府、人民群众的失望和悲观情绪，则判定该信息为消极信息，若不包含上述情绪，则认定为积极信息。换句话说，积极信息中包含积极向上、传达正能量的信息和表示中立的信息，因为中立的信息代表的是客观的、尊重事实的态度，也是积极的；消极信息中包含有传达负能量的信息。

在人工标注的过程中，冷静和激愤的标准比较容易界定，而积极和消极的标准比较模糊，需要具体分析作者的情感。在实际操作中，为统一标准，若某信息的某一部分体现出明显的消极情绪，则认定该信息为消极信息。

冷静信息和激愤信息是指用户发布信息所承载的情绪状态，而积极信息和消极信息是指用户发表信息时对事件的理性程度，这是两种分类角度。用户会用冷静的语言表达积极或消极的信息，也可以用激愤的语言表达积极或者消极信息。为了更好地分析每种信息在事件形成过程中的变化和作用，4 种信息的统计曲线分别如图 9.2～图 9.4 所示。

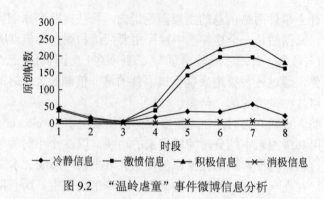

图 9.2　"温岭虐童"事件微博信息分析

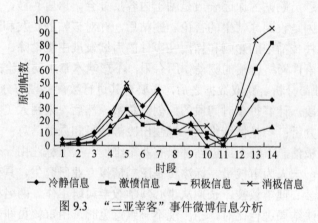

图 9.3　"三亚宰客"事件微博信息分析

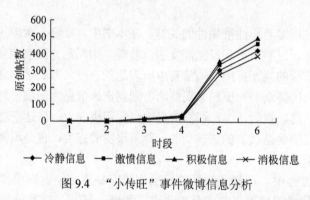

图 9.4　"小传旺"事件微博信息分析

　　由以上三个经由社会网络平台激发的典型社会事件的分析曲线可以得出如下结论：①社会事件的爆发均是在一定的酝酿期后，信息量突然上升，达到信息膨胀期和高峰期，使事件形成一定的热度。这与已有的网络社会热点事件形成规律是相符的。②在三个事件中，经过酝酿期，在膨胀期内，表达网民激愤情绪的激愤信息均呈现出突然增加且居于高位的现象，呈现出比较一致的规律性，这一结论对驱动因素的析出有重要作用。③冷静信息、积极信息、消极信息在酝酿期和膨胀期没有表现出恒定的特点，即没有呈现出规律性，可以认为这几类信息的量对社会事件的形成没有明显的规律性和决定性作用。

（3）驱动因素的得出

1）表面驱动因素：网络用户的激愤情绪。从上文社会事件爆发的分析曲线可以看出，在三个典型事件中，激愤信息在事件膨胀期均呈现出快速增加且持续高位的状况，可以推断出，激愤情绪是驱动网民大量发布信息的直接因素，直接驱动社会事件爆发形成。然而，网民不会无缘无故的愤怒和激愤，一定有更深层次的原因引发了用户的激愤情绪。因此，本书认为网民情绪虽然对驱动社会事件形成具有直接的驱动作用，但仍属于表面因素。

2）核心驱动因素：事件本身属性、政府对事件的不当处理。核心驱动因素可以促成表面驱动因素的形成，通过表面驱动因素直接作用于社会事件，驱动事件形成，影响事件发展。表面驱动因素是用户的激愤情绪，那么，在整个社会事件发展和形成一定热度的过程中，是什么因素会引发用户的激愤情绪呢？

第一个因素是事件本身的属性。并不是什么事件都能够激起网络用户强烈的激愤情绪，也就是说，一个事件能否成为一个引起广泛关注的社会热点事件，虽然受很多外在条件的影响和限制，但其本身的属性才是根本。在上述三个典型事件中，"温岭虐童事件"和"小传旺"事件违背了人性，激发网民强烈反感。纵观网络高热度社会事件，严重危害社会安全和公民人身安全、严重损害社会公平公正准则类的事件具备成为网络热点社会事件的潜力，如"甬温动车事故"事件"李刚门"事件等。也就是说，事件本身的属性是一种核心驱动因素。

第二个能引起网民激愤情绪的因素是政府对事件的不当处理，这在已有的社会事件网络传播规律研究中基本达成共识。"三亚宰客"事件是这一情况的典型。该事件发生之初并没有引起网民的强烈关注，直到当地管理方采取冷漠、推卸责任、包庇等方式处理事件时，才激发网民强烈反感，继而引起事件热度飙升。再如"甬温动车"事件，在事件发生后就引起网民热议，铁道部没有及时妥善处理，引起民众对铁道部的进一步不信任，从而引发事件危机（Dettor，2001）。政府管理部门对事件的不当处理不但不能压制关于事件的舆情，反而会激起网民反感，驱动事件形成和激化，"躲猫猫"事件、"宜黄拆迁自焚"事件等均属这种情况。因此，政府对事件的不当处理是另一种核心驱动因素。

9.2.3 信息生态视角下的社会事件网络传播驱动机制

驱动因素的析出是社会事件网络传播驱动机制的基础，结合网络信息生态系统平衡—失衡理论和社会事件网络传播规律研究，分析驱动因素的作用点和作用路径，解析作用方式，可以分析得出社会事件的网络驱动机制，如图9.5所示。

1. 社会事件网络传播驱动激发点

当某事件发生时，如果其具备了成为网络热点社会事件的基本属性，如严重危害公民安全或者有违人性道德等，就成为社会网络信息生态系统中一个失衡的激发点。并不是所有具备这一属性的事件都会经由社会网络平台成为热点事件，但具备这种属性的事件具有这种潜力，在一定条件作用下会被激发。如图 9-5 所示，事件属性作为核心驱动因素，初步引发网民的激愤情绪，表面驱动因素发生直接作用，形成网民爆料或者网络名人原创帖首发的情况，这是社会事件形成的信息酝酿期。

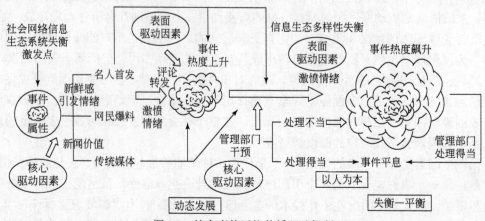

图 9.5　社会事件网络传播驱动机制

2. 社会事件网络传播动态驱动路径与方式

在社会网络信息生态系统中，当失衡的激发点产生、事件的传播得到初步驱动后，就会发生持续的动态演化，演化速度不一。根据已有爆发事件的分析，得知有的事件会瞬间爆发，有的事件会沉寂一段时间后爆发。如图 9.5 所示，当某事件在网络上被爆料后，如果事件本身属性具有激发潜力，辅以名人推动、多种媒体介入等外在力量，就会导致网民的激愤情绪占情绪的主导地位，那么在这个表面驱动因素的作用下，网民大量发布原创帖、评论和转帖，推动事件热度进一步上升，社会网络信息生态系统失衡加重，信息种类的生态多样性发生变化，尤其是出现情绪极化现象，某种情绪信息占主导，情绪信息不均衡，这是社会事件形成的信息膨胀期。此时，由于事件的不良影响，管理部门会介入干预。作为第二个核心驱动因素，管理部门的干预对事件发展起主导作用。当管理部门疏导不利甚至隐瞒信息、推卸责任时，会进一步引发网民情绪极化，强力驱动社会事件热度飙升，系统出现严重失衡，社会事件形成的信息高峰期形成；当管理部门妥善处理事件——及时回应网民疑问、承担责任、处理责任方时，会平息网民的激愤情绪，信息趋于理性，促使信息种类多样性均衡发展，事件逐渐平息，进入社会事件的信息消退期，系统趋于新的平衡。

在整个驱动路径中，事件始终动态发展，显著的外在表现就是围绕该事件的微博信息种类生态多样性的变化。当激愤信息单方面快速增加，则事件有激发趋势，当激愤、冷静、积极和消极的信息比例比较均衡时，网民的各种观点和态度均衡发展，有助于事件的理性发展，避免激化。管理部门的干预作为核心驱动因素的使动方，在事件处理过程中只有遵循以人为本的基本生态观，尊重和正视民众权益和智慧，才能促进微博信息的生态多样性得以发展，促进系统的平衡。

3. 社会事件网络传播的驱动与信息生态系统的动态平衡

社会事件的产生、形成和消退过程都受到驱动因素的作用，在酝酿期和高峰期作用明显，这种驱动作用引发了社会网络信息生态系统在失衡—新的平衡之间动态演化。社会事件是社会矛盾症结的外在显现，经由网络爆发和平息，社会问题得到一定的热议和解决，对于社会网络信息生态系统来说，是一次渐进进化的过程，具有其积极意义。

社会事件的网络传播对于实现社会的安定和和谐具有重要作用，是社会网络信息生态系统失衡—平衡—进化的一个重要因素。社会网络信息生态系统的进化和发展是现实社会生态文明的一部分。社会事件网络传播驱动机制的研究致力于驱动规律的发现，只有在了解规律的基础上才能更好地处理网络社会事件。现有研究基本已经认可网络社会事件的发展历经潜伏期、膨胀期、高峰期和消退期 4 个阶段，本章研究结合这一结论，分析在不同时期内社会事件的驱动因素、驱动点和驱动路径，初步揭示社会事件在社会网络信息生态系统中的驱动机制。

事件的本质属性及政府对事件的处理状况是驱动社会事件形成的核心因素，前者易于观测，后者可通过科学有效的策略加以控制；网民的激愤情绪是驱动社会事件形成的表面因素，易于通过信息情绪分析来进行监测和度量。因此，政府可以通过网络文本分析来监测和度量网民情绪，结合事件的本质属性，做好社会事件预警与疏导工作。社会事件成因复杂，发展路径多变，相关实证研究仍需进一步推进，研究仍有较大空间。

9.3 社会网络公共事件信息生态链模型与优化

社会公共事件在社会网络中的传播具有显著的节点和路径特征，形成了信息生态链结构。信息生态链是信息生态系统的核心结构。通过解析当前社会公共事件网络传播的信息生态链模型，可以分析模型中存在的问题，以平衡、价值等基本的信息生态观出发提出信息生态链优化策略，对社会舆情的监督、引导和控制，构建和谐网络社会环境有重要参考价值。

9.3.1 社会公共事件网络信息生态链的内涵

社会公共事件这一概念源自于新闻传播学中突发公共事件的概念，原意指在社会上突然发生的、需要采取一定手段的、可能危害公共安全的社会事件，现在一般是指在社会上发生的、经过社会群众广泛传播，形成了广泛的社会效应，具有一定的影响力，能够对社会发展起到一定的预警、警示或借鉴意义的社会事件。近年来由于网络的飞速发展，很多社会公共事件都以网络信息为第一手资料，而网络也成为社会公共事件信息传播的重要平台。社会公共事件网络信息生态链是指社会公共事件信息在网络中不同类型信息人之间流转，形成的链式依存关系。

9.3.2 社会公共事件网络信息生态链的构成要素

结合娄策群等关于网络信息生态链结构的研究，作者认为社会公共事件网络信息生态链的构成要素包括事件信息、节点、路径、环境。其中节点和路径相互联系，形成了链长、链宽和节点连接方式。

（1）社会公共事件信息

社会公共事件信息是信息生态链的首要要素，是指在网络中传播的具体的社会公共事件主题的相关信息。

（2）节点

节点是指每一个生产、接收和传播信息的网络用户。有的用户接收信息后不再转发，成为终止节点，有的用户接收信息评论后转发或直接转发成为中继节点。节点同时具有分解自身生产信息的能力。

（3）路径

公共事件信息由一个节点向下一个节点传递，节点间的连线即为路径。

（4）社会公共事件网络传播环境

一是微观环境，社会公共事件网络传播的微观环境是指社会公共事件的网络传播平台等技术环境，一般有如下几种：①综合性新闻网站，如新浪、网易、腾讯等。②专门新闻网站。特指专门报道某一方面或某一主题新闻信息的网站，如铁血网，是专门报道军事信息的网站。③社会网络平台，如 twitter、新浪微博、人人网等。④专业论坛，典型的有天涯、猫扑等。二是宏观环境，社会公共事件网络传播的宏观环境是指经济、文化、政治等社会环境和社会人所生存的自然环境，宏观环境对社会公共事件在网络上的传播具有复杂影响。国家利益、民族情结、网络信息传播法规甚至自然事件都会引起社会事件网络传播的触动与突变。

9.3.3 社会公共事件网络传播的信息生态链模型

析出社会公共事件网络传播的信息生态链模型需要从分析节点特征、传播方式入手，得出节点和路径链接形成生态链的方式。

1. 社会公共事件网络传播的节点特征

节点即信息人，可以分为信息生产者、组织者、传播者、消费者和分解者。在社会公共事件网络信息生态链中，事件信息主要藉由普通网络用户自发传播，信息组织者在链中没有明显体现，因此，社会公共事件网络信息生态链的节点主要有信息生产者、信息传播者、信息消费者和信息分解者四个基本类型。

（1）短时间内节点数量激增

社会公共事件网络信息生态链模型与其他网络信息生态链模型的最主要区别就是节点数量会在短时间内激增，事件信息爆发式传播，引起社会的广泛关注，形成公共事件。公共事件社会影响力大，处理得当会收获一定的社会效益。这种社会效益就是社会公共事件网络信息生态链的价值体现。

（2）信息生产者类型多样，素质良莠不齐

各类新闻网站的信息生产者主要是网站的新闻编辑，具有较高的新闻素养，其信息内容具有较强的可信性和可读性；社会网络平台的功能特性使得每一个网络用户都可以成为社会公共事件的信息生产者，"水军""马甲"广泛存在，素质良莠不齐，公共事件目击者的第一手信息具有比新闻网站更高的时效性和可读性，但也存在缺乏可读性和可信性的状况。

（3）信息传播者在传播过程中进行信息消费和二次信息生产

信息传播者在消费了信息内容之后，决定是否传播信息，以及是否在传播的同时生产新的评论信息，因此信息传播者必然同时是信息消费者。

（4）信息消费者的行为由其偏好驱动

每个网络用户对公共事件的类型偏好有所差异，如男性网民比女性网民更关注与世界杯等体育赛事相关的事件信息。用户信息偏好的不同，直接影响着不同信息媒体和不同信息在不同用户群体中的传播效率，影响社会公共事件的形成。

（5）信息分解者分解行为有限

信息分解者负责对网络中虚假、不安全、不健康信息进行删除和清理。在社会公共事件网络信息生态链中，网民对自己发的信息可以执行删除操作，网络监管部门也执行一定的信息分解职能。对于社会公共事件类信息的分解要在确定其真实性的前提下进行，具有一定的时滞性，贸然删除会引起社会公平、信息透明方面的舆论之争，因此，社会公共事件的信息分解行为有限。

2. 社会公共事件网络传播方式

信息人作为信息节点，以点对点的链状方式进行信息传播；而多条链状结构以不同的形式连接在一起，形成以链为基础的网状结构。

（1）单点扩散方式

这种方式主要在各种类型的新闻网站和 BBS（电子布告栏）上出现。网站编辑，即信息生产者将各种新闻信息配以一定的标题，发布在网站的相应栏目下，用户若对信息主题感兴趣，则会浏览阅读。这种方式是最简单的信息传播方式，也是各类新闻网站上信息得以广泛传播的主要途径。

（2）树形传播方式

这种方式主要在社会网络中出现。信息源用户发布一条信息，与信息源用户建立了关联关系的用户就可以获取到这条信息，并可以进行分享或转发，这个过程不断重复，最终以信息源用户为根节点，形成了树形的传播结构。这种方式是当前公共事件信息扩散传播最主要方式，也叫做病毒式传播，以微博、微信等社会网络平台最为常见。

图 9.6 是一条公共事件微博传播的可视化实例，由图中可以看出单点扩散和树形传播的方式。呈蓝色直线传播的是单点传播，呈扇面形状发散型传播的是树形传播。

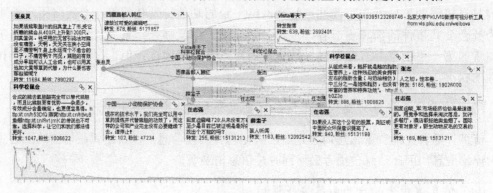

图9.6　公共事件传播方式实例

（3）订阅和推送方式

这种方式基于信息聚合（RSS）技术，用户通过订制符合自身信息需求的主题信息，服务器将自动获取网络信息并进行一定的筛选，将符合用户需求的信息自动推送给用户。

3. 社会公共事件网络信息生态链模型解析

社会公共事件网络信息生态链模型是对节点、路径结构和传播方式的可视化体现。在信息的实际传播过程中，以上三种方式往往相互结合。例如，用户 A 通过 RSS 订阅了主题 X 的信息，服务器获取了符合 X 主题的信息 Y，并将其推送给用户 A（方式3）；用户获取信息 Y 之后，由于主题 X 是当前舆论的敏感话题，信息 Y 使用户 A 对 X 主题产生了偏好，用户 A 利用搜索引擎搜索到了信息 Z，并在信息 Z 的网站上浏览了信息 Z 的全文（方式1）；A 用户认为 Z 信息非常具有价值，将信息 Z 的摘要和链接发送至社交网络上，用户 B 与用户 A 具有关联关系，转发了这条信息，而用户 B 的关联用户 C、D 又对信息进行了转发（方式2）。

以上是一条典型的复杂社会公共事件网络信息生态链，融合了上述 3 种传播方式。在实际的社会公共事件传播中，可能只运行了这个复杂链的局部，而节点的数量和节点之间的关系决定了链的长度和宽度。结合上述关于社会公共事件网络信息生态链节点、路径和传播方式的分析，以及已有的关于信息生态链的基础研究，析出社会公共事件网络信息生态链结构模型如图 9.7 所示。

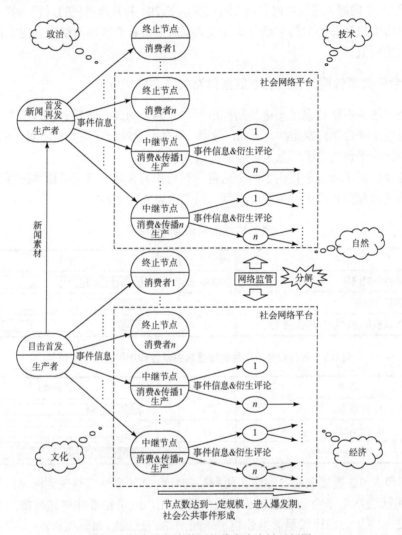

图 9.7　社会公共事件网络信息生态链示例图

9.3.4　社会公共事件网络信息生态链存在的问题

网络信息生态链是可以优化的，娄策群提出了优化准则：①信息生态链结构完善，包括节点质量高、节点组合科学、连接方式合理、协调互动性强。②生态链价值共享，包括生态链整体价值增值大、节点增值自实现最优、共享价值分配合理。对社会公共事件网络信息生态链进行优化首先要发现生态链存在的问题，再结合优化准则进行有目的的优化。

本章采取理论分析和问卷调查相结合的方法解析模型存在的问题。首先对现有研究中的信息生态链结构进行分析，解析其存在的问题；然后采用问卷调查的方法，专门针对社会事件网络信息生态链存在的问题分析。问卷中设计了与社会事件网络信息生态链结构和运行相关的 15 个问题，通过"问卷星"随机获取了 204 名普通网民的反馈数据。网民即是社会事件网络信息生态链中的节点，其反馈数据对分析社会事件网络信息生态链中存在的问题具有很大价值。

1. 社会公共事件网络信息生态链整体结构存在的问题

社会公共事件网络信息生态链的结构由节点、路径构成，并反映出传播方式。信息传播方式是由技术平台功能决定的。例如，微博、微信平台决定了信息是点对点病毒式传播；新闻阅读和评论平台决定了信息是点对面扩散式传播。

本次调查针对平台功能提出了两个问题，询问作为传播节点的普通网民哪种平台具有更高的可信度和起到传播中的关键性作用，结果见表 9.1、表 9.2。

表 9.1　平台可信度调查结果

选项	小计(次)	比例(%)
A. 综合性新闻网站	130	63.73
B. 大型论坛社区	32	15.69
C. 名人或机构的官方社交网络平台	42	20.58

表 9.2　对社会公共事件的传播起关键性作用平台的调查结果

选项	小计(次)	比例(%)
A. 新闻网站	79	38.73
B. 论坛社区	17	8.33
C. 社交网络平台	108	52.94

表 9.1 和表 9.2 数据表明，综合新闻网站的社会公共事件信息受到网民的普遍信任，论坛社区和社交网络平台的信息较少受到网民信任，但是在事件信息传播的关键性作用方面，社交网络平台却比较显著地超越了新闻网站，这表明如下观点。

1) 社会网络平台在当前的公共事件网络信息生态链中是信息传播的主要渠道，大量的节点分布在这一平台中，但是藉由这一平台的信息传播速度广度和其可信度形成了矛盾，社会网络平台病毒式传播的模式存在一定的弊端，需要优化和完善。

这一点，由上节关于生态链节点特征的分析也可以得到验证，社会网路平台节点素质的良莠不齐，造成虚假信息、刻意炒作等行为普遍存在。北京大学 PKUVIS 微博可视分析工具的案例研究总结出了以下社会网络平台的不正常信息传播现象："大粉丝数僵尸粉"引起僵尸网络；"僵尸粉"大量转发传播；"水军"参与推波助澜；意见领袖威力巨大；事件主角多次发言推动高潮迭起；大影响力节点推动二次传播，这些在传播中出现的现象和问题原因复杂，社会网络平台提供的病毒式传播方式是重要原因之一，这些形成了社会公共事件网络信息生态链模型中的结构缺陷。

2）在社会公共事件网络信息生态链中，新闻网站平台作为重要的信息生产者，其地位和重要性有待加强。

2. 节点和路径存在的问题

社会公共事件网络信息生态链的节点就是网络用户，针对网络用户的调查能够获取关于节点问题的信息。节点和节点相连形成路径，因此把节点和路径的问题放在一起分析。

调查设计了一系列问题调查网络用户对社会公共事件的关注度和行为，调查结果见表9.3~表 9.5。

表9.3 网络用户对社会公共事件的关注度

选项	小计(次)	比例(%)	
A. 密切关注	39		19.12
B. 比较关注	89		43.63
C. 一般关注	63		30.88
D. 不太关注	13		6.37

表9.4 当网络用户非常关注某热点事件时采取的行为

选项	小计(次)	比例(%)	
A. 积极主动获取和传播相关后续信息	71		34.8
B. 只会主动获取后续信息，较少进行传播	96		47.06
C. 被动获取后续信息，较少进行传播	27		13.24
D. 对后续信息不感兴趣	10		4.9

表9.5 网络用户在社交网路平台传播公共事件信息的频率

选项	小计(次)	比例(%)	
A. 经常	55		26.96
B. 偶尔	109		53.43
C. 很少或不	40		19.61

调查数据显示，网络用户对社会公共事件关注度比较高，密切关注和比较关注的共占62.75%，不太关注的仅占 6.37%。但是高关注度没有带来高信息传播率，在密切关注某热点公共事件的情况下，只有 34.8%的节点会积极主动获取和传播信息，经常在社交网路平台传播公共事件信息的网络用户仅占26.96%。社会公共事件网络信息生态链的首要社会价值是代表了民情舆情，然而在社交网络平台中转发事件和对事件发表评论的仅是网络用户的三分之一左右，根据 CNNIC（中国互联网络信息中心）2013 年下半年的最新数据，中国互联网普及率为 45.8%，由此可以看出，以社会网络平台为主要环境的社会公共事件网络信息生态链所传达的舆情与实际舆情是有一定差异的。

生态化程度高的信息生态链具有节点覆盖面广、信息多样性强、传播多路径等特征，由于当前社会公共事件网络信息生态链节点覆盖面低，造成节点质量不能保证，信息多样性受限，传播路径不够丰富，信息生态链整体的生态化程度不够，舆情和实际舆情有差异，生态链的社会价值没有得到完全体现。

3. 公共事件传播环境存在的问题

公共事件网络传播的微观环境即其所处的网络平台环境，这在第1小节结构问题分析部分已经进行了归纳。公共事件网络传播受政治、经济、文化、技术等宏观环境的影响，技术的影响主要体现在平台功能上，政治、经济和文化，既是社会公共事件信息的主体内容，又对信息的传播有一定间接影响，本书主要分析对事件的传播有直接影响的政府干预因素。

问卷调查网民心目中政府在社会公共事件传播中功能行使的状况，结果见表9.6。

表9.6　社会公共事件网络传播过程中网民认为哪种角色的影响力更大调查结果

选项	小计(次)	比例(%)
A. 网络媒体	53	25.98
B. 网络名人	42	20.59
C. 事件当事人	57	27.94
D. 政府	35	17.16
E. 普通网民	17	8.33

社会公共事件多反映的是民生问题，与政府作为有着直接关系。从调查结果看，更多的网民认为事件当事人、网络媒体甚至网络名人对社会公共事件影响力都大于政府，可见政府在处理公共事件、解决民生问题、及时反馈信息等方面的作用还没有完全发挥出来，社会公共事件网络信息生态链的环境调节因素没有发挥出充分的效果。

4. 事件信息存在的问题

事件信息存在的问题是由节点和生态链整体结构存在的缺陷引起的。生态链结构决定了每一个网络用户都可以多次注册ID（账户名），随时发布、转发信息，节点素质的良莠不齐决定了事件信息质量的良莠不齐。当前社会公共事件信息存在的主要问题是真实性、客观性问题。问卷中针对事件信息质量进行了调查，见表9.7。

表9.7　传言和假新闻等垃圾信息是否干扰了网络用户判断力调查结果

选项	小计(次)	比例(%)
A. 严重干扰	31	15.2
B. 有干扰，但不严重	157	76.96
C. 无干扰	16	7.84

根据调查结果，92.16%的网络用户认为公共事件方面的虚假和垃圾信息对自己的判断力有干扰，认为有严重干扰的占15.2%。信息质量是影响生态链社会价值的重要因素。

9.3.5 社会公共事件网络信息生态链优化策略

社会公共事件网络信息生态链模型的优化目标是实现其最大的社会价值，使信息链中流转的信息健康、丰裕；信息供需平衡；信息人和信息环境和谐，有利于能够促进社会进步。社会公共事件网络信息生态链价值实现的关键是信息的质量、节点的理性程度、事件形成和发展的非人为操控性，而信息传播速度、信息节点和路径的弹性等问题则像把双刃剑，既能保障信息生态链的健康运行，又会带来监测和引导的难度。社会公共事件在信息生产、传播等方面具有自由性，每一个网络用户几乎都是无门槛介入，因而最能体现出其生态性的一面。以实现信息生态链最大社会价值为目标，以信息生态理论为指导，以信息生态链优化准则为参考，以发现的问题为根据，提出以下优化策略。

1. 完善社会网络平台功能，弥补病毒式信息传播方式带来的信息生态链结构方面的缺陷

1）结合社会公共事件网络传播规律，在社会网络平台的后台管理中增加"水军识别"、"转发异常诊断和控制"等功能，及时对"僵尸粉""水军"干扰生态链正常运行的行为加以自动识别，并采取屏蔽、删除、警告等控制手段。

2）逐步推进网络用户实名制进程，克服病毒式传播方式下的非实名信息行为随意性。

2. 扩大新闻网站节点在社会公共事件网络信息生态链中的作用，完善生态链结构

1）新闻网站平台应当继续发挥其网络主流媒体的作用，利用其高认知度发挥信息主要生产者的作用，对社会公共事件的进展及时报道。

2）加强新闻网站信息聚合技术手段的应用水平，培养发掘独家信息源。

3）各类网络媒介可聘用具有一定专业背景和知名度的新闻评论员定期对当前热点社会公共事件做理性梳理，传达理性信息。

3. 提升节点素质，提高节点实际覆盖面

1）各种网络媒介应以加强信息生态链中节点的教育和培训为己任，可在平台使用说明中增加警示内容；在平台信息服务内容中增加平台信息分析，说明常见信息转发异常的情况，教育节点理性、自主、客观地鉴别、求证事件真伪和发布评论。

2）综合性社会网络平台应加强注册用户的信息分析工作，有针对性地对稀有用户注册提供一定的激励措施，如积分、虚拟物品奖励等。

4. 加强政府机关在信息生态链中的调节功能

1）当公共事件发生、社会各类信息真假难辨模糊不清时，与公共事件相关的政府部门要及时进行信息真实性鉴定、提高公共事件处理效率，提高信息反馈效率和信息透明度，引导社会网络舆情良性发展。

2）政府舆情监测部门应进一步做好舆情收集、研判和处置工作，尤其要做好对公共事件爆发规律的掌握，可以加大对舆情规律挖掘研究的资助。以吉林省为例，省政府拨专款和知名大学合作，进行舆情监控方面的研究，就是一种很好的尝试。此外，在舆情监测过程中应重视自动化研判的发展，提高处置的时效性。

3）继续完善网络信息传播法律规范。

4）加强社会网络平台管理，对名人和机构的官方平台加强引导、利用和调控。这类平台也应加强自身约束，重视和尊重自己对社会事件传播的影响力，利用公信力促进社会公共事件信息的真实、正能量传播。

5）鼓励专业性鉴伪网站的建设和发展，并加强宣传，扩大其社会影响力。在社会公共事件中涉及专业性较强的问题的判读时，该类网站可以生产和传播专业观点，增加信息多样性，完善信息生态链，促进事件的良性生态化发展。

9.4 案例研究：微博公共事件信息生态链模型与优化策略

微博是我国典型社会网络平台，经历了快速发展和成熟的历程。据 CNNIC 发布的《第 29 次中国互联网络发展状况调查统计报告》，截至 2011 年 12 月底，我国微博用户数达到 2.5 亿人，占网民总数的 48.7%，较上一年底增长了 296.0%，每天发布和转发的信息超过 1.5 亿条。微博成为增长速度最快的互联网应用，用户覆盖进一步扩展。

由于用户们可以更加简短、快速、随性地发布信息，微博带来的信息冗余问题令人担忧。除了正常发布转发产生的信息外，近来还有买卖转发的所谓"微博营销"服务，如淘宝网上便有 12 元/千次转发的商品出售，而这些转发很多都是机器完成的（蒋录全，2003）。将来的微博用户是否会对这些冗余、重复的信息产生厌倦甚至排斥的心理？此外，微博中负面信息所占比重很大，以中国传媒大学网络舆情（口碑）研究所监测数据为例，2011 年上半年舆情指数前 80 位事件中，有 15 个系微博首发，其中一半以上是负面信息，而网民对负面信息的偏听偏和对正面信息的强烈质疑也非常突出。据美国尼尔森公司报告指出，在整个亚太地区，我国网民最喜欢发布负面评论，且其发布负面评论的意愿超过正面评论。

从信息生态的角度，从微博信息生态链的角度考量微博信息传播，为解析微博用户与信息环境之间的复杂关系提供了全新的方法。

9.4.1 微博信息生态链的构成要素

微博信息生态链是诸多信息生态链中的一种，其构成要素包括微博信息生产者、信息组织者、信息传播者、信息消费者、信息分解者五种信息人和信息内容、传播路径。由于微博信息人发布信息目的的多样性、传播方式的裂解性，使微博信息生态链的构成要素具有如下一些特征。

1. 信息内容

考察微博的信息内容应从两方面入手：一是信息主题，二是信息的形式。根据当前一项以新浪微博为对象的调查显示，微博信息主题所指涉的内容可以被区分为 7 种类型：新闻（30.6%）；工作生活实录或感言（28.1%）；名人名言、格言或语录（9.8%）；人物或内容推介（5.5%）；段子或冷笑话（19.4%）；舆论监督（2.7%）；其他（3.9%）（Nardi and O'day，1999），所占比例最大的为新闻、工作生活实录或感言和段子或冷笑话。这表明，微博的主要社会功能集中在两方面，一是新闻传播，二是网民情感宣泄。从信息的形式看，基于微博的特点，可将其分为主贴（信息人直接发布）、贴出（信息人对主贴的评论）、跟帖（信息人对主贴的评论的评论）和转帖（对主贴的转发）。各种信息形式组合交替应用，形成了微博独特的传播路径。

2. 信息人

理论上说，微博信息人的角色仍可以分为信息的生产者、传播者、组织者、消费者和分解者。①微博信息生产者是指写作并发布微博信息的个人或组织，可以分为非认证个人、经认证的个人、经认证的官方机构或媒体 3 种类型。②微博信息传播者由两部分组成，即基础平台和微博用户，前者是指提供传播平台的运营网站或技术公司。微博用户是实施微博高速、大范围转播的主要力量。③微博信息组织者是用户本身或微博网站。目前微博支持用户用"#"号标引自然语言，使其成为话题进行信息组织。此外，一些微博服务网站提供热点话题、关注排行等信息组织方式。④微博信息消费者是"关注"或"收听"了他人的微博的用户。微博的信息消费者并没有通过付费的活动完成信息消费，但其关注活动已经造就了巨大的商机。⑤微博信息分解者是指对信息进行加工选择，整序并剔除无用信息的个体或机构（Detlor，2001），主要功能是对微博进行加工选择、剔除、删除、屏蔽无用信息。微博发布的随意性和转发的频繁性使微博信息分解存在巨大的难度。只有加强微博信息组织者和分解者的作用才能有一个健康的微博信息生态链。在微博信息生态链中，信息人在各种角色之间的频繁转换很常见。信息组织者和分解者的角色专业性比较强，但随着大众分类法的运用，网民也可作为信息组织者。由于网民有删除自己发帖的权限，因此在信息分解方面，每个网民亦可以起到一定的作用。因此，在微博信息生态链中，不能从网民个体的角度来区分其信息人属性，而只能从信息人在特定时间内执行的功能的角度来区分其属性。

3. 传播路径

目前，微博已经成为网民获取新闻的主要渠道，通过加关注和转发迅速传播信息，可以是个人—个人，也可以是个人—群体，这种传播模式是它的一大亮点。对于拥有数以百万计粉丝的"微博达人"来说，微博无异于一个个人—群体传播消息的巨大平台。微博信息的传播路径有 3 种：①信息生产者—信息传播者—信息消费者—信息分解者；②信息生产者—信息组织者—信息传播者—信息消费者—信息分解者；③信息生产者—信息分解者。④信息生产者—信息组织者—信息分解者。

9.4.2 微博信息生态链结构

通过以上分析，结合信息生态链的结构，可以得出微博信息生态链结构如图9.8所示。

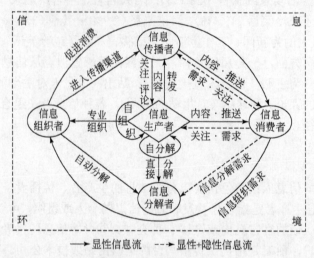

图 9.8 微博信息生态链

在普通网络信息生态链中，信息组织者位于核心位置，因为没有信息的组织，用户就无法完成信息检索与获取。微博的主要功能是信息的生产和广泛传播，因此信息生产和传播是关键，随着微博信息的高速增加，信息组织的地位会逐步上升。从目前的状况看，信息生产者和信息传播者居于核心位置，驱动整个信息生态链的运转，这也是微博信息生态链的独特特点。

图 9.8 所示为微博信息生态链的一个完整循环，信息生产者和信息传播者之间建立了单向或双向的关注关系，通过关注和转发传递信息内容，此时信息传播者也兼具消费者的身份。当没有转发行为发生，只有关注时，微博用户的身份就是信息消费者，即信息生产者和信息消费者之间通过关注完成信息推送。信息分解者通过直接分解活动对信息生产者产生的信息进行净化，其分解依据之一是信息消费者的分解需求。信息组织者可以通过信息组织活动，将生产出来的信息在一定程度上序化后送入传播渠道，如果信息消费者通过微博信息组织系统搜寻信息，则会自动屏蔽掉一些无关信息，从这个角度来说，信息组织者既促进了信息消费，又完成了一定的信息分解作用。信息组织者和信息分解者在整个信息生态链中起到了平衡和净化的作用，信息生产者自身也能完成信息的自组织和自分解。信息传播者和信息消费者之间也可以建立关注关系完成信息传播，而且二者在下一个信息生产和传递过程中，有可能转变身份成为信息生产者。在整个生态链中，存在显性和隐性两种信息流，隐性信息流是显性信息流形成的内在推动力量。

9.4.3 微博信息生态链构成要素之间的关系和影响因素分析

微博信息生态链的形成包括节点的形成和传播路径及网络的形成。形成机理揭示了信息生态链得以形成的原因和方式，需要对构成要素之间的关系和影响因素的作用方式进行解析。

1. 微博信息生态链的节点分析

节点是微博信息生态链中信息产生和传播的地点，表现为各种传播路径的交叉点。每个信息人就形成一个节点。节点是连接微博信息传播网络的支点，分析节点的形成及其属性，是剖析微博信息生态链形成机理的前提。

2. 节点的社会网络属性

微博平台的传播不是像传统网站那样的自上而下、点对面的发布平台，人们更多的是在某些网络的"节点"中发布信息，这些节点上信息的扩散，很多时候依赖的是人们的"社会网络"。在社会学中，社会网络指的是社会行动者及其间关系的集合。也可以说，一个社会网络是多个节点（社会行动者）和各节点之间的连线（行动者之间关系）组成的集合。社会网络可以用如图 9.9 所示的形式来表示。

图 9.9　社会网络分析图

每一个社会网络上的个体，都是一个"节点"。任何节点之间都有可能通过某个路径连接起来。但是，节点之间的关系并不是同等重要的，有"强关系"和"弱关系"两种。从社会网络分析图上看，有直接的线连接起来的节点之间具有直接联系，是强关系；没有直接的线连接起来的节点之间具有间接联系，是弱关系。

（1）强关系的形成与影响

强关系主要由两种方式形成。第一种是现实中的关系，如将朋友、同事关系转化为网络联系；第二种是在某种层面上有认同关系的人，不一定有频繁的交往，如众多"粉丝"对社会名人的关注关系。强关系需要付出代价去维护，否则直接联系的关系会逐渐变弱，连接的链条会渐渐消失。

节点拥有的强关系越多，其传播能力越强，影响力越大。而关注强节点的用户对强节点信息的转发和评论，有时是出于对信息价值的认可，有时则是出于维护关系的需要。所以，人际关系的因素在强关系节点信息传播方面起着较为重要的作用。

（2）弱关系的形成与影响

没有直接的线连接起来的节点之间是弱关系。"弱关系"节点与信息发布者的关系不那么紧密，所以在信息的初次传播中不起作用。但是，如果一条信息能够激起很多弱关系节点的响应，那么，信息传播的效果才会真正得到提高，如果在这些弱关系节点中的"权力中心"或"意见领袖"能够起作用，即新的拥有众多强关系的节点参与进来，那么效果会进一步加强。对于弱关系节点来说，是否转发某一信息，完全是基于对信息本身的判断，而没有人际关系的因素起作用，因此对于信息传播的范围起着更重要的作用，是公共热点凸显出来关键。

3. 微博信息生态链构成要素之间的关系

微博信息生态链的构成要素包括信息人、信息内容、传播路径。每个信息人都是一个信息节点。五种信息人角色随时会发生转化。信息人在信息传播过程中起主导作用，将信息内容沿不同的传播路径进行传播。信息生产者被动地受到其他信息人的关注，不能决定信息将传向何方；信息传播者可以将他人的微博信息内容定向转发到自己的微博，引入自己的社会网络，因此可以从个人角度完成定向传播；信息人可以通过加标签将自己的话题归到相同的话题大类，在信息组织的同时完成一定的信息定向功能。信息内容在信息人（即节点）之间传播，即形成传播路径。

4. 微博信息生态链形成的影响因素

（1）微博信息生态链形成的主观影响因素

微博信息生态链得以形成，施动方是信息人。只有信息人进行活跃的信息发布、信息转发，才能使整个信息链顺畅运转。信息人是否施动直接受到其自身主观因素的影响。从当前微博信息内容的分析看，占主要成分的是新闻、工作生活实录或感言、段子或冷笑话。由此可以透视出信息人发布和转发信息主要有以下几种主观因素：①宣泄情感。当今社会人们生活工作节奏快、压力大，人们在主观上选择网络微博大量发布情绪感言。②维护地位。经过实名认证的"名人"拥有数量巨大的"粉丝"，是信息传播的重要节点。"名人"通过发布微博关注社会热点，提出观点见解，来维持较高的关注度，维护个人地位。③针砭时弊。微博是网民揭露社会不公，表达不满的一个途径，这种主观意识催生了富含讽刺意味的段子或冷笑话类信息。④社会责任感。大量微博用户会出于社会责任感关注社会问题、针对突发事件发布微博并促成大量转发，形成公共热点。例如，著名的"微博打拐""抵制归真堂上市"等微博关注热点的形成。

（2）微博信息生态链的客观影响因素

微博信息生态链的客观影响因素和主观因素具有潜在的联系，可以归纳为以下四点：①转型期社会问题的普遍存在。有学者指出，我国社会正在发生的社会转型是"社会有机体走向自我和谐的变革，既体现为向逐步明确的目标在试错中逐步逼近的过程，又体现为问题越来越复杂、矛盾越来越积聚甚至尖锐化的过程。社会问题的复杂化使网民心里产生对政府、社会的不信任感、不安全感和空虚感，促使大量负面信息的发布节点、传播节点和传播路径的形成。②现实社会关系网络的数字化将现实社会中的人际关系在网络中表现出来。数字化的人际关系推动微群和关注关系的建立，进而促进微博信息生态链强弱关系节点的形成。③微博信息技术的支撑。信息技术是信息生态链正常运转的基础。微博信息技术的进一步创新和运用对于信息生态链的扩展和信息量的丰富具有重要的支撑作用。④信息组织技术的影响。微博信息组织技术与方法可以促进微博信息分享、信息挖掘、舆情分析等，对微博信息生态链动态生成以及生成之后的平衡和净化都具有重要影响。

9.4.4 影响因素驱动下的微博信息生态链形成机理

1. 微博信息生态链形成的核心环节

微博信息生态链的链状结构，表达了微博信息产生和传播的路径和形式。这一链状结构的形成，必须依赖三个核心环节，缺一不可。第一个环节是信息生产者的信息生产。这是信息产生的源头，没有丰富、高质量的微博信息，就不可能有微博信息生态链和信息生态系统的形成。第二个环节是微博关注关系网络的形成。关注关系建立起来之后，才有自动的类似信息推送形式的微博信息传播，微博用户会自动收到感兴趣的信息生产者生产的信息。这种自动信息推送形式，极大提高了微博信息的传播速度和覆盖面。微博关注关系的网状结构，是微博信息生态链的基础。第三个环节是评论与转发的发生。评论与转发是建立了关注的用户以类似"接力"的形式，主动完成信息的二次传播。只有具备了这三个基本条件，微博信息生态链才能够基本成型。

2. 影响因素对微博信息生态链形成的驱动形式

探究微博信息生态链的形成机理，关键是研究三个核心条件形成的条件和方式。显然，微博信息生态链的主客观影响因素是促成三个核心条件形成的关键，它们均可以起到直接的促进作用，同时，部分客观因素可以激发主观因素，起到间接的促进作用。

首先，主观因素中的四大方面——宣泄情感、维护地位、针砭时弊、社会责任感，是信息生产者生产信息的动机来源，即直接促成了第一个关键环节的产生。客观因素中的"转型期社会问题的普遍存在"可以激发主观因素中宣泄情感、针砭时弊行为的产生，间接促进第一个关键环节的产生。

其次，客观因素中的"现实社会关系网络的数字化"，直接激发第二个关键环节——微博关注关系网络的形成。现实社会关系已经成为网络社会中，网民关系中的重要部分，而且具有紧密性、信任性等特点，属于高质量的网络关系，是微博用户建立关注关系的基础。

再次，主观因素中的针砭时弊、社会责任感和宣泄情感，在激发评论和转发行为方面起到主要作用。客观因素中的"现实社会关系网络的数字化"促进了信息生态链中强节点的生成，足够的强节点保证了微博信息得到充分阅读与转发，形成丰富的传播路径。

最后，客观因素中的"微博信息技术的支撑"和"信息组织技术"为微博信息生态链提供了基础和支撑，使三个关键环节在技术上得以实现和正常运行。目前微博信息技术支持网页、手机客户端、第三方软件等多种形式参与微博互动，我国的大部分用户习惯于使用网页来发布微博（超过80%），而国外有超过一半（55%）的twitter用户使用工具来发布信息。

3. 微博信息生态链形成机理结构图

根据上文分析，可以得出微博信息生态链形成机理，如图9.10所示。

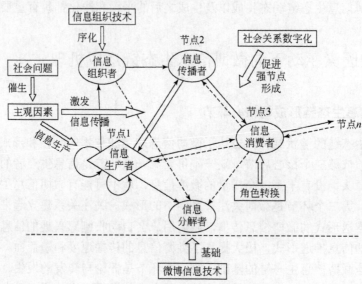

图 9.10　微博信息生态链形成机理图

为了清晰阐明微博信息生态链的形成机理，首先将微博信息生态链（图9.8）的简化形式变换一个角度展示出来，即图9.10中心由信息生产者、信息组织者、信息传播者、信息消费者、信息分解者共同构成的菱形部分。这个简化形式表达的是嵌套、交叉的生态链中一个完整的微博信息生产、传播、分解单元。多个单元连接起来，就由链而网，形成微博信息生态系统。

由于每个微博用户的首要身份就是信息生产者，所以主观因素对每一个信息人的信息发布、信息转发和评论都产生内在的、决定性的影响，即主观因素激发信息生产和传播。主观因素虽然由客观因素中的社会问题因素催生，但形成的内在原因是信息人自身社会地位、自我满足感、自我价值实现等心理要求的自我满足。此外，主观因素也作用于信息传播者，促进微博信息的大量转发。社会关系数字化促使信息人之间建立关注关系，在不同的信息流程中扮演不同的角色。图9.10表达了主观和客观因素激发和形成三个关键环节，促使微博信息生态链中一个完整单元形成的作用模式。节点1、节点2、节点3是生态链形成的关键节点，它们之间的实线代表着显性信息流，虚线代表隐性信息流，表达出信息人之间的角色转换；粗箭头代表着影响因素驱动信息生态链形成的方式，揭示了微博信息生态链的形成机理。从节点3指向节点n的虚实线表达了由当前单元到下一个微博信息生态链单元的信息流动和信息人角色的转换。多个单元之间联系的建立，促进了完整、动态、立体网状微博信息生态链的形成。

微博是近几年来蓬勃发展的网络应用，其影响力不容小觑。本书对微博信息生态链的构成要素与形成机理进行了揭示，以期发现规律，为进一步发挥微博的社会效用打下一定的理论基础。目前微博信息生态链运行中潜在的问题正在逐步显现，如信息冗余、信息批量发布与转发、负面信息、谣言生成与快速传播等。令人欣慰的是，微博信息生态链亦显示出一定的自净功能，如负面消息的核实、谣言的快速粉碎等。作为一种新鲜的、广为接受的网络信息生产和传播模式，微博的信息生态问题需要更多的关注，其具有广阔研究前景。

9.5 案例研究：基于可视化分析的微博信息生态系统公共事件驱动模式

微博作为"微力量"的重要载体，已经成为推动我国社会公共事件爆发式传播的主要力量之一。从信息生态的角度研究微博信息运动对于促进微博系统的平衡和健康发展、促进信息社会和谐发展具有重要价值。微博系统具有信息多样性和用户行为高自由度的特征，是典型的信息生态系统，公共事件的爆发和平息是这一信息生态系统自我调节，维持相对稳定的动态平衡的重要因子。

微博信息生态系统信息量巨大、传播路径复杂、传播模式多样，对其进行可视化分析可以全面、直观地以图形形式反映出微博信息在传播过程中的特点。本书基于北京大学PKUVIS 微博可视分析工具，对微博传播路径进行直观的可视化分析，发现微博公共事件在传播过程中所具有的共同特点，进而探究公共事件在微博信息生态系统中被驱动的模式。

9.5.1 微博信息生态系统中公共事件的内涵及特征

1. 微博信息生态系统中公共事件的含义

社会公共事件是指能够引起社会普遍关心并引发议论及社会波动的事实，包括突发性事件、群体性事件和具有争议性和话题性的新闻事件。微博公共事件是由微博信息生态系统作为主要传播媒介的社会公共事件，可表述为：大量网民基于某些目标诉求，以微博为传播平台，通过大量的转发评论等参与方式表达产生一定的意见，进而引起广泛关注、产生重大影响的公共事件。这些公共事件不一定始发于网络，但事件最终的爆发是发生在微博平台。微博构成了信息生态系统中的一个子系统，动态循环是其基本特征之一。微博公共事件的形成、发展、影响和消退的过程，是微博信息生态系统动态循环过程"平衡—失衡—新平衡"的基本体现。

2. 微博信息生态系统中公共事件的特征

微博公共事件引爆在网络，具有以下特征：①信源多元化。微博公共事件的信源既可以是事件当事人通过发布爆料方式所产生的信息，也可以是经由传统媒体传播进而在微博平台上衍生出的信息。②信息发布及时。微博移动客户端的便捷性使得微博用户作为一个自媒体，能够随时随地发布信息，从而表现出公共事件信息在微博平台上传播及时且具有交互性。③传播受限少。微博信息传播是基于关注与被关注关系，针对信息的加工、舆论导向控制等限制相对较少。④信息传播速度快。微博平台上信息以"one to *n* to *n*"的病毒式传播，因此公共事件信息传播速度较其他方式更为迅速。

正是由于以上特征导致微博公共事件传播发展的规律难以把握。微博可视分析工具可以将微博上产生的大量数据转化为易于理解和分析的形式，有助于微博公共事件驱动模式和传播规律的发现。

9.5.2 运用微博可视化分析工具揭示微博公共事件驱动模式的可行性

1. 微博可视化分析工具的功能

微博可视化分析工具利用网络爬虫程序、海量数据分析技术、文本挖掘及分析等技术，抓取微博数据，并将有用的数据抽取出来，转化为易于理解、便于分析的图表形式。具体来说，是以某一条微博为研究对象，输入该微博的 URL（统一资源定位符），得到该微博的传播路径图、关键词、用户列表、认证比例、转发层级、用户性别比例、地域分布等信息。根据需要可在传播路径图上标记出关键转发点，同时运用微博过滤功能，有选择性地针对粉丝数、转发数或长度进行过滤，得到具有针对性个性化的视图，有助于对微博公共事件进行深入分析。

2. 可行性分析

运用微博可视化分析工具对微博公共事件的推动力量及驱动模式进行分析研究具有可行性，其原因在于：一个微博公共事件的发生与传播是由微博平台上数量巨大的单条微博信息综合作用而产生的。而每条微博信息依照其发布者权威性、粉丝数量等因素的不同，在该事件传播过程中的作用权重不同。作用权重小的信息往往在短时间内被淹没在茫茫信息之中，再难以发挥其影响力；作用权重大的微博信息通常传播时间长、范围广、影响力大。因此，一个微博公共事件的形成往往是由几条作用权重高、真实性强的关键微博信息相互作用来推动事件发展。也就是说，对达到一定数量的典型单条微博信息进行传播推动力量及驱动模式的分析，其结果可以反映出整个微博公共事件的传播驱动模式。因此，我们可以利用微博可视化分析工具对大量微博信息进行逐条分析，再根据图示所呈现出来的视觉特征进行聚类，发现传播规律和驱动模式。

9.5.3 微博信息生态系统中公共事件驱动模式的可视化分析过程

1. 研究工具

微博可视分析工具种类繁多，分析维度各不相同，数据视图的类型也有所差异。PKUVIS

微博可视分析工具针对单条微博分析的图示种类多、数据全面，因而本书选取其作为分析工具。该工具提供了多种图示种类，本书根据需要，采用帆状图示来进行分析。

帆状图示是以时间为横轴，转发关系为纵轴的图示模式。对某一微博信息转发的用户节点按时间顺序自左向右、自下向上分布；多个用户转发形成多个蓝色节点，节点越密集则表示在短时间内转发的人数越多；多个节点组成一条深蓝色曲线，该曲线与其信息源即上一节点共同形成一个帆状区域。帆状图能够明显地反映出转发动作、转发层级与时间和信息之间的关系。帆状图示下方的波状图形为时间线，展示了参与事件讨论的微博数与时间的关系，即单位时间所有用户对该微博转发量的大小。短时间大量转发的微博信息会在时间线上形成波峰。帆状图上可以显示转发层级。直接从信息源转发微博信息的用户位于第一层级，转发第一层级用户的微博信息的用户则位于第二层级，以此类推形成的多层转发关系为转发层级关系。

2. 研究思路

利用 PKUVIS 微博可视分析工具，抽取特定微博公共事件的关键微博信息，得到大量的帆状图，进行聚类分析，将图形根据视觉特征进行聚类，当具备某些共同特征的图形反复多次出现时，可以认为这些微博的传播具备相同规律，反映了某一种驱动模式。

3. 数据收集

本书以 2012 年新浪微博之夜评选出的热门话题"活熊取胆""三亚宰客""小传旺"三个微博公共事件为例，通过对多个关键的单条微博进行可视化分析，揭示微博公共事件的传播驱动模式。首先利用百度搜索引擎搜索目标事件，确定事件第一信源的大致时间。根据事件发生的时间顺序，对新浪微博的信息采用半人工选取的方法，利用新浪微博的高级搜索功能，抽取相应事件发生时间内转发量最大且大于 1000 的微博信息各 30 条共 90 条，作为事件传播过程中的关键典型信息，对其进行可视化分析。

4. 数据分析

对获取的 90 条微博数据进行逐条分析，在 PKUVZS 微博可视分析工具中输入该微博 URL，得到图示 90 个。根据图形中的帆状图形数量、转发层级和时间关系、转发次数的密度，运用聚类分析的方法，发现 90 个图示中出现 3 种相似的视觉特征，每种重复出现的次数在 10~30 次左右，每种视觉特征的图示反映出一种微博驱动传播类型，具体分析如下。

类型一，以转发源用户的特质为主要驱动力的微博信息传播。

通过可视化分析发现，90 个帆状图示中有 38 个具有相同的视觉特征：这些图中以不同转发层级上的部分用户为节点形成了多个清晰的帆形区域。以用户 AAF（亚洲动物基金）上海志愿者、冯晓海发布的关于"活熊取胆"事件的微博信息的帆状图示及用户赵普发布的关于"三亚宰客"事件的帆状图示为代表，如图 9.11~图 9.13 所示。

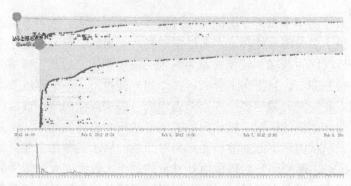

图 9.11　用户 AAF 上海志愿者发布关于"活熊取胆"事件微博的帆状图

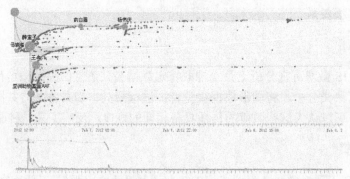

图 9.12　用户冯晓海发布关于"活熊取胆"事件微博的帆状图

原始微博信息在较短时间内被大量转发，形成了第一转发层级。在图示中表现为代表该层级转发用户的蓝色节点按转发时间密集分布，形成了较为陡峭的帆状图形。在第一层级进行信息转发的同时，位于第一转发层级的某几个用户对原始微博信息进行评论后所形成的新信息被再次转发，形成多个第二转发层级，在图示中表现为多个二级帆形区域。以此类推逐步形成多个转发层级多个帆形区域。图中代表转发的蓝色点密集集合，随时间形成多个帆状图形，代表着信息得到大量和广泛的传播，事件得以驱动。在信息大量转发过程中起到关键因素的是上文中所述的第一转发层级中的某几个用户，在图中以橙色点表示。对 38 条信息的关键用户进行人工分析发现，这些用户都是在某一领域具有一定影响力、粉丝数量较大的用户。例如，图 9.11 中位于第一转发层级、以橙色点标记的微博用户"李小冉"为知名女演员，其新浪微博粉丝数量多达 455 万，其微博关注领域包括时尚、娱乐、动物、新闻热点事件、社会公益等方面；再如，图 9.12 中位于第二转发层级、以橙色点标记的微博用户"亚洲动物基金 AAF"是一个公益慈善国际组织，粉丝数量约为 12 万，其微博关注领域则涉及动物保护与动物福利。在这类视觉特征的图示中，转发的主要力量是某些用户本身的特质，即特定用户驱动微博公共事件爆发式传播。

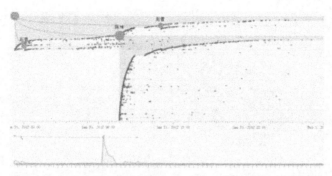

图 9.13　用户赵普发布关于"三亚宰客"事件微博的帆状图

类型二，以信息内容特质为主要驱动力的微博信息传播。

通过可视化分析，有 42 个图示表现出与上述类型一明显不同的视觉特征：图示中只出现由原始微博信息发布用户所形成的一级帆形区域，信息经过一次转发后以点对点的方式进行线性转发。该类型以用户"归真堂"发布的关于"活熊取胆"事件微博的帆状图示及用户"三亚市政府新闻办""广州流野"发布的关于"三亚宰客"事件微博的帆状图示为代表，如图 9.14～图 9.16 所示。

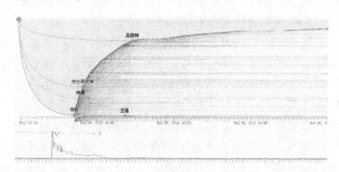

图 9.14　用户"归真堂"发布关于"活熊取胆"事件微博的帆状图

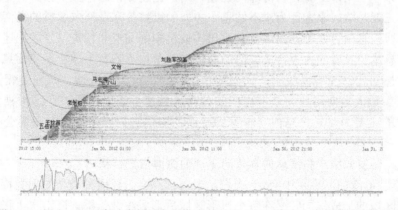

图 9.15　用户"三亚市政府新闻办"发布的关于"三亚宰客"事件微博的帆状图

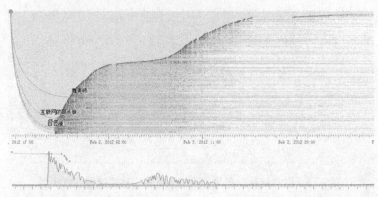

图 9.16　用户"广州流野"发布的关于"三亚宰客"事件微博的帆状图

以上各图中只出现一个帆状区域，二级转发区域不明显，位于第一层级上用户多为普通用户。其后以各个一级转发用户为节点进行二次转发的用户人数较少，可近似认为是点对点的链式线性传播，即微博信息的转发顺序是从位于第一转发层级上的用户 A 到用户 B 再到用户 C。故在代表第一层级用户蓝色节点所形成的曲线右侧具有平行于时间轴的蓝色直线。由于传播用户多为普通用户，因而该微博传播多是由于广大普通用户的粉丝关系圈，其注意力被聚集，引发对该微博信息及相关事件的广泛关注。同时，用户对微博信息的反应速度通常稍慢，传播时间持续较长。与类型一不同的是，这种类型的图形只形成一条明显的帆状图形，特殊用户在信息传播过程中起到的作用不明显，或者没有特殊用户出现。

而通过逐条分析该类型的微博信息内容发现，该类型的微博信息内容具有以下几个特点：①出现征求网友意见与引导性的关键词，如"你怎么看？""帮转""@×××"等；②微博信息源内容与事实具有明显差别。例如，"三亚市政府新闻办"于 2012 年 1 月 29 日 14 时 56 分发布的内容为"今年春节黄金周在食品卫生、诚信经营等方面三亚没有接到一个投诉、举报电话，说明整个旅游市场秩序稳定、良好……"的微博信息，与该用户之前发布的内容为"三亚市工商和物价部门迅速行动，已勒令该店停业整顿，调查组已进行取证和处理，三亚对欺客宰客行为决不姑息……"的微博信息及网友爆料的微博信息内容不相符；③微博信息内容中频繁出现具有明显感情色彩的词汇和标点符号。上述特点均反映出了微博信息本身具有的内容特质。而微博信息正是由于具有上述特质，信息内容更加具有影响力和感染力，更容易吸引广大微博信息用户的好奇与关注，从而使得某一微博信息的传播从少数人走向用户大众，相应的社会公共事件得以传播。在这类视觉特征的图示中，转发的主要力量是信息内容本身的特质，即信息内容本身驱动微博公共事件爆发式传播。

类型三：转发源用户和信息内容共同驱动的微博信息传播。

分析发现 90 个帆状图示中有 10 个图示表现出综合上述两种类型的视觉特征：图中既有多个帆形区域的形成，同时又在每个帆形区域后形成线性传播。以用户"张泉灵"发布的关于活熊取胆事件的微博和用户"天使妈妈基金"发布的关于小传旺事件的微博形成的帆状图为例，如图 9.17～图 9.19 所示。

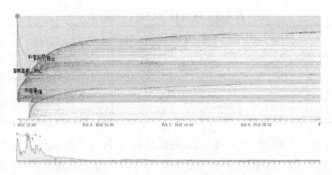

图 9.17 用户"张泉灵"发布的关于"活熊取胆"事件微博的帆状图

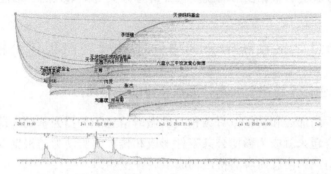

图 9.18 用户"天使妈妈基金"发布的关于"小传旺"事件微博的帆状图

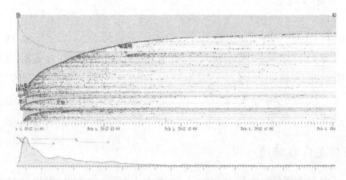

图 9.19 用户报纸观察发布的关于"三亚宰客"事件微博的帆状图

该类型微博信息传播复杂，传播过程同时体现出转发信息源用户的影响效果和信息内容特质的引导效果。图形视觉上表现为多个帆形区域与每个帆形区域后形成的线性传播现象同时存在。

5. 数据分析的验证

为了进一步证实分类的合理性，本书从转发的统计数据出发来进行实践验证。基于逻辑推理可知，类型一是以关键转发人物为代表的转发源引导型，关键转发用户往往位于信息转发层级的第二级和第三级，因此其最大转发量应位于第一转发层级之后；类型二为信息内容特质引导型，其最大转发量应位于第一转发层级。统计 90 个图示中的转发层级及各层级转发量，得出表 9.8。

表9.8 转发量百分比统计数据

类型	总数	最大转发量位于第二转发层级及以后的微博数量	最大转发量位于第一层级的微博数量	百分比（%）
类型一	38	32	—	84.2
类型二	42	—	39	92.9

从数据分析可知，在类型一中，84.2%的微博信息具有"最大转发量位于第二转发层级及以后"的特征；在类型二中，92.9%的微博信息具有"最大转发量位于第一层级"的特征。转发数据分析充分验证了根据图形的视觉特征进行分类所得结果的合理性。

9.5.4 微博信息生态系统中公共事件驱动模式可视化分析的研究结论

1. 微博信息生态系统中公共事件形成和传播的驱动力

微博公共事件的形成和传播以每条相关的微博信息的传播为基础，即推动每条微博信息传播的力量结合起来就成为微博公共事件形成和传播的驱动力。根据以上数据分析得到的结果，转发源用户和信息内容的特质构成了这种驱动力。

（1）转发源用户特质

在微博信息转发图示中，以橙色点标记的、在信息传播过程中起到关键作用的转发源用户具有关注面专一、影响力强、粉丝数大等特质，在此称其为关键用户。在类型一中，关键用户是出现帆形区域的原因。关键用户具有较大的粉丝基数，他们的粉丝中既有普通用户，也有名人、权威机构等关键用户。因此具有这种特质的转发源用户对微博信息的传播能够产生较强的驱动效果。

（2）微博信息内容特质

若事件信息本身具有能够引起关键人物转发和用户注意力聚集的特质，该微博信息同样具备进一步大范围传播发展形成社会热点事件的潜力。上文已经从微观角度分析了单条该类微博信息所具备的特征，从公共事件本身的宏观角度看，这种特质还包含以下几个因素：第一，爆发于微博信息生态系统中的公共事件所涉及的问题是当前社会中敏感度较高的问题，如环保、治安、法治、道德、公平等；第二，是引起高度关注的国家社会重大事件，如奥运会、十八大等；第三，是能够形成不同观点、引起广泛讨论的内容，即事件本身具有一定的争议性，即当具备了上述特质时，微博信息内容本身就是微博信息传播的驱动力。

2. 微博信息生态系统中公共事件传播的影响因素

微博公共事件的爆发除了上述两种驱动力外，还受到外部信息环境的影响。微博信息环境是与微博信息用户活动以及微博信息形成传播相关的一切自然、社会因素的总和（张向先等，2008）。近年来比较典型的因素包括：①网络信息法规及政策因素。网络信息法规及政策对微博用户的行为进行相应的约束和控制。例如，国家刚出台的谣言转发次数超过500条经查实后可处以15日拘留的规定，很大程度地提高了微博用户在发布和转发微博时的是非判断力。②传统价值观导向因素。价值观影响人们的是非判断，一些在道德上具有争议性或对传统价值观具有冲击性和颠覆性的话题往往会在特定的用户群体中产生强烈的反响。③自然灾害类环境因素。近年来自然灾害的发生往往在微博上引起热议，自然灾害本身及其所引起的一系列社会问题引发公共事件的爆发。此外，其他影响微博公共事件爆发的社会、经济、技术和自然因素还有很多，往往综合作用会产生难以量化分析的结果。

3. 微博信息生态系统中公共事件驱动模式

基于可视化图示分析中两种驱动力作用下三种微博公共事件传播图类，可以将社会热点事件驱动模式划分为以下三种类型：①关键用户引导的辐射式驱动模式；②信息内容特质引导的链式驱动模式；③关键用户与信息内容特质协同作用引导的复合驱动模式。

这三种驱动模式在微博信息的传播过程中并不是单一存在、单独进行的，在同一个公共事件当中往往三种模式综合作用。某一社会热点事件在微博平台的传播包含大量的单条微博信息，每一条微博信息也不总是按照某一种驱动模式进行传播。微博信息生态系统中的公共事件驱动模式可归纳为图 9.20 所示。

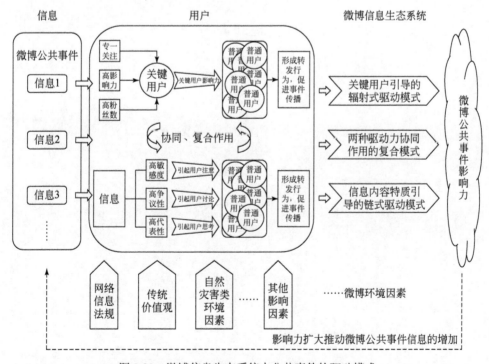

图 9.20　微博信息生态系统中公共事件的驱动模式

    微博信息生态系统由信息、用户和环境三个基本要素构成，用户转发行为是信息在用户身上的映射，其中，关键用户的转发行为和信息内容作为两种本质的推动力，二者单独作用或协同作用，以三种不同的驱动模式，即如图 9.20 中所示关键用户引导的辐射式驱动模式、信息内容特质引导的链式驱动模式和两种驱动力协同作用的复合模式，推动社会公共事件的微博信息传播，进而推动整个事件的形成、发展和影响。而微博信息环境中的各种因素，如网络信息法规、传统价值观等因素，在不同情形下，对微博信息的传播起到了推动、控制、催化等作用。

    微博公共事件在微博生态系统中的形成和推进是一个极为复杂的过程，可视化分析方法有助于形象化的将这一复杂过程中隐藏的规律揭示出来。本章利用可视化分析工具的帆状图绘制和统计功能，从传播层级、传播路径和传播量着手，从微博用户和信息两个角度出发，揭示了微博公共事件在形成和推进过程中的两种驱动力和三个驱动模式。作者认为，微博信息生态系统中，公共事件的驱动模式多种多样，本章研究只是找到了其中的三种。随着研究的不断深入，对微博公共事件形成和推进规律及模式的研究必定也会取得更进一步的成果。

第 10 章　信息生态理论在信息组织中的应用

信息组织，亦称为信息资源组织，是根据使用的需要，以文本及各种类型的信息资源为对象，通过对其内容特征等进行分析、选择、处理、序化，并以适当的方式加以提供的活动。从信息生态观点出发，我们把各类信息系统，看作信息生态系统。在信息生态观点下，研究信息生态系统的信息组织模式，对当前社会信息化具有重要意义。

10.1　信息组织理论与技术概述

从广义上来说，信息组织的内容包括信息搜集与选择、信息分析与揭示、信息描述与加工、信息整理与存储。信息组织的基本原理是依据语言学和人类知识结构，从系统的角度对信息进行序化，即对信息的描述与揭示及有序化是信息组织的中心内容。或者说，信息组织首先是实现对信息的规范控制，包括对信息形式特征的描述和对其主题内容特征的揭示，在此基础上，采取适当的集成方式予以信息整合，建立有序化的信息系统，实现信息的有效检索和利用。因此，信息组织是一个信息增值过程。

10.1.1　信息组织主体

在信息社会的不同组织结构中，信息组织主体呈现出多元化发展的特点。除了传统的图书馆等专业信息组织主体外，政府机构、商业机构等都作为信息组织主体出现，甚至在社会网络中，作为信息组织个体存在的用户等都积极参与信息组织活动并承担着重要角色。

1. 图书情报机构

图书情报机构一直以来是信息组织的重要力量，是对结构化的、尤其是出版发行的正式出版物进行信息组织的核心机构。图书情报机构通过网络信息资源导航和网络信息资源整合平台等方式，充分使用分类法、主题法、元数据法等信息组织方法，将丰富的网络资源序化，供图书馆用户使用。

2. 政府机构

互联网和电子政务的发展及公民对政府信息需求的增强对政府信息的组织和发布提出了更高的要求。电子政务的用户既包括企业用户，也包括个人用户。大数据时代，英、美、法等国家纷纷建立政府数据公开网站，对大量政府数据进行组织和整合。我国也在积极进行政府网站的建设，使之成为公共服务等各类政务服务信息的集散平台。

3. 商业性机构

商业性机构的主要代表是电子商务网络平台，此外，一些社会化媒体网络平台也能够进行一定的商务活动。商业信息的有效组织对于提高电子商务活动的经济效益和社会效益具有重要作用，其主要形式包括商品信息编目，用户信息组织和行为特征挖掘等。

10.1.2 信息组织基本方法

传统的信息组织方法有分类法、主题法，网络信息组织方法有搜索引擎方法、元数据法、上述方法在文献和网络信息组织中得到广泛使用，但不能根据信息资源的语义进行信息组织和检索。目前，人们不断探索基于语义的信息组织方法，本体与语义网法方法不断得到重视和发展。

1. 分类法

分类法是根据某一特定的分类体系和逻辑结构组织信息的方法。在实用分类体系中，信息的内部特征和外部特征得到有机的统一和结合，以内部特征为主。分类法建立了信息的层级和关联体系，便于浏览检索，是应用广泛的信息组织方法。

分类是指以事物的本质属性或非本质属性为根据，将属性相同的事物集合成类，将属性不同的事物区别开来。在分类过程中，作为分类根据的事物属性称为分类标准。事物的属性有本质和非本质之分。由于本质属性是事物本身所固有的、对该事物起决定作用的属性，以事物的本质属性为分类标准可以揭示事物之间的内在联系和本质区别。因此，事物的本质属性是主要的分类标准。事物的非本质属性是除本质属性之外的其他属性，这些属性也可作为分类标准，不过一般是作为辅助分类标准。对信息而言，内容属性是它所固有的决定性属性，因而是本质属性，除此之外的其他属性，则是非本质属性。

国内外分类法主要有：《中国图书馆分类法》（《中图法》）、《杜威十进分类法》（DDC）、《美国国会图书馆图书分类法》（LCC）、《冒号分类法》（CC）、《国际十进分类法》（UDC）。我国 90%以上的图书馆使用《中国图书馆分类法》作为文献组织工具。

2. 主题法

主题法是通过揭示信息主题特征并有序组织的方法。主题法通过建立主题概念的范畴、族系和关联关系，显示信息的结构体系。主题组织法根据所使用的主题检索语言又分为标题法、单元词法、叙词法、关键词法，应用广泛的自然语言组织法也属此列。在语义网中，本体组织法实际上也是主题组织法的一种。

运用主题法进行信息组织，首先要对目标信息资源进行主题标引。主题标引是指对信息进行主题分析，用主题语言（主题法）表达分析出的主题，赋予信息主题检索标志（标题、叙词等）的过程。通俗地说，主题标引就像是直接用信息内容所论述的事物名称，或事物及其方面名称，有时其至包括信息内容的表现形式（信息类型）名称，给信息"命名"。只不过，主题标引所命的"名"是对事物、事物及其方面、内容表现形式的本来名称进行优选和规范后所形成的唯一和精确的名称。

国内外常用的主题词表主要有《汉语主题词表》（《汉表》，综合性叙词表）、《中国分类主题词表》《中分表》（综合性分类主题词表）、《美国国会标题法》（LCSH，综合性标题表）、《医学标题表》（MeSH，专业叙词表）、《社会科学检索词表》（《社科检索词典》多学科分面叙词表）。我国一般用《汉语主题词表》来进行信息的主题标引。

3. 元数据法

元数据法主要针对网络信息资源的组织和检索问题。目前，搜索引擎是一种重要的网络信息资源组织方法，运作方式基本上为全文检索。全文检索通过自动化抓取程序在网上抓取网页，依赖自动拆字或词来形成数据库的索引，作为检索基础，其缺点是查准率差。元数据法提供一种简单、灵活、易于掌握的信息资源描述格式，致力于解决网络信息资源的检索和利用问题。

元数据又称为"数据的数据（data about data）"、结构化数据（structured data about data），用于描述数据的内容（what）、覆盖范围（where，when）、质量、管理方式、数据的所有者（who）、数据的提供方式（how）等信息，是数据与用户之间的桥梁。元数据可以成为下一代万维网——"语义万维网（Semantic Web）"的基石，通过表达语义的元数据，以及表达结构、关系和逻辑的 XML/XMLS/RDF/RDFS/OWL 等形式化描述，计算机能够对于数据所负载的语义进行理解和处理，从而赋予因特网以全球的智慧和惊人的能力。

元数据法就是对信息单元及其集合进行规范描述从而形成元数据，并依其将分布式的信息资源整合成有机信息体系的基准、方法和工具。

元数据一般是资源的提供者（创作者或出版者），也可是其他人来创建，取胜的关键是谁来建立及建立的速度是否够快。国内外常用元数据规范见表 10.1 和表 10.2。

表 10.1 国外部分元数据规范

元数据名称	元数据类型	处理资源对象
DC	通用元数据	通用资源
MARC （machine readable cataloging）	图书馆资源元数据	图书馆资源
TEI （text encoding initiative）	电子文本元数据	电子文本
GILS （government information locator service）	政府资源元数据	政府资源
FGDC	数字地理空间元数据	地理空间数据
EAD （encoded archival description）	档案资源元数据	档案资源
CDWA （categories for the descriptions of works of art）	博物馆资源元数据	艺术作品
VRA Core （visual resources association）	可视资源元数据	视频资源
OAIS	长期保存元数据	管理数据

表 10.2　国内代表性描述元数据标准

资料	比较具有代表性的元数据标准
文献资料	CNMARC（中国机读目录）、国家科技图书文献中心文献数据加工细则、中国科学文献数据库数据处理手册、CDLS 期刊论文元数据规范、CDLS 会议论文元数据规范
古文献系列	CDLS 古籍元数据规范、CDLS 拓片元数据规范、CDLS 与图元数据规范、CDLS 家谱元数据规范、CDLS 地方志元数据规范
藏品	MICL_DC
音视频资料	广播电视音像资料编目规范（第 1 部分：电视资料）、中国民族音乐数据库元数据标准、CDLS 音频资料元数据规范
教育资源	CELTS-42、上海交通大学教学参考书元数据标准、CALLS 高校教学参考信息管理与服务系统元数据规范标准、CDLS 学位论文元数据规范
电子图书	超星电子图书元数据、高等学校中英文图书数字化国际合作计划项目（CADAL）元数据、CDLS 电子图书元数据规范
其他	国家基础地理信息系统（NFGIS）元数据标准草案（初稿）、CDLS 网络资源元数据规范

4. 语义网与本体方法

（1）语义网

W3C（万维网联盟）在 2001 年 2 月正式推出语义网计划。语义网（Semantic Web）是一个数据的 Web，从某种形式上说类似于一个全球性的数据库。Semantic Web 方法是要开发一系列计算机可以理解和处理的关于语义信息的语言和技术，以机器可处理的形式表达信息，以支持网络环境下有效的自动推理功能。当前它主要致力于支持对网络信息资源的语义和概念之间关系的表示，支持语义信息自动标引。语义网语言主要包括 XML、RDF、OIL、DAML+OIL/OWL。

1）XML：可交换的语法，是语义描述语言的基础；

2）RDF：元数据描述框架，有一定的语义和推理能力；

3）OIL：描述本体的语言，具有良好的语义；

4）DAML+OIL/OWL：是一种表达能力更强的本体语言。

为了实现网络环境下基于语义的信息检索与自动推理，Semantic Web 具有如图 10.1 所示的多层技术框架。

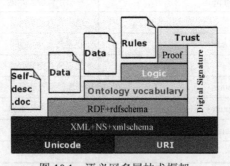

图 10.1　语义网多层技术框架

1）Unicode 和 URI 层。这是语义网的最底层。Unicode 可以保证网络用户使用国际化、通用化的字符集。

2）XML+NS+XMLSchema 层和 RDF/RDF Schema 层。这两层建立了统一的语义数据交换格式和语义表达语言。RDF 是资源描述框架，负责对语义进行描述，但其语义之间关系表达还不够丰富。

3）Ontology 层。本体是一整套对某一领域里的知识进行表述的词和术语，编制者根据该知识领域的结构将这些词和术语组成等级类目，同时规定类目的特性及其之间的关系。一个领域本体模型给出了某领域的准确描述，通常领域本体是由该领域的专家共同制定。把它抽象为概念、概念属性及概念间关系的集合。本体也可以被表示为一个非循环有向图。有向图中每个节点表示一个概念，概念之间各种带有方向的箭头描述了各个概念之间的关系，如 is-a、kind-of、part-of、instance-of、interact-with 等。该层是语义网体系里的核心层。

4）顶层——Logic，Proof 和 Trust。这三层位于语义网体系结构的顶部，也是语义表达的高级要求，目前正处于研究阶段。逻辑层提供了推理规则的描述手段。论证层通过运用这些规则进行逻辑推理和求证。而信托层则负责为应用程序提供一种机制以决定是否信任给出的论证。

（2）本体

本体是一套得到大多数人认同的、关于概念体系的明确的、形式化的规范说明。

本体的建构，一般不能简单地看成是项目开发，而应看成是工程开发。目前的一些本体建构方法大都从个案的开发过程中总结出来的。一般说来，建构一个知识领域的本体，包括以下 6 个步骤：①确定本体的领域和范围；②列举知识领域中重要的术语、概念；③建立本体框架；④设计元本体，重用已有的本体，定义领域中概念之间的关系；⑤对领域本体进行编码、形式化；⑥对本体进行检验和评价。

W3C 推荐的本体描述语言 OWL 就是一种基于描述逻辑的、具有一定推理能力的语言工具。本体及其推理能力代表了现代信息组织，特别是网络信息组织的发展趋势，它不仅有利于信息的形式化描述，而且依据本体信息组织方法建立的检索系统，更能满足用户进行语义检索，特别是智能检索的需要。

基于本体的网络信息组织，能将网络上的数据信息提炼成知识，对网络信息资源进行知识重组和表示，实现计算机对网络信息资源的自动组织，从而为用户提供智能的检索与服务。

5. 分众分类法（folksomony）

分众分类是"群众"自发性定义的平面非等级标签分类，是一种使用用户自由选择的关键词（即 Tag）对网站进行协作分类的方式，它反映的是整个社群的群体意识倾向和知识背景。

分众分类法基于用户的自定义标签，是用户自发的行为，因群体性效应而产生信息分类结果，没有严格的分类标准。分众分类法是 web2.0 时代，用户自动地对网络非结构化信息进行信息组织的一个代表。

10.1.3 信息组织发展趋势

互联网时代，信息组织的总体趋势是向广度和深度发展，各种技术融合，促进信息组织的效率。具体来说，主要表现在以下方面。

1. 人工方式与自动化方式并存发展

自动化是未来信息资源组织的大趋势，但由人类智力控制的人工信息组织方式仍会同时发展。由图书馆和文献单位建立的网络专业信息组织和检索系统将会继续发展，并为其他行业的信息组织提供参考。人工方式与自动化技术融合是信息组织发展的一个趋势。

2. 组织技术的自动化和智能化

自动分类、自动标引、自动文摘、自动编制分类表、信息自动判别和推送技术将进一步得到应用。语义网技术及建立其上的智能代理技术是目前的研究热点。智能代理技术和语义网技术结合将促进能够理解和处理网络语义信息的智能主体的实现，从而将改变人类信息获取的方式和能力。

3. 组织活动加强合作

合作化是最大限度进行网络信息资源组织的解决方法之一。面对数量巨大的学科知识、政府信息、商业信息、社会信息，需要各行业、各领域的从业人员组织合作，加强信息组织标准方面的协同和推广。图书馆学专家、信息科学专家、计算机科学专家等各领域专家是信息组织工作的主体，在信息组织标准制定、技术创新等方面需进一步推进深入合作。

4. 网格计算和语义网格

网格计算及其相关的语义网格技术是着重从计算机网络结构的角度来研究和开发计算资源及进行语义处理的。网格技术与语义网技术相结合是未来的一个发展趋势，为网络信息资源的自动计算及体系组织，提供了一个值得关注的方向。

10.2 信息生态系统结构与信息组织的关系

基于信息生态理论，进行信息组织的研究，其实质是研究对信息生态系统的信息进行组织。组织的目标要以信息系统的生态化发展为依据。首先需要解析信息生态系统结构与信息组织的关系。

10.2.1 信息生态系统的结构

前文已经提到，信息生态系统的基本构成成分是信息、信息人和信息环境。根据信息人在信息生态系统中的作用不同，可以分为信息生产者、信息组织者、信息传播者、信息消费者和信息分解者。信息生产者主要是指零次信息和带有创新性质的一次、二次信息的生产者；信息组织者是指通过一定的方法使信息有序化，便于用户查询和使用的专业人员；信息传播者是指通过一定的信息通道，实现信息传播的各种媒体和技术领域人员；信息消费者是指有一定的信息需求，并通过有偿或间接有偿的方式消费信息的人；信息分解者是指将过时的、错误的、虚假的、不健康的、不安全的信息及时删除，或者通过一定的自动处理机制，使上述信息不出现在用户的搜索结果中的人员。

10.2.2 信息生态系统的信息链结构及层次结构

信息生态系统的信息链结构和层次结构是信息组织模式的基础。

信息生产者、信息组织者、信息传播者、信息消费者和信息分解者在一定的信息环境中处理信息，构成信息链，并成为信息链中的信息节点。信息链中有信息流动，并随之产生能量流动。在信息链结构中，信息组织者是决定信息序化程度的关键要素。在信息生态观点下，海量的、无序的信息必须在有效的组织下，才能促进整个信息生态系统的平衡和进化。

从信息生态的角度研究信息生态的信息组织模式，需要剖析其层次结构。根据上文所述，生态系统层级系统理论认为客观世界的结构是有层次性的，任何系统都是其他系统的子系统，同时它本身又是由许多子系统组成的。信息生态系统是个多层次的独立体系，可以按照系统构成成分的特点、信息流流动范围与特征、能量变化特征等多方面特点划分为七个等级，信息生态系统层次结构的最底层是信息个体，即具有一定信息特征的人。信息个体在一定的情境下，扮演着信息生产者、信息传播者、信息组织者、信息消费者或信息分解者的角色。扮演较固定角色的信息个体聚集形成信息种群，具有直接或间接关系的多种信息种群通过有规律的组合形成信息群落，如企业信息群落，政府信息群落等。信息群落以具有特定信息需求的人和具有特定表达和组织方式的信息为核心，在一定的信息环境下形成相对独立的群落内信息链。具有一定关系的信息群落构成各级信息生态系统。

信息生态系统的信息组织模式需建立在信息链结构和层次结构的基础上。在不同形式的链式结构和不同级别的结构层级中，信息组织主体、信息组织方式都有所区别。

10.3 信息生态系统典型信息群落及其信息组织特征

信息生态系统中存在着三种典型的信息群落：企业信息群落、政府信息群落和科技信息群落。三种群落在社会生活中有着举足轻重的作用，构成了社会信息生活的主要内容。分析典型信息群落的信息组织特征主要从以下几方面入手：信息群落内的信息个体特征、信息链特征、信息个体在信息链中的位置与角色特征、信息流特征、信息组织的最终目标和价值取向。

10.3.1　企业信息群落及其信息组织特征

企业信息群落是在企业经营管理领域中，各种与企业经营具有直接或相关关系的信息种群的有规律组合。其信息组织特征包括以下几方面。

1. 信息个体特征

信息个体特征是由企业各级管理者、各业务流程上的普通员工、企业内外的专门信息管理人员、企业外部的中介服务人员构成。

2. 信息链特征

企业信息群落的信息链基于不同业务流程形成，即某一具体的业务流程中需要处理和传递的信息构成一个信息链。信息链节点由不同的信息个体构成，某一节点的信息个体形成该节点对应的种群，如信息生产者种群。

3. 信息个体在信息链中的位置与角色特征

企业信息群落中的信息个体属于哪个种群，位于某具体信息链的哪个节点不是固定不变的。比较典型的是，企业研发人员在企业产品研发信息链中是信息生产者，构成信息生产者种群；而在客户服务信息链中，是信息消费者，构成信息消费者种群。企业信息管理人员的角色相对固定，在多个信息链中作为信息组织和传播者种群出现。

4. 信息流特征

信息流复杂多样，包括管理决策信息流、生产信息流、财务信息流、技术信息流、客户关系信息流、人力资源信息流等。信息环境主要分为企业内部信息环境和外部信息环境。

5. 最终目标与价值取向

最终目标是满足企业内部知识创新的信息需求，其成功标志是促进企业内部创新，即价值取向指向企业组织内部。

10.3.2　政府信息生态群落及其信息组织特征

政府信息群落是在政府公共服务与管理领域中，各种与政府服务有直接或相关关系的信息种群的有规律组合。其信息组织特征包括以下几方面。

1. 信息个体特征

政府信息群落的信息个体包括政府各级管理者、政府信息管理人员、企业领导者、公众。

2. 信息链特征

政府信息群落的信息链相对简单，根据服务对象的不同，可以分为以企业为服务对象的信息链、以普通公众为服务对象的信息链和政府内部政务信息链。

3. 信息个体在信息链中的位置与角色特征

在以企业和公众为服务对象的信息链中，政府各级管理者构成信息生产者种群，信息管理者构成信息组织者、信息传播者和信息分解者种群，对政府信息有需求的企业和公众构成信息消费者种群。在政府内部政务信息链中，政府各级管理者和职员根据业务流程的不同在信息链中作为信息生产者或信息消费者。

4. 信息流特征

群落信息流主要是政策、政策解读、咨询和办事流程信息，以企业和公众为服务对象的信息链信息流比较简单，一般是单向的，咨询类是双向的；政府内部政务信息流比较复杂，以部门的职能关系为依据。

5. 最终目标与价值取向

最终目标是满足社会中企业发展和公众生活的信息需求，价值取向指向政府组织外部。

10.3.3 科技信息群落及其信息组织特征

科技信息群落是在科学研究领域中，各种与科研人员的技术和学术创新有直接或相关关系的信息种群的有规律组合。其信息组织特征包括以下几方面。

1. 信息个体特征

信息生产者具备较高的文化素质，信息组织者专业性较强。科技信息群落的信息个体包括科研人员、文献情报机构和信息服务企业的专业信息管理人员。

2. 信息链特征

信息链结构简单，该群落信息产出服务于整个社会，推进社会文明，同时是信息再生产的原料。

3. 信息个体在信息链中的位置与角色特征

各信息节点的种群角色比较固定。科研人员即是信息生产者又是信息消费者，专业信息管理人员是信息组织、信息传播、信息分解者，信息消费的目的是信息生产。

4. 信息流特征

科技信息群落的信息流主要是科学技术文献所承载的知识和信息，由信息生产者流向信息消费者。信息环境是全球的科学和技术研究大环境。

5. 最终目标与价值取向

最终目标是满足科学技术创新的信息需求，价值取向指向整个信息生态系统。

10.4　信息生态系统的信息组织模式

信息生态系统中不同的信息群落在信息组织模式上有自己的特点。主要针对信息生态系统中三大典型信息群落的信息组织特征来构建信息组织模式。

根据信息生态链结构，信息生产者的信息产出经信息传播和组织的往复过程提供给信息消费者，信息组织是连接信息生产和信息消费的桥梁。

信息消费泛指对信息的需要、获取和消化吸收，其形式可以概括为两种：消费者自己直接进行信息检索获取需要的信息、消费者通过信息咨询机构获取相应的信息。无论是哪种消费形式，信息检索的检全率和检准率是基础，正在发展中的本体和语义网技术，以及以语义为基本特征的 web3.0 技术可以支持基于语义的信息组织和检索。一旦基于语义的信息检索成为可能，不但信息消费者可以高效准确地得到自己需要的信息，而且信息分解者很容易运用屏蔽技术将不健康、不安全、过时和错误的信息屏蔽在用户检索结果之外，检索不到就可以认为是一定程度的信息分解。这样，信息污染、信息失衡等问题可以得到有效的解决，信息生态系统环境将得到一定程度的优化。信息生态系统信息组织模式的底层应为本体和语义网技术。

信息生态系统信息组织模式的表层为信息消费者获取信息时与网络交互的界面，界面信息表达的清晰性、可用性、可理解性及人性化和亲和性会给用户带来良好的用户体验，信息构建提供了可以满足这些需求的理念与方法。狭义的信息构建主要指借助图形设计、可用性工程、用户经验、人机交互、图书馆学等信息科学的理论方法，在用户需求分析的基础上，组织网站信息、设计导航系统、标签系统、索引和检索系统，以及内容布局，帮助用户更加成功地查找和管理信息。信息生态系统信息组织模式的表层应为信息构建方法和技术，即运用信息构建思路与方法进行信息布局。

信息生态系统中不同信息群落的信息组织模式具有一定的共性，但由于群落内信息种群活动方式、信息流动特征等存在比较显著的差异，不同群落的信息组织模式具有一定的特异性。

10.4.1　企业信息群落信息组织模式

企业信息群落的信息组织是以企业内部的知识发现和知识创新为目标，同时重视业务流程中隐性知识的发掘，其信息组织模式如图 10.2 所示。

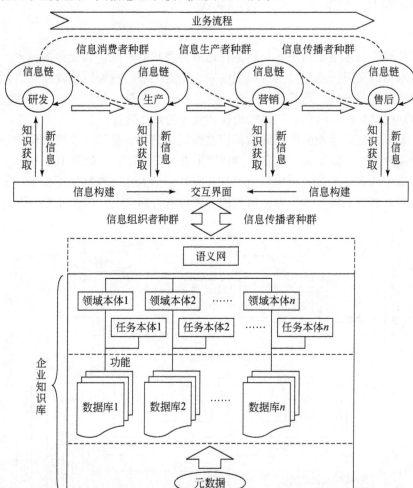

图 10.2　企业信息群落信息组织模式

　　企业信息群落信息组织的基础是基于元数据技术、数据库技术和本体技术构建的企业知识库，其中本体库包括领域本体和任务本体。由于企业信息群落中存在大量基于业务流程和具体任务的知识，因此任务本体的构建是其信息组织的重要方面。知识库与网络技术结合形成语义网络，并通过基于信息构建思想的交互界面与企业信息群落的具体信息活动进行交互。

　　企业信息群落的信息流是基于各种业务流程产生的，如某一系列产品的研发、生产、营销、售后构成整个业务流程，其中的研发等具体的专业业务构成局部的专业业务流程，知识库中的财务信息、人才信息、技术信息等为各个流程服务。群落中的各种群在不同的业务流程中积极活动，通过语义网的交互界面，向知识库索取知识和信息，并随时将流程中产生的新信息导入知识库，整个群落在动态的信息环境中进行活跃、复杂、交互的信息活动，其中信息组织者种群管理和维护整个信息组织系统。

10.4.2 政府信息群落信息组织模式

政府信息群落信息组织的根本目标是打造服务型政府，除了以元数据技术、数据库技术、本体技术和语义网技术构建信息组织的底层结构之外，应特别重视交互界面，即政府门户网站的信息组织问题，这是贯彻服务型理念的一个关键。信息构建方法和技术是目前政府门户网站信息结构和信息布局进行设计和实现的最佳选择。

政府信息群落信息组织的底层结构同样是领域本体和数据库，表层结构的政府门户网站功能分为用户直接信息检索、信息咨询和网上办公三大部分，如图 10.3 所示。信息组织者种群负责底层和表层的信息组织系统架构与维护；信息生产者种群主要由政府各级管理者构成，不断将新信息导入数据库；信息消费者种群有两大类，即企业和普通公众。

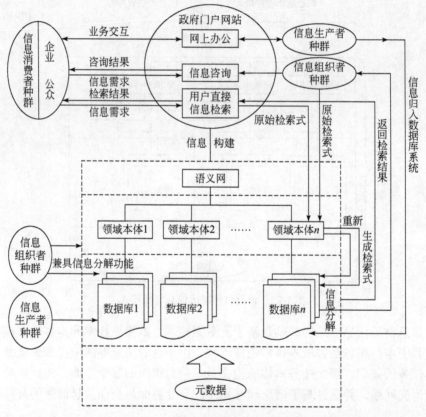

图 10.3 政府信息群落信息组织模式

信息消费者种群通过政府门户网站寻求各种信息服务，可输入检索式进行直接检索，原始的检索式由系统提交到语义网络的本体库部分，重新生成语义检索式，并到数据库中实现检索，将检索结果返回到交互界面，传达给信息消费者。信息消费者的信息咨询需求提交给政府信息服务人员，信息服务人员属于信息组织种群中的一个分支，他们根据咨询的问题组织信息，将结果回馈给信息消费者，在必要的时候，为了更全面、更精准地回答问题，信息服务人员会执行检索操作，其流程与消费者直接检索一致。网上办公需求的应答者属于信息生产者种群，这种实时交互的网上业务处理将产生一定的新信息，并导入数据库。

10.4.3 科技信息群落信息组织模式

科技信息群落信息组织的根本目的在于知识创新和知识发现，促进人类社会科学技术的发展。尽管科技信息群落的信息消费者种群和信息生产者种群进行着高智能的复杂知识创造，但其信息组织模式相对简单，如图 10.4 所示。

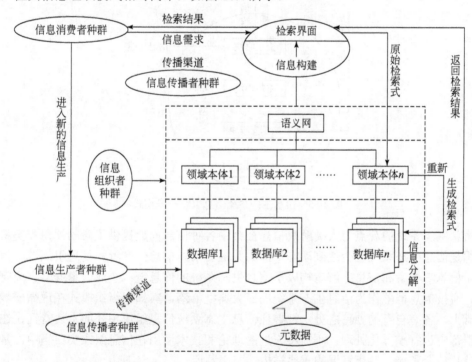

图 10.4 科技信息群落信息组织模式

本群落信息组织模式的底层为丰富的领域本体和数据库系统，其领域本体覆盖人类科学知识的各个方面，领域本体的公认性和知识推理能力是该群落信息组织效率的决定性因素。表层结构是检索界面，同样需运用信息构建技术和方法来构造。

信息消费者种群向检索界面提交检索申请，生成原始检索式，首先提交到领域本体库，继而重新生成检索式到数据库中检索，将检索结果返回到消费者的检索界面。由于领域本体的作用，能够较为精准地将消费者需要的信息提取出来，执行了一定程度的信息分解功能。信息消费者种群获取信息的主要目的新知识的创造，在新的信息生产环节，转化为信息生产者种群，并将生产结果经传播种群导入数据库。

10.4.4　信息生态系统信息组织一般模式

由 10.4.1 节~10.4.3 节的分析不难看出，各个信息群落的信息组织模式具有共性的部分，将其提取出来，即可构造出信息生态系统信息组织的一般模式，如图 10.5 所示。语义网络整合了信息组织的底层和表层结构，信息生态系统中各个群落依托自己的本体库和数据库进行信息活动。

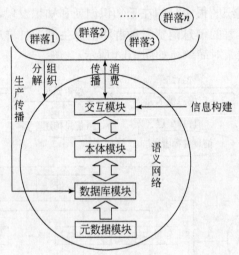

图 10.5　信息生态系统信息组织一般模式

信息生态系统的观点为人类解决信息社会中各种信息问题提供了新的视角和契机，信息组织是信息生态系统能否达到动态平衡的关键要素。信息生产者、信息组织者、信息传播者、信息消费者和信息分解者构成了信息生态系统的信息链；企业信息群落、政府信息群落、科技信息群落作为信息生态系统的三大典型群落，其知识组织模式在遵循一般模式的基础上，各有自身的独特之处。把握住信息生态系统信息组织模式的本质特征，在不同信息群落中进行差异化处理，不断将先进的理论和技术运用在信息组织实践当中，是促进人类信息社会和谐、健康发展的重要举措。

第 11 章　信息生态理论在企业知识管理中的应用

党在十七大中提出了"大力推进信息化与工业化融合"的崭新命题。在十八大中又提出："坚持走中国特色新型工业化、信息化、城镇化、农业现代化道路，推动信息化和工业化深度融合……。"在新型工业化发展的过程中，企业是"两化"融合的主体，其在产品研发、生产制造、业务融合和产业衍生的"两化"融合过程中，知识管理成为企业转型升级、快速发展的助推器。

11.1　信息生态系统下企业知识管理问题的提出

11.1.1　企业的信息生态系统

信息生态（information ecology）用来表达生态观念和日益变得重要和复杂的信息环境之间的关联。信息生态的核心是强调信息人、信息技术和信息环境所构成的信息生态系统的"和谐性"。企业信息生态系统是一个企业和系统环境共处的动态平衡系统，在一定的时间和空间条件下受企业内部环境和外部环境相互影响、相互作用。企业信息生态系统由企业信息系统及其内外部环境共同构成，其中包括人、技术、信息和环境，这种构成并不是简单的结合，而是存在着物质、信息和能量的交换，是企业各部门之间相互影响和相互联系的有机整体。

企业在"信息化与工业化"融合发展的过程中，需要信息化深入到企业的研发、生产、业务和产业转型升级的各个环节，其信息化与工业化融合的过程需要实现信息生态系统所强调的"企业、信息技术和信息环境"三者之间的和谐发展，进而才能通过企业采用合理的信息技术，在内外信息环境的引导和作用下，实现"两化"融合过程中企业的转型升级和发展。

11.1.2　企业知识管理必要性及知识管理过程

我国企业在"两化"融合的过程中，需要依靠信息技术促进企业从"高能耗、高污染、低资源利用率"向"低能耗、低污染、高资源利用率"的集约式发展进行转变。知识管理作为一种管理方法和有效工具，为企业转型升级的实现提供了有利支撑。面对日益增长的非连续性环境变化，企业需要通过实施知识管理等措施来增强组织的适应性和竞争能力。

企业知识管理过程涉及知识收集、知识传递、知识共享和知识创新四个关键环节：①

知识收集阶段，企业借助知识管理系统（knowledge management system， KMS）提供的统一数据平台对研发、生产、销售等全生命周期过程中的文档及隐性知识进行收集。②知识传递阶段，通过邮件系统、即时通信系统（如 QQ）和企业 KOA（知识管理型办公自动化平台），以协同知识管理为基础，将企业内部的通知公告、文件管理、知识经验、组织机构、审批手续等通过网络手段联系起来，实现企业各种知识资源的集中管理和知识传递。③知识共享阶段，企业通过互联网和内网为企业内外部的员工、客户、上游供应商和下游合作伙伴提供大量信息，同时通过在线培训，为员工提供知识交流和知识共享的平台。④知识创新阶段，企业内部利用 CAD/CAE/CAM（计算机辅助设计/计算机辅助工程/计算机辅助制造）、MES（manufacturing execution system，制造执行系统）、PLM（product lifecycle management，产品全生命周期管理）、ERP（enterprise Resource planning，企业资源计划）等系统，在研发、生产过程中进行知识创新。

11.1.3　企业知识管理过程中所面临的信息生态系统

企业的信息生态系统，其基本构成要素包括信息人（企业员工）、信息技术和信息生态环境。其中，信息生态环境是指某一特定社会环境下所有企业及其他组织，共同产生的对信息技术和信息人的影响。其中，信息生态环境分为企业的内部环境和企业的外部环境。

企业在推进知识管理的过程中，会面临企业内部和外部的信息生态环境，也可称为微观和宏观环境。微观环境为企业的内部环境，包括推进知识管理的过程中企业采取的激励机制、制度建设、宣传活动和政策导向；宏观环境为企业的外部环境，包括企业推进知识管理的过程中，受到的国家政策、经济、法律等外部因素的影响。

从知识管理的过程来看，企业的知识收集、知识传递、知识共享和知识创新会受到信息生态系统构成要素中的信息人、信息技术、信息环境（内部环境和外部环境）的影响。从信息生态所强调的"和谐发展"角度来看，企业信息生态系统的构成要素相互协调发展，将更有利于企业知识管理的实现。因此，本章从信息生态系统构成要素角度出发，对企业知识管理过程的影响因素进行分析，并试图通过定量分析的方法，分析信息生态系统对知识管理实施过程影响的关键因素，进而指导中国的企业更好地开展知识管理，实现"两化"融合过程中的转型升级。

11.2　信息生态系统视角下企业知识管理影响因素

11.2.1　企业知识管理影响因素理论模型

为对信息生态系统下企业知识管理的影响因素进行分析，本节收集和整理了国内外知识管理影响因素的相关理论模型。国外学者 Edgar 从资源组织、信息管理、环境优化等角度构建了知识管理影响因素的成熟模型，提高企业工作的效率和竞争力。国内学者赵西萍等构建了企业知识管理概念模型，从管理性因素、内外部环境等几方面分析了知识管理影响因素和作用机理。国内学者从管理者、员工、流程、文化、技术、内容六个维度构建了企业知识管理实施过程中影响因素模型，用 AHP 决策分析法结合企业进行实际调研，帮助企业改进知识管理水平。

本节在综合国内外相关学者知识管理过程影响因素理论模型的基础上，结合信息生态系统下企业知识管理的特点，基于信息生态系统的信息人、信息技术和信息生态环境三个构成要素，构建了基于信息生态系统理论的企业知识管理影响因素的理论模型（图 11.1）。

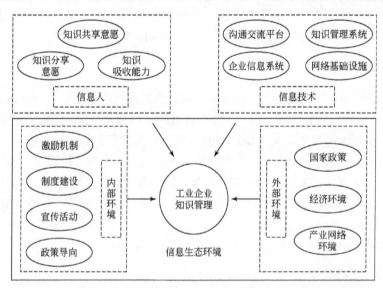

图 11.1　基于信息生态系统理论的企业知识管理影响因素的理论模型

11.2.2　文献回顾及假设建立

基于信息生态系统构成要素的相关理论，本节从信息人、信息技术、企业内部环境和企业外部环境四个方面，对企业开展知识管理过程的影响因素进行文献回顾和假设建立。

1. 信息人

信息人，即企业的员工，他们在企业的知识管理推进过程中，在整体的信息生态系统中占据着重要的地位，其知识共享意愿、分享意向和吸收能力对推进企业知识管理的实现起着重要作用。学者 Simonin（1999）运用实证的方法进行分析，将知识拥有者的共享意愿用知识拥有者对知识的保护程度来度量，探究了这种保护程度（发送动机）与知识转移、共享效果之间是否具有显著的正向关系。学者 Szulanski（1996）归纳了企业中知识接收方的消化知识能力对知识管理效果产生的影响，即接收知识的动机、保持能力和吸收能力对知识管理实现的效果产生一定影响。根据以上分析，可以提出如下假设：

H1：信息人对推进企业的知识管理呈正向影响。

2. 信息技术

企业采用的信息技术是企业之间实现知识共享的重要平台。国外学者 Hendriks（1999）的研究中指出信息沟通技术的使用对显性知识共享具有更明显的影响。学者 Currie 和 kerrin（2003）等人认为信息技术中知识管理系统的使用会有效促进知识共享和转移的发生。国内学者张杰（2007）在其研究中表明，企业利用网络基础设施等 IT 技术促进知识分享的程度越高，就会越有机会将问题进行反馈，加速信息或者经验快速增长，有效激发员工挑战困难的欲望，促进企业知识创新成果的产出。根据以上分析，可以提出如下假设：

H2：信息技术对推进企业的知识管理呈正向影响。

3. 企业内部环境

企业内部环境是一个微观概念，在实施知识管理的过程中包括员工的激励机制、企业制度建设、组织结构和组织宣传活动等。国外学者 Bartol 和 Srivastava（2002）指出团队的激励政策会促进企业知识的共享，从而促进企业知识管理与知识组织更好地实现。Connelly 和 Kelloway（2003）在其研究中指出，企业对知识管理制度建设的支持程度，会促进知识管理的实现。Srivastava 等（2006）在其研究中表明，企业的组织结构越复杂，越不利于知识转移与共享；而是精简的制度建设，相对分化的权力制度会促进知识转移与共享。根据以上分析，可以提出如下假设：

H3：企业内部环境对推进企业的知识管理呈正向影响。

4. 企业外部环境

企业外部环境是一个宏观概念，在实施知识管理的过程中包括国家宏观的政策、社会经济及产业网络环境等。国外学者 Thomas 等（1997）指出社会经济活动的相互交流与沟通很大程度上促进了企业内部的沟通与交流，更好地推动了知识的获取与传递。国内学者赵爽（2009）认为国家政府机关要出台相应的政策，吸引企业积极地参与到知识共享的企业联盟中，在产业网络环境下应根据参与者的关系，提出企业知识共享与保护的权衡机制，从而制定相应的策略，为知识共享营造良好的环境。根据以上分析，可以提出如下假设：

H4：企业外部环境对推进企业的知识管理呈正向影响。

11.3 企业知识管理影响因素的实证研究

11.3.1 样本及问卷设计

本书在问卷发放的过程中，分别在吉林省一汽-大众汽车有限公司（简称一汽大众）和一汽轿车股份有限公司（简称一汽轿车）进行了试调查。根据试调查样本反映出的问题和对个别调查人员的访谈，课题组对调查问卷的研究内容进行了调整和修改。在正式调查实施的过程中，调查样本主要集中在企业的代表性行业，重点针对汽车、装备制造、冶金和石化行业四个典型行业，样本发放的对象包括一汽大众、一汽轿车、富奥汽车零部件股份有限公司、郑州宇通集团有限公司、长春轨道客车股份有限公司、通化钢铁集团股份有限公司、中国石油吉化集团公司 8 家代表性企业。

本次研究调查问卷的设计形式采用了一般性选择李克特五级量表。量表由一组陈述组成，每一组陈述遵循"非常重要""比较重要""一般""不太重要""非常不重要"这五种由浅入深的选项构成，并分别赋予其相应的分数 5、4、3、2、1。发放调查问卷 251 份，实际有效回收样本 211 份，有效问卷回收率为 84%。

11.3.2 描述性统计分析

在 211 份有效调查问卷中，问卷的答题者基本上都是企业中参与知识管理活动的工作人员。在认识问题、解决问题的能力上，他们具有鲜明的代表性。参与调查人员基本特征的描述性统计见表 11.1。

表 11.1 基本信息统计 （单位：人）

职位		年龄		教育程度		性别	
管理人员	68	30 岁以下	85	大专以下	51	男	131
技术人员	27	30~40	66	本科	87		
普通员工	73	40~50	44	硕士	46	女	80
其他	43	50 岁以上	16	博士	27		

通过对回收的有效样本进行描述性统计分析，可以总体上把握被调查者的特征。从被调查者的职位看，普通员工约占 34.60%，管理人员约占 32.23%，技术人员约占 12.80%，调查结构很好地代表了企业实施知识管理过程中的人员层次结构；从年龄结构看，30 岁及以下的约占 40.28%，30~40 岁约占 31.28%，40~50 岁的约占 20.85%，50 岁以上的约占 7.58%，反映出样本调查的年龄结构较为合理；从教育程度来看，本科约占 41.23%，硕士约占 21.80%，博士约占 12.80%，调查对象的学历层次分布较为合理；从性别来看，男性 62.09%，女性 37.91%，反映出企业中男性所占的比例较大，符合行业性别分布特点。因此，综合调查对象在职位、年龄、教育程度和性别方面的比例情况看，调查对象的样本分布较为合理。

11.3.3 信度和效度检验

为对样本数据的可靠性进行检验，课题组对收集的数据进行了信度和效度检验。其检验结果见表 11.2。

表 11.2　KMO 和 Bartlett 的检验

取样足够度的 Kaiser-Meyer-Olkin 度量		0.718
Bartlett 的球形度检验	近似卡方	274.694
	Df	6
	Sig.	0.000

　　数据结果显示，KMO 值为 0.718>0.5，说明适合进行因子分析；由 Bartlett 球体检验值，可知各变量独立的假设不成立，即各变量间具有较强的相关性，因此也适合进行因子分析；利用探索性因子分析后可以看出问卷的总体设计比较合理。因此，效度和信度检验结果表明本次研究调查问卷数据可靠性较强。

11.3.4　数据回归分析

　　回归分析是一种应用极为广泛的数量分析方法，它用于分析事物间的统计关系，侧重考察变量之间的数量变化规律，通过回归方程的形式描述和反映这种关系，帮助人们准确把握变量受其他一个或多个变量影响的程度，为预测提供科学依据。

　　在本书中，因变量为企业的知识管理实现，自变量为信息人、信息技术、企业内部环境、企业外部环境，即可建立影响企业知识管理过程的影响因素多元回归模型为

$$知识管理实现影响因素 = a_1 + a_2 \times 信息人 + a_3 \times 信息技术 + a_4 \times 企业内部环境 + a_5 \times 企业外部环境$$

　　依据回归系数的计算结果，R 为 0.714，R^2 为 0.510，调整判定系数 R^2 为 0.502，即可认为该模型的拟合优度较大，即"信息人、信息技术、企业内部环境和企业外部环境"解释了知识管理总变异性的 51%，被解释变量可以被模型解释的部分较多，调整的 R^2 对总体值做了更好的估计。

　　由表 11.3 可知，该模型因变量的总离差平方和为 146.318，回归平方和及均方分别为73.389 和 18.347，残差平方和及均方分别为 72.930 和 0.323。F 检验统计量的观测值为56.856，对应的概率 P 值为 0.000，小于显著性水平 0.05，说明包含所有变量的回归模型能够显著地预测企业知识管理实施过程中的影响因素。原假设 $R^2=0$ 被拒绝，在此过程中认为模型中的各偏回归系数不同时为 0，自变量与因变量全体的线性关系是显著的，可建立线性模型。

表 11.3　回归分析方差分析表

模型		平方和	df	均方	F	Sig.
1	回归	73.389	4	18.347	56.856	0.000
	残差	72.930	226	0.323		
	总计	146.318	230			

由表 11.4 可知，在该模型中，信息人、信息技术、企业内部环境、企业外部环境对企业知识管理实现回归权重都是正值，说明各要素均具有正向的影响作用。同时，得到的企业实施知识管理过程中的影响因素多元回归方程模型为

知识管理实现影响因素=-0.551+0.270×信息人+0.194×信息技术+0.129×企业内部环境+0.102×企业外部环境

表 11.4 回归分析回归系数表

模型		非标准化系数		t	Sig.
		B	标准误差		
1	（常量）	−0.551	0.341	−1.617	0.107
	信息人	0.270	0.094	2.871	0.004
	信息技术	0.194	0.070	2.785	0.006
	企业内部环境	0.129	0.082	2.566	0.012
	企业外部环境	0.102	0.075	2.479	0.018

由多元回归方程的分析结果可知，信息人、信息技术、企业内部环境和企业外部环境均对企业知识管理实现产生正向影响，即信息人、信息技术、企业内部环境和企业外部环境的重要性分别提高 1 个百分点，那么企业知识管理实现的影响因素将分别提高 0.270、0.194、0.129、0.102 个百分点，且四个影响因素的影响程度由大到小的排序为：信息人＞信息技术＞企业内部环境＞企业外部环境。

通过表 11.4 中预测变量的 T 和 P 值，可以检验每个预测变量的显著性，各要素对企业知识管理实施过程均有支持原假设并且有正向影响，其作用关系和检验结果见表 11.5。

表 11.5 假设检验结果表

假设	作用关系	T 值	显著性	检验结果
H1	信息人对推进企业的知识管理呈正向影响	2.871	0.004	支持
H2	信息技术对推进企业的知识管理呈正向影响	2.785	0.006	支持
H3	企业内部环境对推进企业的知识管理呈正向影响	2.566	0.012	支持
H4	企业外部环境对推进企业的知识管理呈正向影响	2.479	0.018	支持

11.3.5 讨论分析

从数据统计分析结果可以看出以下 3 点。

第一，从整体假设的支持结果进行分析，T 值和 P 值的结果表明，本章所提出的四个假设（H1、H2、H3、H4）均支持，即信息人、信息技术、企业内部环境和企业外部环境对企业的知识管理实施过程均呈现正向影响关系。这在一定程度上说明，从信息生态系统角度分析企业的知识管理实施过程的影响因素，其理论研究基点具有一定的可行性。

第二，从影响因素的作用角度进行分析，非标准化系数 B 值结果表明，信息生态系统

要素对企业的知识管理实施过程的影响程度，按作用大小依次是"信息人＞信息技术＞企业内部环境＞企业外部环境"。信息人（即企业员工）在企业实施知识管理的过程中扮演最重要的角色，对推动知识管理的实现起到关键的影响，是信息生态系统的核心；其次，是信息技术，企业在知识管理的过程中，需要信息技术的推动才能实现好的知识管理效果。

第三，从所构建模型的拟合程度进行分析，R 值结果表明模型整体的拟合度较好，说明本章所提出的"基于信息生态系统理论的企业知识管理影响因素理论模型"可用，可以作为企业知识管理过程的相关指导。企业在推进知识管理的过程中，应通过一定的激励机制调动员工知识共享的意愿，同时在企业内部通过建立知识管理的沟通、交流、共享和管理平台，加快推进知识管理的步伐。同时，在实施过程中注重内外部环境的利用。最终，实现"员工、信息技术、内部环境和外部环境"的和谐发展。

11.4 研究结论

本章从"两化"融合背景下企业转型升级发展需求入手，基于信息生态系统构成要素角度，对企业知识管理实施过程影响因素建立理论模型、提出研究假设，并利用问卷调查和回归分析方法对所提出的假设进行了实证分析。

本章在理论层面，基于信息生态系统构成要素中的"信息人、信息技术、企业内部环境和企业外部环境"和谐发展的角度，构建了企业知识管理实施过程影响因素理论模型，并通过文献回顾提出相关假设。实证研究的结果证明，所构建的"基于信息生态系统理论的企业知识管理影响因素理论模型"拟合度较好。该模型可为企业知识管理的研究提供了新的研究视角，为信息生态系统理论的纵深化发展提供了理论应用方面的指导和借鉴。

本章在应用层面，结合企业中的汽车、装备制造、冶金、石化四个典型企业展开调查，利用 SPSS 对数据结果进行验证。数据研究的结果说明信息生态系统构成要素中，信息人、信息技术、信息内部环境和信息外部环境对企业知识管理的实现都产生正向影响。其中，信息人（即员工）在企业知识管理过程中起到最为关键作用，是关键影响因素；信息技术对推动企业知识管理的进程也起到一定推动作用。本章结合企业知识管理的典型行业进行实证分析，对推动"两化"融合背景下企业利用知识管理进行转型升级，将产生积极的推动作用。

在本书的研究中，所调查收集的数据主要来自于企业，使调查的数据结果可能存在一定的行业特点，致使本章所构建的理论模型还存在一定的行业应用局限性。在未来的研究中，课题组将扩大问卷调查的行业范围，并尝试对比分析不同行业信息生态系统下知识管理影响因素，以使本书适用于更大的产业应用领域。

第 12 章　信息生态理论在企业信息化建设和评价中的应用

为更好地解决"数据孤岛""信息孤岛"等问题，满足企业日益增长的信息和知识获取需求，迎合外部不断变化的客户要求，一种具有更高效率、集成度更好的信息平台，即企业信息门户（enterprise information portals，EIP）成为当前很多企业信息化建设中关注的焦点。美国美林证券公司的 Shilakes 和 Tylman 在 1998 年首次提出企业信息门户的概念，认为它能够释放存储在企业内部和外部的各种信息，使客户能够从单一的渠道访问到使其做出明智商业决策所需的个性化信息。基于网站技术，门户的应用不再被局限于雇员，它也可以被外部的供应商、客户和合作伙伴所使用。企业信息门户是企业整合信息资源与应用系统的平台，一个具有良好生态性的企业信息门户，可以将企业内部"信息孤岛"实现有效集成，并对客户的个性化要求做出快速响应。

12.1　信息生态理论在企业门户网站建设和评价中的应用

12.1.1　企业信息门户内涵

随着企业信息化的发展，企业需要对与其商业目标有关的信息资源进行选择、收集，并为这些信息提供访问渠道，而企业信息门户的优势就是将其他信息管理工具实现集成化和个性化。国外学者认为企业信息门户（enterprise information portal，EIP）是在组织内部使用的，以收集、共享和传播信息为目的的单点网页浏览器界面，并认为 EIP 系统有六大功能，即个性化、集成化、搜索、发布、协作和分类。

国内学者认为 EIP 的实质是一个应用的框架，它将企业的应用模块和数据集成到一个统一平台，并且通过友好的用户界面提供给用户，它使企业员工、供应商、客户和合作伙伴能够从各自单一的渠道访问其所需的信息。EIP 把各种存在于企业内部的相对独立、功能各异的管理信息系统有效组织整合起来，让不同用户通过授权，从统一入口获取特定信息，有效地避免了企业内部信息孤岛的出现。从 EIP 的功能和特点来看，它具有统一平台、个性服务、应用集成、协同共享、唯一性、继承性、个性化、自主维护等特点。

本章从系统角度，认为 EIP 是指在 Internet/Intranet 的环境下，把企业的各种应用系统、数据资源和互联网资源集成在一起的统一平台，该平台可根据每个用户的特点形成个性化的应用界面，通过双向信息交流将企业的员工、客户、合作伙伴等联系在一起。其整体性、集成性和个性化是企业信息门户的关键特点。它可以分为对外客户/合作伙伴的 EIP 和对内员工门户 EIP，本章的研究对象仅限于对外客户 EIP。

12.1.2　企业信息门户生态性和网站评价

EIP 是企业内外面向客户、供应商、合作伙伴、内部雇员的重要信息窗口，是实现信息传播的重要载体。从信息人、信息和信息环境三个要素实现 EIP 的信息生态性对吸引和留住客户，促进门户网站向企业信息门户生态性的功能演进具有重要战略意义。企业信息门户的发展经历了从传统的门户网站、企业应用门户、再到企业协同信息门户的演进过程。企业信息门户生态性可以促进门户网站的演进，实现企业内外有效信息与客户、供应商、合作伙伴之间的互动交流，在大数据时代背景下更好地挖掘和分析客户层面的产品需求和购物行为。

在已有网站评价的基础上，从客户体验视角分析企业信息门户生态性是实现信息门户内外"信息孤岛"集成中的切入点。只有解决好企业信息门户的生态性问题，才能针对客户需求更好地整合内外资源和挖掘客户需求实现智能企业信息门户的构建，从而支持企业在瞬息万变的商业环境中进行快速决策。

12.1.3　评价指标体系构建

1. 评价指标体系构建的理论依据

企业信息门户生态性评价是指客户在实际访问外部 EIP 的基础上，针对客户在操作过程中对信息访问或与企业内部进行有效信息交互，并获得满意度的一种应用性评价。一方面，通过客户在实际访问外部 EIP 过程中的体验，可以客观地评价企业外部信息门户的构建效果，从而指导企业 EIP 的建设；另一方面，通过构建评价指标，可以更好地从客户角度挖掘需求，以提高企业整体的产品服务质量。

对于 EIP 生态性评价指标构建，是基于网站可用性评价指标的相关理论基础上建立的。本章基于客户体验视角，以行业企业典范汽车企业外部 EIP 为研究对象，通过总结国内外学者对企业信息门户以及网站生态性的认识，并结合企业信息门户生态性的特点，通过访谈、调查和行业专家咨询等方式，在借鉴国内外网站可用性评价体系的基础上，结合信息生态的相关理论，从信息人、信息和信息环境三个信息生态的基本构成要素出发设计了面向汽车企业信息门户网站生态性的测评指标。本指标体系中的一级指标适用于所有行业评价，二级指标对于其他行业的企业信息门户网站的评价也具有重要的参考价值和指导意义。

2. 评价指标构成

本书建立的企业信息门户网站评价指标,从"信息人、信息和信息环境"三个信息生态基本要素的生态性来进行分析,从而形成企业信息门户生态性评价指标的 6 个一级指标。从"信息人"生态性分析,客户使用企业外部 EIP 的前提是要具备一定的安全性和实用性,安全性保障客户自身信息不予泄露,实用性保障客户使用过程的简洁方便;从"信息"生态性分析,要具有一定的时效性和宣传性,时效性保障企业信息资源能够被合理充分利用,宣传性保障企业信息能够发挥最大效用;从"信息环境"生态性分析,要具备一定的服务性和拓展性,信息环境是信息交流活动环境基础,包括企业外部 EIP 网站的服务性及功能拓展。具体一级指标及下设的二级指标见表 12.1。

表 12.1 企业信息门户生态性评价指标

一级指标	二级指标	说明
安全性 C_1	官方认可 P_1	网站是官方认可的门户网站
	保护隐私 P_2	网站对客户个人信息予以保护
	广告拦截 P_3	网站中没有恶意弹出的广告
	安全下载 P_4	网站中提供的可供下载的文件无病毒
实用性 C_2	注册登录 P_5	网站中具有客户注册登录功能
	预约试驾 P_6	网站中存在客户网上预约试驾功能
	模拟报价 P_7	网站中存在客户网上购车模拟报价功能
	模拟购车 P_8	客户通过模拟购买过程,了解各种配置的汽车产品的性能
	安心二手车 P_9	网站提供二手车供求的详细信息
	精品加装 P_{10}	网站提供汽车装配、装饰的详细信息
	网上订单 P_{11}	在网上直接完成购买汽车的订单
	经销商查询 P_{12}	提供经销商分布、地址等各种详细的信息
	客户建议或投诉 P_{13}	是否具有客户投诉留言板、建议信箱等功能
时效性 C_3	新闻报道 P_{14}	发布有关企业动态的即时新闻
	产品同步 P_{15}	网站信息与实体产品信息同步
	产品介绍 P_{16}	提供企业汽车产品的详细介绍
	技术介绍 P_{17}	提供有关汽车产品技术的科普性介绍
宣传性 C_4	绿色产品 P_{18}	提供有关企业产品环保性能方面的信息
	绿色制造 P_{19}	提供有关企业低碳环保生产技术方面的信息
	企业简介 P_{20}	提供有关企业背景概述、发展沿革等方面的信息
	企业文化 P_{21}	提供有关企业精神、企业文化、核心理念等方面的信息
服务性 C_5	网站设计 P_{22}	网站的文字、多媒体、颜色设计和谐、美观
	信息公开 P_{23}	该网站的信息足够公开
	信息免费 P_{24}	可以在该网站免费获得所需信息
	信息个性化 P_{25}	网站所提供的文字、多媒体信息符合你的个性化需要
	信息链接 P_{26}	该网站的链接能否提供给你所需的目标信息

一级指标	二级指标	说明
拓展性 C_6	语言切换 P_{27}	实现不同国家语言的转换功能
	站内搜索 P_{28}	方便用户查询所需信息
	网站地图 P_{29}	首页中是否有导航性质的网站地图等功能
	特殊按钮 P_{30}	是否有收藏网页、调整字体大小和打印等功能按钮

（1）安全性

由于网络环境的虚拟性和面向公众的普及性，外部 EIP 在应用的过程中存在着很多不安全因素，这些对 EIP 的生态性有一定的影响。外部 EIP 作为企业对外交流的门户窗口，要想充分发挥作用首先要保障网站的安全性，而且良好的安全性是外部 EIP 构建中的基础。安全性指标包括以下几个二级指标，即官方认可、保护隐私、广告拦截和安全下载。

（2）实用性

企业信息门户最突出的特性就是对信息交流的实时双向性。在面向客户方面，企业信息门户最重要的功能就是够满足客户在购买商品的过程中各种购买和服务需求。因此，实用性是企业信息门户具有良好生态性的关键。结合行业企业信息门户典范，即汽车行业的自身特点，实用性的二级指标包括注册登录、预约试驾、模拟报价、模拟购车、安心二手车、精品加装、网上订单、经销商查询及客户建议或投诉。

（3）时效性

作为企业整合信息资源的平台，企业信息门户肩负着企业内外信息实时交流的任务，在面向客户时，企业信息门户必须提供企业最及时的信息动态，因此时效性也是衡量企业信息门户生态性的重要标准之一。时效性的二级指标包括新闻报道、产品同步、产品介绍和技术介绍。

（4）宣传性

外部企业信息门户是企业对外宣传的重要窗口，企业可以通过外部 EIP 向客户和合作伙伴提供产品和服务的各种信息，并拓展新的业务领域和推广新的产品营销模式。同时，现代企业发展的过程中更加关注企业的社会责任和可持续发展的实现，因此宣传性下设的二级指标包括企业简介、企业文化、绿色产品和绿色制造。

（5）服务性

企业信息门户是企业对外提供信息服务的窗口。面向客户时，使客户能够从单一的渠道访问其所需的个性化信息与应用。信息门户的数据和应用可以根据每一个人的要求来设置和提供，以增强对顾客的亲和力和吸引力。服务性的二级指标包括网站设计、信息公开、信息免费、信息个性化和信息链接。

（6）拓展性

拓展性是客户使用环境角度的重要评价要素。通过关注 EIP 功能开发和使用中的拓展性，可更好地挖掘客户对产品的进一步购买需求，从而为客户提供更好的服务。拓展性的二级指标包括语言切换、站内搜索、网站地图和特殊按钮。

因此，本书所提出的评价指标体系，是围绕信息人、信息和信息环境三个信息生态的基本要素而提出的，因而与以往的网站评价体系有所不同，它更注重网站中信息生态性的体现。

3. 评价指标权重设计方法

层次分析法（analytic hierarchy process，AHP）将各种因素层次化，并逐层比较多种关联因素，为分析和预测事物的发展提供可靠的定量依据。它把决策的思维过程数学化，从而为求解多目标、多准则或无结构特性的复杂问题提供一种简单的方法，尤其适合人的定向判断起重要作用、决策结果难于直接准确计量的场合。因此，该方法相比其他决策方法而言更适合企业信息门户 EIP 这种主观向较强的评价体系应用，为此这里采取 AHP 方法对企业信息门户生态性进行测评。具体评价指标权重设计方法的应用步骤如下。

（1）构造判断矩阵

本章采用专家法，对测评体系中的各个指标分层次进行重要性对比，并以 1-9 标度法进行赋值，综合专家的评分构造判断矩阵。分别组建 $T-C$、C_1-P、C_2-P、C_3-P、C_3-P、C_4-P、C_5-P、C_6-P 的判断矩阵。其中，1～9 各标度的含义见表 12.2。

表 12.2　1-9 标度的含义

标度	含义
1	两个因素相比，相同重要
3	两个因素相比，一个因素比另一个因素略重要
5	两个因素相比，一个因素比另一个因素较重要
7	两个因素相比，一个因素比另一个因素非常重要
9	两个因素相比，一个因素比另一个因素绝对重要
2、4、6、8	为以上相邻两判断之间的中间状态对应的标度值

（2）计算权重

这里运用特征向量的简化计算来计算各指标的权重。下面以 $T-C_i$ 判断矩阵为例，运用 Excel 软件来求出权重向量。结果见表 12.3。

表 12.3 $T-C_i$ 判断矩阵（$i=1$，2，3，4，5，6）

T	C_1	C_2	C_3	C_4	C_5	C_6
C_1	1	1	3	4	3	5
C_2	1	1	3	4	3	5
C_3	1/3	1/3	1	2	1	4
C_4	1/4	1/4	1/2	1	1/2	3
C_5	1/3	1/3	1	2	1	3
C_6	1/5	1/5	1/4	1/3	1/3	1

（3）准确性和可靠性检验

为保证数据的准确性和可靠性，这里对计算的数据结果进行了规范化和一致性检验。规范列求平均后的权向量 w 计算结果如式（12.1）所示

权向量 $w=(0.311，0.306，0.131，0.083，0.123，0.045)^T$ （12.1）

接下来，判断矩阵一致性，求最大特征值。则设矩阵 T 用 A 表示，其最大特征值为 λ_{max}，则 $Aw=w\lambda_{max}$，得最大特征值 λ_{max} 等于 6.148。然后进行一致性检验，计算一致性指标 CI：

$$CI=(\lambda_{max}-n)/(n-1)，$$

得 CI 等于 0.029。查找平均随机一致性指标 RI，平均随机一致性指标是指由多次（500 次以上）重复进行随机判断矩阵特征根计算之后取算术平均得到。平均随机一致性指标 RI=CI/CR，得 CR 等于 0.023。当 CR<0.1 时，一般认为判断矩阵的一致性是可以接受的，否则应对判断矩阵作适当的修正。根据以上理论及算法，依次算出各层指标权重，汇总见表 12.4。

表 12.4 评价体系权重汇总

一级指标	权重	二级指标	权重	
安全性 C_1	0.311	网站正规 P_1	0.201	$\Sigma=1$
		保护隐私 P_2	0.519	
		广告拦截 P_3	0.079	
		下载安全 P_4	0.201	
实用性 C_2	0.306	注册登录 P_5	0.022	$\Sigma=1$
		预约试驾 P_6	0.112	
		模拟报价 P_7	0.112	
		模拟购车 P_8	0.252	
		安心二手车 P_9	0.046	
		精品加装 P_{10}	0.046	
		网上订单 P_{11}	0.046	
		经销商查询 P_{12}	0.112	
		客户建议或投诉 P_{13}	0.252	
时效性 C_3	0.131	新闻报道 P_{14}	0.272	$\Sigma=1$
		产品同步 P_{15}	0.460	
		产品介绍 P_{16}	0.088	
		技术介绍 P_{17}	0.180	

续表

一级指标	权重	二级指标	权重	一级指标
宣传性 C_4	0.083	绿色产品 P_{18}	0.462	$\Sigma=1$
		绿色制造 P_{19}	0.147	
		企业简介 P_{20}	0.098	
		企业文化 P_{21}	0.293	
服务性 C_5	0.123	网站设计 P_{22}	0.192	$\Sigma=1$
		信息公开 P_{23}	0.489	
		信息免费 P_{24}	0.041	
		个性化信息 P_{25}	0.086	
		信息链接 P_{26}	0.192	
拓展性 C_6	0.045	语言切换 P_{27}	0.457	$\Sigma=1$
		站内搜索 P_{28}	0.146	
	0.001	网站地图 P_{29}	0.094	
		特质按钮 P_{30}	0.303	

12.1.4 案例和实验分析

1. 样本选择

为了检验本章所提出的企业信息门户生态系统评价体系的实际可操作性和应用价值，本章选择了国内汽车行业的五家代表性企业，即一汽丰田、福特中国、东风标致、大众汽车、宝马中国 5 个企业的外部 EIP 进行生态性测评。选择上述五个门户网站的原因是由于上述五家企业在中国企业的销量相对较高，客户利用外部企业信息门户了解和体验产品的环节相对较多，外部门户的访问量相对较大，对本章基于客户体验视角的分析有重要影响。

同时，选择 10 名有汽车购买需求，并希望通过企业外部 EIP 了解企业汽车的主要性能参数、主要服务、产品的网上体验等信息的客户参与了本次 EIP 生态性的测评实验。在对体验客户进行简单的指标介绍和培训后，客户依据本章提出的评价指标对上述五个外部企业信息门户进行了测评。

2. 评价过程

评分过程为 10 名体验客户依据评价指标对指定的五个企业的外部 EIP 进行实际操作。为降低操作的复杂性，评价指标内的各个二级指标分别按李克特量表分五个梯度进行评分，对应的评分标准和对应的分数见表 12.5。测评过程中，体验的客户在实验的状态下依次登录五个企业的外部 EIP，按照本章提出的评价指标在网站中进行浏览和操作，并将操作结果和满意程度进行记录，依此进行打分。

为了保障打分过程的公正可信性，每位参加测评的体验客户在没有外界帮助的情况下独立完成操作，并保证不被外界其他因素的干扰，以最大程度地模拟客户登录网站的实际情况，保证评价效果的公正性和有效性。

表 12.5 客户的评分标准

情况	分数
该指标没有	1
该指标很差	2
该指标一般	3
该指标较好	4
该指标非常好	5

3. 评价结果分析

每位参与测评的人员评出分数后，将各二级指标的分数乘以相应权重后求和，再将结果乘以所对应的一级指标权重后求和，所得的全部分数取平均值，即可求得五个测评外部 EIP 的最终得分，见表 12.6。

表 12.6 五个企业外部 EIP 评价的得分结果

评价指标	福特中国	东风标致	大众汽车	宝马中国	一汽丰田
安全性	5	5	5	5	5
实用性	2.944	2.988	2.676	2.484	2.484
时效性	5	5	4.456	4.456	4.456
宣传性	5	3.782	3.782	2.564	2.564
服务性	5	5	5	5	4.616
拓展性	2.588	1.96	3.788	3.788	1.376
综合得分	4.21	4.14	4.06	3.9	3.74

从各一级指标整体得分的情况来看，发现在"安全性""时效性"和"服务性"三项指标中，各企业得分基本持平，而且得分偏高，这表现出各个企业外部 EIP 在生态性的基本功能方面都予以了比较大的重视；得分差异较大的指标主要是"实用性"和"宣传性"。实用性指标在很大程度上反映了企业外部 EIP 是否重视客户体验，是否在设计自身外部 EIP 的过程中将客户的实际需要作为重要参考。在"实用性"指标上，客户比较关心的二级指标是模拟报价、模拟购车、客户建议或投诉，这表明客户在使用企业外部 EIP 过程中，格外重视自身的消费需求和消费者利益是否能得到充分满足。在"宣传性"指标上，客户比较关注绿色产品，这一指标的关注在一定程度上反映出客户对企业环保节能汽车产品方面越来越重视，另外也看出国家对绿色产品和节能环保方面也逐渐给出新的政策，在政策层面对客户的购买起到了引导作用。因此，在企业信息门户中"宣传性"指标中"绿色产品"成为全社会共同关注的焦点，是整体指标体系中仅次于"保护隐私""信息公开"后的重要二级评价指标。

从各评价指标体系整体综合测评的结果来看，福特中国外部 EIP 在整体的五个测评企业信息门户中得分最高。同其他的企业外部 EIP 相比，福特中国 EIP 在安全性、时效性、宣传性、服务性四个指标中均获得满分，其中"宣传性"指标中，福特中国是五家企业中唯一获得满分的企业。可以看出该 EIP 不仅在安全性、时效性、服务性等方面比较突出，最重要的是其注重绿色环保生产，在汽车生产方面秉持可持续发展的理念，在企业网站中向客户提供"绿色产品"和"绿色生产"信息服务，使得自身企业信息门户的生态性得到进一步的体现和完善，并赢得了更多客户的认可。从合资企业 2013 年同比 2012 年的汽车销量来看，长安福特位列全国之首，这一数据在一定程度上也说明企业外部 EIP 中的宣传性确实对企业本身产品设计理念和拉近客户的距离起到了重要作用。东风标致在"实用性"指标与其他企业外部 EIP 相比得分最高，为 2.988 分。原因是该企业外部 EIP 比较注重网上模拟购车、模拟报价以及网上订单等服务，为客户了解和购买企业产品提供了更大的便利。整体的得分表明，各企业外部 EIP 在"拓展性"方面都投入不够，得分普遍偏低，与作者在调查中的国外汽车企业的 EIP 相比存在一定的差距，这也正是我国汽车企业在未来 EIP 建设中努力的方向。

综上，结合中国汽车行业特点建立的企业信息门户生态性评价指标，涵盖了中国汽车企业信息门户现有以客户为主导的外部 EIP 的特点，因此本指标体系对中国汽车行业的外部 EIP 评价具有一定的积极指导作用。同时，本章在评价指标体系的构建过程中，也收集整理了相应的国外代表性汽车行业门户网站的典型案例（如宝马、福特、雪佛兰、别克、悍马），但由于不同国家的文化和客户具有一定的局限性。这在一定程度上也反映出外部企业信息门户在评价的过程中具有一定的行业性和地域性特点。

12.2 信息生态理论在企业 WAP 网站中的应用

门户网站是用户获取网络资源和行业信息的重要渠道。近些年，移动互联网技术高速发展，以手机等移动终端为代表的移动新媒体成为用户获取信息的新途径，截至 2014 年 6 月，我国手机网民规模达 5.27 亿，较 2013 年底增加了 2699 万人。随之而来的则是 WAP（wireless application protocol，无线应用协议）门户网站的发展与普及，网站不仅为企业提供了一个促进产品或服务的平台，而且提供了另一种途径来吸引更多的客户以创造收入。因此，网站的有效评价已经成为从业者和研究人员的关注点，如何对 WAP 门户网站进行评价成为研究的新课题。在近些年的研究中呈现出了多种多样网站评价方法，如网站可用性与设计，内容与质量，用户接受度与用户满意度等是最常见的用于评价网站的指标。

对于 WAP 网站的评价，国外学者有的认为移动网站的用户可分为网上购物者、信息搜寻者、娱乐寻求者等，WAP 网站应针对不同用户设计以提高用户满意度；有的认为，WAP 网站建设的关键问题在于弄清如何维持用户的利益—忠诚关系。在此背景下，如何利用各种 IT 技术，从用户视角满足用户的多样化信息需求，从"信息人、信息和信息环境和谐发展"的角度更好地体现 WAP 门户网站的生态性，在大数据环境下更好地挖掘 WAP 门户网站用户的不同信息服务需求，促进以"用户为导向"的 WAP 门户网站生态性建设，是大数据时代背景下 WAP 门户网站建设亟待解决的问题。

本节基于信息生态视角，构建 WAP 网站信息生态系统评价指标体系，并以低碳类和汽车行业 WAP 门户网站为例，进行评价指标体系应用的实证分析。本章的研究对推动 WAP 网站生态性的建设具有重要指导意义，研究结果试图回答以下三个问题：①如何利用信息生态的理论推动 WAP 门户网站生态性建设。②如何基于信息生态系统角度构建评价指标。③所构建的评价指标对指导目前的行业类 WAP 门户网站的建设是否具有一定的指导意义。

12.2.1　WAP 门户网站发展中信息生态问题的提出

移动互联网具有移动性、灵活性、个人化、信息实时性、信息简短实用等特点，对手机等移动终端用户有着极大的吸引力，WAP 门户网站将伴随着移动互联网的快速发展获得更广阔的成长空间和发展前景。迈进 3G 时代，随着移动网络的提速和硬件设备的升级，各类应用层出不穷，手机已不再是简单的通信工具，而成为了人们用于工作、娱乐、交流、信息存储的综合平台。信息生态理论强调从信息人、信息和信息环境三个要素的角度出发，实现 WAP 门户网站信息生态性的优化，对吸引和留住用户，促进 WAP 门户网站向生态性功能演进具有重要意义。WAP 门户网站信息生态性的优化可以实现网站与用户之间良好的互动交流，在大数据时代背景下更好地挖掘和分析用户的信息需求。

12.2.2　WAP 网站评价指标构建

1. 评价指标体系构建的理论依据

本节选用层次分析法与模糊综合评价法相结合的方式建立评价体系。以往对于网站评价体系的研究很多，也存在着一些问题。目前大量评价体系的指标存在着重复或相似的问题，而且，已有的二级指标相对较为抽象，细化不够，也不易量化。还有一些比较全面的指标体系不可避免地削弱了关键指标的重要程度，使评价结果产生偏差。因此，本章选用层次分析法与模糊综合评价法相结合的方式建立评价体系，从信息生态角度出发，在尽量克服上述问题的前提下建立实用的 WAP 门户网站评价体系。

2. 评价体系

本节从"信息人、信息和信息环境"三个信息生态基本要素入手，构建了针对 WAP 门户网站生态性的评价指标，包括 6 个一级指标，即网站安全、互动参与、信息有用性、信息易用性、网页设计和链接管理。其中，从"信息人"要素入手，需要 WAP 门户网站具备安全性与互动参与性；从"信息"要素入手，WAP 门户网站信息要具有一定的有用性与易用性；从"信息环境"要素入手，WAP 门户网站要具有便于用户使用的网站设计与链接。具体指标见表 12.7。

表 12.7 WAP 门户网站生态性评价指标

一级指标	二级指标	解释说明
C_1 网站安全	加密技术	用户密码或其他机密数据必须用成熟加密技术加密
	安全备份	网站必须有安全备份和恢复机制
	病毒拦截	置防火墙和入侵检测等设施
	错误处理	网站的错误信息必须经过处理后再输出
C_2 互动参与	交流平台	门户网站提供用户需求交流平台，如论坛
	意见反馈	让用户参与网站建设，提供完善意见
	用户推广	让用户参与到网站的推广中
	实时评论	使用户能够对网站发布的信息进行实时评论
C_3 信息有用性	内容专业	信息内容专业、准确，能够满足用户的知识性需求
	内容真实	信息真实反映实际情况
C_4 信息易用性	信息更新	信息更新及时，确保提供最新信息和动态
	信息丰富	信息内容丰富，最大程度上满足用户需求
	信息公开	用户可以免费获得所需信息
	信息获取	有便捷的信息下载方式
C_5 网页设计	导航清晰	网站拥有清晰统一的导航
	美工布局	网页色彩、布局合理美观
	多媒体应用	网页中合理应用图片、视频等多媒体技术
	网站地图	必须有纯文本版本的站点地图
C_6 链接管理	首页按钮	任何页都有一个链接指向首页
	友情链接	包含一些和本网站匹配的，优秀的，对其他网站的链接
	实用链接	链接必须指向有效信息
	链接跳转	链接跳转视觉效果合理

（1）网站安全

安全性是指进行网上交易时所必要的关于个人隐私的属性，这涉及网站如何被证明是可以被顾客所信任的。用户扮演信息生态中"信息人"的角色，WAP 门户网站作为迎合用户需求而获取直接或间接利益的信息交流窗口，要想充分发挥作用首先要保障网站的安全性，网站安全指标包括 4 个二级指标，即加密技术、安全备份、病毒拦截和错误处理。

（2）互动参与

第二代门户网站允许用户创建可以被门户网站所整合的个人主页。这一指标可以理解为"互动"与"参与"两个部分，互动性是从用户之间信息交流、用户与 WAP 门户网站的信息交流程度方面进行指标构建，参与性是从用户对于 WAP 门户网站的推广和建设的贡献程度方面进行指标构建。包括 4 个二级指标，即交流平台、意见反馈、用户推广和实时评论。

（3）信息有用性

从信息生态的构成因素"信息"的角度出发，本评价体系首先强调信息的有用性。信息的有用性体现信息价值，也是 WAP 门户网站吸引并留住用户的首要因素，它强调信息对用户信息需求的满足程度。该指标包括 2 个二级指标，即内容专业和内容真实。

（4）信息易用性

从"信息"的角度出发，本评价体系也要强调信息的易用性。信息易用性强调用户获取信息过程的满意程度，这也是 WAP 门户网站成熟与否的重要体现。该指标包括 4 个二级指标，即信息更新、信息丰富、信息公开和信息获取。

（5）网页设计

从"信息环境"的角度出发，网站设计成为必不可少的评价指标之一。良好的网站设计可以优化 WAP 门户网站的信息环境，为"信息人"与"信息"之间搭建沟通的有效方式。该指标包括 4 个二级指标，即导航清晰、美工布局、多媒体应用和网站地图。

（6）链接管理

网站的建设离不开链接的使用与管理，不论是网站外部链接还是内部链接，链接质量直接影响着网站的整体质量。网站链接不仅是技术问题，更是信息生态问题。该指标包括 4 个二级指标，即首页按钮、友情链接、实用链接和链接跳转。

12.2.3　实证分析

为了检验本章所建立的评价体系的实际可操作性，选取 11 个 WAP 门户网站作为实验对象，其中包括 6 个环保门户网站和 5 个汽车门户网站，低碳类门户网站作为非盈利类门户网站的代表，汽车类门户网站作为企业门户网站的代表，见表 12.8。

表 12.8　门户网站名称及网址

序号	门户网站	网址
1	Low Carbon Economy	wsp：//wap.lowcarboneconomy.com/home
2	Low Carbon Trust	wsp：//wap.lowcarbon.co.uk/
3	欧洲低碳技术官方平台	wsp：//ec.europa.eu/clima/policies/lowcarbon/
4	欧洲可持续发展平台	wsp：//ec.europa.eu/environment/eussd/
5	加拿大可持续发展平台	wsp：//wap.ec.gc.ca/dd-sd/

续表

序号	门户网站	网址
6	加拿大低碳技术平台	wsp：//wap.sdtc.ca/index.php?page=home
7	通用汽车	wsp：//wap.gm.com/
8	福特汽车	wsp：//wap.ford.com/
9	大众汽车	wsp：//wap.volkswagen.com/
10	丰田汽车	wsp：//wap.toyota.com/
11	现代汽车	wsp：//wap.hyundai.com/

下面以"Low Carbon Trust"WAP 门户网站为例，检验评价体系的实际可操作性。这里采用专家赋值法，以 1~9 标度法作为赋值依据，构造判断矩阵，分别为 $T\text{-}C$、$C_1\text{-}P$、$C_2\text{-}P$、$C_3\text{-}P$、$C_4\text{-}P$、$C_5\text{-}P$ 和 $C_6\text{-}P$。

（1）计算权重

运用特征向量的简化运算来计算各指标的权重。下面以一位专家构建的判断矩阵 $T\text{-}C_i$ 为例来求出权重向量，见表 12.9。

表 12.9 $T\text{-}C_i$ 判断矩阵

T	C_1	C_2	C_3	C_4	C_5	C_6
C_1	1	4	1/3	1/2	3	5
C_2	1/4	1	1/5	1/5	1/3	2
C_3	3	5	1	2	4	7
C_4	2	5	1/2	1	3	6
C_5	1/3	3	1/4	1/3	1	4
C_6	1/5	1/2	1/7	1/6	1/4	1

对于表 12.9 中的不一致（在允许范围内）的成对比较矩阵 A，对应于其最大特征根 $\lambda_{\max}$ 的特征向量即为权向量 w，对矩阵进行归一化处理，得权向量为 w＝（0.180，0.055，0.371，0.251，0.107，0.036）^{T}。

（2）一致性检验

$$\text{一致性指标 CI＝}(\lambda_{\max}\text{-}n/n\text{-}1) \tag{12.2}$$

为衡量 CI 的大小，引入随机一致性指标 RI，定义一致性比率：CR＝CI/RI，当一致性比率 CR＜0.1 时认为 A 的不一致程度在允许的范围内，通过一致性检验。根据一致阵的性质可得公式 $Aw＝w\lambda_{\max}$，从而计算出最大特征根 $\lambda_{\max}＝6.242$，将 $\lambda_{\max}$ 代入式（12.2），得 CI＝0.048，CR＝0.039＜0.1，通过一致性检验，权向量可以接受。

（3）模糊综合评价

采取模糊综合评价时，需分别建立评价因素集和评语集，显然，本章建立的评价因素集 $U=\{C_1, C_2, C_3, C_4, C_5, C_6\}=\{$网站安全，互动参与，信息有用性，信息易用性，网站设计，连接管理$\}$。评语集 $E=\{V_1, V_2, V_3, V_4\}=\{$很好，较好，一般，不好$\}$。为方便计算，其对应的分值分别为 4，3，2，1，并假定当 $x_i>3.5$ 时对应的评语为很好；$2.5<x_i<3.5$ 时对应的评语为较好；$1.5<x_i<2.5$ 时对应的评语为一般；$x_i<1.5$ 时对应的评语为不好。这里 x_i 为综合评价时得到的分值。

召集 5 位专家对该 WAP 门户网站的一级指标进行评价，容易得到模糊综合评价矩阵 R，进而可以得到该 WAP 门户网站的综合评价向量为 S，分别如下：

$$R=\begin{bmatrix} 0 & 0.2 & 0.4 & 0.2 \\ 0 & 0 & 0.6 & 0.4 \\ 0.2 & 0.6 & 0.2 & 0 \\ 0.2 & 0.4 & 0.4 & 0 \\ 0 & 0.4 & 0.6 & 0 \\ 0.6 & 0.4 & 0 & 0 \end{bmatrix}$$

$$S=w^T \times R=(0.180，0.055，0.371，0.251，0.107，0.036) \times \begin{bmatrix} 0 & 0.2 & 0.4 & 0.2 \\ 0 & 0 & 0.6 & 0.4 \\ 0.2 & 0.6 & 0.2 & 0 \\ 0.2 & 0.4 & 0.4 & 0 \\ 0 & 0.4 & 0.6 & 0 \\ 0.6 & 0.4 & 0 & 0 \end{bmatrix}$$

$=(0.146，0.4162，0.3438，0.094)$

进而可以得到总体模糊综合评价分值：

$V=0.146 \times 4+0.4162 \times 3+0.3438 \times 2+0.094 \times 1=2.6142$

由于 $2.5<2.5782<3.5$，可以得知，"Low Carbon Trust" 的信息生态性评价为"较好"。11 个 WAP 门户网站的生态性模糊综合评价分数见表 12.10。

表 12.10　11 个门户网站模糊综合评价分数

序号	网站名称	分数
1	Low Carbon Economy	2.9172
2	Low Carbon Trust	2.6142
3	欧洲低碳技术官方平台	3.1022
4	欧洲可持续发展平台	2.3522
5	加拿大可持续发展平台	2.5968
6	加拿大低碳技术平台	2.7608

序号	网站名称	分数
7	通用汽车	2.9258
8	福特汽车	3.1172
9	大众汽车	2.5166
10	丰田汽车	2.7804
11	现代汽车	2.1954

12.2.4 研究结果

通过对表 12.10 中各个门户网站得分情况的分析，我们可以得到如下结论。

1）11 个 WAP 门户网站的生态性模糊综合评价的得分集中于 2.5～3.5，即生态性评价为"较好"。整体比较来看，低碳 WAP 门户网站与汽车 WAP 门户网站的得分情况没有显著差别，"好"和"一般"的评价各出现了一次，其余均集中于"较好"这一层次。这说明本章所选择的 11 个实验对象的生态性水平相对较好，较为满足从"信息人，信息，信息环境"角度出发所制定的 WAP 网站评价体系的要求。同时也可反映本章建立的评价指标体系适用于两种不同的 WAP 门户网站，评价体系在实际使用中不会因为 WAP 门户网站的类型不同而产生评价的差异化，实际可操作性较好。

2）低碳 WAP 门户网站中，得分最高的是"欧洲低碳技术官方台"，为<3.5，生态性模糊综合评价为"好"；得分最低的是"欧洲可持续发展平台"，为 2.3522，生态性模糊综合评价为"一般"。"欧洲低碳技术官方台"为用户提供实时有效的低碳相关新闻、政策和低碳技术的相关介绍，信息可获得性强，网页设计美观简洁；而"欧洲可持续发展平台"的评分则主要集中于"一般"这一水平层次，网站的整体生态性水平一般。

3）汽车 WAP 门户网站中，得分最高的是"福特汽车"，为<3.5，生态性模糊综合评价为"较好"；得分最低的是"现代汽车"，为 2.1954，生态性模糊综合评价为"一般"。"福特汽车" WAP 门户网站能够为用户提供本企业产品的全面详细的介绍，并为用户提供周到的购车服务，网站导航清晰易操作，多媒体运用得当；而"现代汽车"的评分则主要集中于"一般"水平层次，网站的整体生态性水平一般。

4）从层次分析法所得出的评价权重来看，网站安全、互动参与、信息有用性、信息易用性、网页设计和链接管理这六个生态性评价指标具有不同的权重，在 WAP 门户网站评价过程中起到不同程度的影响作用。按照权重从高到低排列依次是"信息有用性、信息易用性、网站安全、网页设计、互动参与和链接管理"。这反映出用户在使用门户网站的过程中对影响网站信息生态性的因素的重要程度有着不同的侧重，这对于 WAP 网站的建设非常重要。

12.3　信息生态理论在企业信息生态系统评价中的应用

12.3.1　企业信息生态系统构成要素

企业信息生态系统的基本要素包括以下三点。

（1）信息

信息是信息生态系统的客体，也是信息生态系统的黏合剂。

（2）信息人

信息人是信息生态系统的主体，是信息的生产者、传播者、分解者和消费者。信息人的本质不是单个人所固有的抽象物，而是所有信息关系的总和。

（3）信息环境

信息环境不仅是生态的背景和场所，而且也是所有与信息相互关联的外在因素之和。信息环境既可以是企业微观和局部的组织内部区域，也可以是企业宏观的生态空间。

企业信息生态系统的支撑要素包括以下六点。

（1）信息技术

它可以加速工作流程，提高服务质量，改善协调各部门及与外部之间的相互关系，以提高企业效率及效益。

（2）信息组织结构

在企业的信息组织中，需要建立一种结构以便更有效地帮助企业提高信息化建设的绩效。

（3）信息的基础设施

它可以降低信息存储的空间成本，为企业生产、经营、管理等实现更好的服务。

（4）信息制度

它可以保证企业信息的发展方向、信息系统的合理开发利用、信息环境的健康发展，形成有利的信息管理氛围。

（5）信息文化

信息文化涉及企业群体和组织的信息价值观和信念，反映组织对信息取向的行为模式和态度。它直接影响信息人的行为，同时也牵动信息基础设施建设的进程。

（6）信息战略

它是企业信息生态系统的关键要素，意味着对企业中的信息本身的某些问题做出战略性选择。

12.3.2　企业信息生态系统构成要素关系分析

企业信息生态系统是由基本要素和支撑要素两方面构成。信息人在企业信息生态链中可以是信息生产者、信息分配者、信息分解者、信息消费者，它们在企业内部的信息生态系统构建中，在信息技术、信息基础设施等五大支撑要素作用下，围绕着信息战略，完成信息的"采集及加工→发布及传播→消费与利用→监管与清理"。同时基本要素及支撑要素彼此相互依存、相互作用、相互补充、相互制约，从而构成企业的信息生态圈，并促使企业的信息生态环境螺旋式上升，实现企业信息生态系统由"动态平衡→失衡→新平衡"的自组织发展过程，最终推动企业竞争力提高，实现企业经济效益和社会效益的最大化的生态系统目标。作用关系如图 12.1 所示。

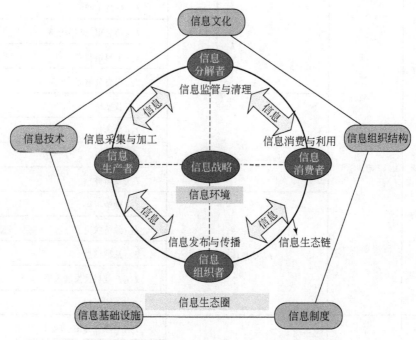

图 12.1　企业信息生态系统构成要素关系分析

12.3.3　企业信息生态系统评价指标构建

企业信息生态系统评价指标构建目的是对企业信息生态的健康状况进行评价和分析。企业信息生态系统健康是指企业信息生态系统在其运作和发展过程中,对内逐渐形成合理的构成要素、稳定的结构关系和高效的功能机制,对外能够不断与外部环境实现物质流动、能量转换和信息传递,为个体、组织和社会提供全面有效的信息服务。随着企业信息生态演化发展中表现出来的各种危机不断突现,如何保持企业信息生态系统健康运行就变得日益重要。

因此,对企业信息生态健康的评价成为企业信息生态系统构建中的重要内容,是企业生态系统诊断、管理及决策者决策行为的重要依据。生态评价是任何一个生态系统实施控制的前提,是生态系统控制及制定生态规划方案的依据。企业信息生态系统的评价,有助于从生态系统的视角,全面认识企业中"信息-信息人-信息环境"的相互关系及发展变化规律,为科学合理地开发企业信息资源,协调企业信息资源的配置提供依据。

参考国内外生态系统指标体系的研究成果,在 12.3.2 节企业信息生态系统构成要素分析的基础上,本节从企业信息生态系统构成要素角度构建了评价指标,见表 12.11。

表 12.11　企业信息生态系统评价指标

指标构成	一级指标	二级指标	三级指标
基本要素	I_1 就绪度（基础）	I_{11} 信息人	I_{111} 信息生产者
			I_{112} 信息组织与传播者
			I_{113} 信息消费者
			I_{114} 信息分解者
		I_{12} 信息	I_{121} 权威性
			I_{122} 准确性
			I_{123} 多样性
			I_{124} 及时性
		I_{13} 信息环境	I_{131} 政治形势
			I_{132} 经济状况
			I_{133} 法律信息
			I_{134} 产业科技发展水平
			I_{135} 人文教育
支撑要素	I_2 成熟度（应用）	I_{21} 信息技术	I_{211} 单项业务信息应用
			I_{212} 协同集成信息应用
			I_{213} 深度应用信息技术
		I_{22} 信息基础设施	I_{221} 信息设备
			I_{222} 与信息化相关的设施

续表

指标构成	一级指标	二级指标	三级指标
支撑要素	I_2 成熟度（应用）	I_{23} 信息制度	I_{231} 信息化投资管理制度
			I_{232} 信息系统维护及安全制度
			I_{233} 信息化标准规范制度
		I_{24} 信息组织结构	I_{241} 信息组织职能部门
			I_{242} 信息化人员
		I_{25} 信息文化	I_{251} 信息共享及发布
			I_{252} 信息的传播及使用
		I_{26} 信息战略	I_{261} 企业战略
			I_{262} 信息化规划
系统目标	I_3 贡献度（绩效）	I_{31} 竞争力	I_{311} 客户满意度
			I_{312} 企业创新能力
			I_{313} 资金周转率
		I_{32} 经济效益	I_{321} 利润增长率
			I_{322} 成本降低率
			I_{323} 销售增长率
			I_{324} 全员劳动生产率
		I_{33} 社会效益	I_{331} 节能减排
			I_{332} 安全生产率
			I_{333} 纳税增长率

1. 就绪度指标

就绪度指企业的信息生态系统已经具备了构建企业信息生态的基本要素，即信息人、信息和信息环境这三个基本要素，可以完成企业信息生态的基础性建设。①信息人，主要是考察企业信息生产者、分配者、消费者、分解者总体规模是否合理。②信息，是考察企业信息的权威性、准确性、多样性和及时性。③信息环境，是保障企业信息生态系统在运行的过程中，具有良好的政治形势、经济状况、产业科技发展水平、人文教育等作用为基础支撑。这三个二级指标的构建是企业信息生态系统构建的基础。

2. 成熟度指标

成熟度指企业信息生态系统已在企业中基本建立起来，并已在企业的各个环节进行应用。其评价指标包括：①信息技术，指 IT 在财务、生产等单项业务方面进行应用；IT 在财务、生产、销售等环节的协同集成；IT 在决策支持、节能减排等方面的深度应用。②信息基础设施，指企业购入的信息设备和与信息化建设相关的设施。③信息制度，指企业信息化投资管理，以及信息化标准规范制度等。④信息组织结构，指组建的相应组织职能部门，配备相应信息化人员。⑤信息文化，指企业建立的信息、发布、传播利用和共享等企业文化。⑥信息战略，指企业战略和在战略指导下制定的信息化规划。

3. 贡献度指标

贡献度指企业信息生态系统已在企业产生了明显的 IT 绩效，促进了企业竞争力的提升，并产生了一定的经济、社会效益。①竞争力指标包括客户满意度、企业创新能力和资金周转率指标。②经济效益指标包括企业的利润增长率、成本降低率、销售增长率和全员劳动增长率。③社会效益指标包括节能减排、安全生产率和纳税增长率。

12.3.4 群决策方法在企业信息生态评价指标中的应用算例

1. 模型构建

针对企业的信息生态系统构建的状况进行评价时，可采用群专家决策的方法对建立的信息生态指标进行评价。设评价的多级指标分别为：信息生产者（P_1），信息分配者（P_2），信息消费者（P_3）……

则假设指标集为 $P=\{P, P_2, \wedge P_q\}(q \geqslant 2)$，其中 P_j 表示第 j 个评价指标，专家集为 $E=\{E_1, E_2, \wedge E_m\}(m \geqslant 2)$，其中 E_k 表示第 k 个参与评价的专家。本节要解决的问题是，针对专家给出的企业信息生态健康状况的评价语言信息，通过综合评价来判定企业信息生态的健康状况。为此，这里采用近年来发展的 LWD（linguistic weighted disjunction）算子和 LOWA（linguistic ordered weighted averaging）算子来构造一个新的综合评价方法，该方法便于在企业信息生态构建中对评价者语言信息进行处理与运算。

步骤 1　将每个专家给出的评价信息进行综合

具体地，将每个专家给出的指标权重信息 r_j^k 和指标评价信息 a_j^k 通过 LWD 算子和 LOWA 算子集结为综合评价值，即

$$\left(a^k, r^k\right)=\varphi\left[\left(a_1^k, r_1^k\right),\left(a_2^k, r_2^k\right), \wedge,\left(a_q^k, r_q^k\right)\right], \quad k=1,2,\wedge,m \tag{12.3}$$

式中，r^k 表示专家 E_k 对企业信息生态健康状况的综合评价值；a^k 表示专家 E_k 意见的重要程度；φ 为 LWD 算子，a^k 和 r^k 的算法如下：

$$a^k=\max_{j=1\wedge q}\min\left(a_j^k, r_j^k\right), \quad a^k \in S; \quad k=1,2,\wedge,m \tag{12.4}$$

$$r^k=\varphi_\Omega\left(r_1^k, r_2^k, r_q^k\right), \quad r^k \in S; \quad k=1,2,\wedge,m \tag{12.5}$$

步骤 2　将每个专家的综合评价值集结为群体评价值

具体地仍然通过 LWD 算子和 LOWA 算子将语言信息即 a^k 和 r^k 集结为群体评价信息，即

$$(a,r) = \varphi\left[\left(a^1,\ r^1\right),\left(a^2,\ r^2\right),\wedge,\left(a^m,\ r^m\right)\right] \tag{12.6}$$

式中，a 表示群体评价值，$a \in S$；r 可被视为群体意见的可信程度，$r \in S$，φ 为 LWD 算子，φ_{Ω} 为 LOWA 算子，a 和 r 的具体算法如下：

$$a = \max\min\left(a^k,\ r^k\right), a \in S; \tag{12.7}$$

$$r = \varphi\left(r^k,\ r^k,\wedge r^k\right), r \in S; \tag{12.8}$$

步骤 3 判别企业信息生态健康状况的现状

依据前面得出的群体评价结果 a，可以确定企业信息生态的健康状况。

2. 应用算例

一家企业要对企业信息生态构建的效果进行评价，在进行评价时主要考虑了上述评价指标：信息生产者（P_1），信息分配者（P_2），信息消费者（P_3），信息分解者（P_4），信息权威性（P_5），信息准确性（P_6），信息多样性（P_7），信息及时性（P_8）……

该公司请了 3 位行业专家（即 E_1，E_2，E_3）参与评价分析，3 个专家给出的因素权重向量和评价矩阵分别为：

$$R^1 = (\beta,\ \chi,\ \delta,\ \varepsilon,\ \delta,\ \eta\mathrm{K})^T,\quad R^2 = (\beta,\ \beta,\ \delta,\ \eta,\ \eta,\ \delta\mathrm{K})^T,\quad R^3 = (\beta,\ \varepsilon,\ \delta,\ \delta,\ \beta,\ \chi\mathrm{K})^T,$$

$$\mathrm{A} = \begin{bmatrix} \beta & \chi & \delta & \varepsilon & \beta & \eta\mathrm{K} \\ \beta & \beta & \delta & \eta & \eta & \delta\mathrm{K} \\ \beta & \varepsilon & \delta & \delta & \beta & \chi\Lambda \end{bmatrix}$$

式中，β 表示好；χ 表示较好；ε 表示一般；δ 表示较差；η 表示差。

根据公式（12.3）和（12.4），将各专家给出的语言评价信息 $a_f=(1,2,3,4,5,6)$ 进行综合，计算结果分别为 $a^1=\beta$，$a^2=\chi$，$a^3=\delta$。在采取"尽可能多"的原则下，模糊量化算子 Q 对应的参数为（d，f）=（0.5，1）根据式（12.5），经计算可得各专家意见的重要程度为 $r^1=\delta$，$r^2=\eta$，$r^3=\beta$。再由式（12.6）~式（12.8），可得出各专家的群体语言评价值 $a=\chi$，同时可得出群体专家意见认为该企业的信息生态构建结果为较好。由此可以看出，该企业信息生态构建状况，其最后的评价结果为"成熟度阶段"。

第13章 信息生态理论与应用的发展趋势

为了能帮助我国学者更好地了解信息生态研究领域国内外学术论文在研究趋势上的发展变化,在国外文献期刊中作者选择了 Web of Science(WOS)中的 SSCI 数据库,在国内文献期刊中选择了中国学术期刊网络出版总库(CNKI)。作者运用文献计量学和对比分析相结合的研究方法,对国内外信息生态学术论文总体的情况进行了定量统计和比较分析,并试图回答以下三个问题:①国外及国内信息生态领域的学术论文在年代分布和引文状况上特点是什么?②国外及国内核心作者的国家/地区、核心作者群及所在机构的分布情况如何?③国外和国内文献的期刊分布、学科领域分布及文献所受的基金资助机构有什么特点?④近三年国内外在信息生态领域的研究热点和前沿领域上呈现什么特点?

为了回答上述研究问题,本书在对国内外学术论文样本的检索条件和研究方法进行说明后,从时间序列上文献特点、核心作者、文献分布、研究热点四个方面对国内外学术论文的总体情况进行了比较,从中分析了我国学者在信息生态领域国际化期刊论文的产出中存在的不足和面临的机遇。本书的研究对促进我国信息生态理论的纵深化、多样化和国际化的发展具有一定的推动作用。

13.1 数据来源和研究方法

13.1.1 国外学术论文数据来源

国外文献样本的定量统计上,选择了 Web of Science(WOS)中的子库"社会科学引文索引"(social sciences citation index, SSCI)。选择 SSCI 数据库是由于该库收录了世界范围内 1700 余种引用频率较高的社会科学,以及重要的自然科学与物理学期刊。它涉及 50 多个学科,包括社会科学及行为科学、商业、财政、经济、图书馆学与情报学等人文社科的不同领域。作者设定的检索条件:主题=("information ecology"或"ecology of information"或"information ecosystem"),时间跨度限定为 1992~2012 年,数据库选择为 SSCI,检索的文档类型(document type)限定为文章(article),检索截止时间为 2013 年 6 月 7 日,共检索到 1614 篇文献,并以这些期刊文献作为国际学术论文的研究样本。

13.1.2 中文学术论文数据来源

国内文献样本以"中国学术期刊全文数据库"(CNKI)为数据源。CNKI 数据库是目前世界上最大的连续动态更新的中国期刊全文数据库,收录 6600 多种期刊,分九大专辑,126 个专题文献数据库。它是目前我国收入期刊最全、文献量最大的综合型文献数据库之一。它包括的期刊内容覆盖我国自然科学、工程技术、农业、哲学、医学、人文社会科学等各个领域,核心期刊收录率 96%,是世界上最大的连续动态更新的中国学术期刊全文数据库。作者设定的检索条件为:主题=("信息生态"并且"信息+生态"),时间跨度限定为 1992~2012 年,数据库来源类别选择为"全部期刊"(SCI 来源期刊,EI 来源期刊,核心期刊,CSSCI 期刊),共检索到 460 篇期刊文献,并以这些期刊文献为中文学术论文的研究样本。

13.1.3 研究方法

文献计量学提供了描述与预测科学技术的方法。文献计量法是用数学和统计学的方法,定量地分析一切知识载体的交叉科学。它是集数学、统计学、文献学为一体,注重量化的综合性知识体系。其计量对象主要是:文献量(各种出版物,尤以期刊论文和引文居多)、作者数 (个人集体或团体)、词汇数(各种文献标志,其中以叙词居多)。文献计量学最本质的特征在于其输出务必是"量"。文献计量学是以几个经验统计规律为核心的。例如,表征科技文献作者分布的洛特卡定律(1926 年);表征文献中词频分布的齐普夫定律(1948 年);确定某一学科论文在期刊中分布的布拉德福定律(1934 年)等。文献计量学一直围绕这几个定律,沿着两个方向发展:其一是验证与完善这些经验定律;其二是扩大与推广这些经验定律的实际应用。

13.2 国外论文的统计分析

13.2.1 时间序列上文献特点

1. 文献的年代分布

依据检索条件,得到国际上信息生态在 SSCI 源期刊共计 1614 篇文献,篇均被引频次为 14.08 次,H 指数为 60。从对 1992~2012 年的 SSCI 引文数据库中的信息生态发文量的年代分布来看,总体来说发文量处于稳步增长态势。可见,信息生态在国际上仍然属于一个成长中的新型学科。信息生态文献的年代分布情况如图 13.1 所示。

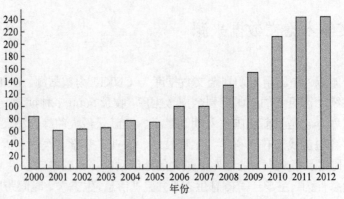

图 13.1　SSCI 中信息生态文献的年代分布情况

2. 文献的被引情况

从 SSCI 数据库中信息生态论文的被引情况来看，篇均被引 14.08 次，处于较高的水平，并被引量处于年年递增的状况，说明信息生态领域方面的论文质量相对较高，学术界较为认可，学术影响力不断扩大。从一定程度上也反映出信息生态正成为国际社会科学研究领域的热点。信息生态文献的被引情况如图 13.2 所示。

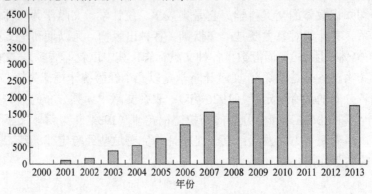

图 13.2　SSCI 中信息生态文献的被引情况

3. H 指数情况

从检索出的信息生态论文的 H 指数来看，表明在此领域最高有 60 篇论文的施引文献大于 60 篇，这是一个较高的数值，表明国际上对信息生态的研究不仅是数量上，更在质量上都处于相对较高的水平，其被学术界的认同度相对较高，研究处于上升期，未来此领域的研究将有很大的发展。

13.2.2　核心作者分析

1. 文献作者的国家/地区分布

通过对检索的文献作者（第一作者）所属国家/地区分析，美国遥遥领先于其他国家和地区，占所有发文量的 46%，英国（英格兰地区）和澳大利亚为第二和第三名。说明以美国为代表的西方国家在信息生态领域的研究处于领先地位。中国位列第八名，说明在信息生态领域我国的国际化研究成果与西方发达国家相比还有一定的差距。国际信息生态研究领域文献作者的国家/地区分布（排名前 20 名）见表 13.1。

表 13.1　国际信息生态文献作者的国家/地区分布（排名前 20 名）

国家/地区	篇数（篇）	所占百分比/%	国家/地区	篇数（篇）	所占百分比（%）	国家/地区	篇数（篇）	所占百分比（%）
美国	745	46.159	中国	55	3.408	巴西	29	1.797
英格兰	168	10.409	法国	49	3.036	奥地利	28	1.735
澳大利亚	128	7.931	意大利	48	2.974	日本	28	1.735
加拿大	123	7.621	瑞典	48	2.974	挪威	25	1.549
德国	92	5.700	瑞士	41	2.540	丹麦	23	1.425
荷兰	73	4.523	苏格兰	39	2.416			
西班牙	73	4.523	南非	36	2.230			

2. 核心作者分析

根据普赖斯定律，撰写全部论文一半的高产作者的数量等于全部科学作者总数的平方根。即核心作者的最低发文量，为发文量最高作者的发文数。在国际信息生态研究领域，论文发文量排名第一的是 Genelettid，共计发表论文 7 篇，在信息生态领域国际上的核心作者最低发文量 m 的最大整数通过上述公式计算后为 2，发文数在 2 篇以上的作者数量为 78 位，共发表论文 276 篇，占所有论文总数的 17%，远没有达到论文总数的一半。因此，可以看出信息生态领域核心作者的带头作用仍显得不强，尚未形成稳定的核心作者群，学科成熟度不足，信息生态仍处于发展时期。表 13.2 列出国际知名信息生态领域中高产学者（前 10 名）。

表 13.2　国际信息生态领域高产作者（排名前 10 名）

作者	篇数（篇）	所占百分比（%）	作者	篇数（篇）	所占百分比（%）
Grnelettid	7	0.434	Hubacek	5	0.310
Bryanba	6	0.372	Lix	5	0.310
Folkec	6	0.372	Lyytinenk	5	0.310
Crossman ND	5	0.310	Turner	5	0.310
Cullen R	5	0.310	Balmford A	4	0.248

3. 文献作者所在机构的分布

根据信息生态领域论文作者所在机构的排名进行分析，得到表 13.3。其中美国密歇根州立大学、美国亚利桑那州立大学位列前两名。这说明美国等西方发达国家，在信息生态领域研究水平位居前列，发文所占比例较高。在排名前十的机构中，按国别来看，美国有 5 所，英国有 2 所，澳大利亚 1 所，加拿大 1 所，德国 1 所。可以看出，美国的大学在信息生态研究领域处于领先地位。

表 13.3　国际信息生态领域发表论文前 10 名的机构（排名前 10 名）

机构	篇数（篇）	所占百分比（%）	机构	篇数（篇）	所占百分比（%）
MICHIGAN STATE UNIV	27	1.673	US FOREST SERV	22	1.363
ARIZONA STATE UNIV	22	1.363	UNIV CALIF SANTA BARBARA	21	1.301
UNIV WASHINGTON	22	1.363	UNIV MARYLAND	20	1.239
TEXAS A M UNIV	22	1.363	CHINEDE ACAD SCI	19	1.177
UNIV WISCONSIN	22	1.363	UNIV CAMBRIDGE	19	1.177

13.2.3　文献分布特点

1. 文献的期刊分布

根据布拉德福定律，论文总数约占 33%的期刊是该学科的核心期刊。根据对 1992～2012 年中 1614 篇信息生态学术论文的分析，将文献来源期刊按发文量进行降序排列，其中排名前 10 的期刊见表 13.4。这些期刊涉及城市规划、生态经济、环境管理、信息科学、产业生态等不同领域。整体来看，涉及学科相对较多，这也在一定程度上反映了信息生态的研究呈现出多学科交叉融合的发展态势。通过计算，排名前 10 的国际期刊发文量共计 391 篇，占样本总体的 24%，说明信息生态学科领域尚未形成稳定的核心期刊，文献较为分散，学科成熟度不足，对信息生态的研究还需进一步的深入。

表 13.4　SSCI 中信息生态载文量排名前 10 位的国际期刊

期刊名称	载文数量（篇）	所占百分比（%）	期刊名称	载文数量（篇）	所占百分比（%）
Landscape and Urban Planning	106	6.568	International Journal of Geographical Information Science	26	1.611
Ecological Economics	79	4.895	Journal of Environmental Management	23	1.425
Marine Policy	41	2.540	Journal of Industrial Ecology	18	1.115
Ecology and Society	39	2.416	Journal of Archaeological Science	17	1.053
Environmental Management	26	1.611	Regional Environmenial Change	16	0.991

2. 文献的学科领域分布

通过对 SSCI 数据库中信息生态论文的学科分布情况进行统计分析（表 13.5），发现环境与生态科学对信息生态的研究成果所占比例相对较大，这主要是由于信息生态的理论基础来源于生态学，是生态科学在信息管理领域的移植和衍生。地理学、经济学、信息图书馆学、人类学、计算机科学在此领域的研究成果也较多，表现了信息生态学具有更多的人文属性和社会科学属性。同时，又在多个学科领域受到关注，表明其发展过程中存在很大的学科交融特征。

表 13.5　SCI 中信息生态文献的学科分布（排名前 10 位）

学科领域	篇数（篇）	所占百分比（%）	学科领域	篇数（篇）	所占百分比（%）
环境研究	477	29.554	经济学	143	8.860
生态学	355	21.995	城市研究	130	8.055
环境科学	332	20.570	信息科学图书馆科学	113	7.001
地理学	243	15.056	人类学	94	5.824
地理物流	169	10.471	计算机科学信息系统	73	4.532

3. 文献的资金资助机构分布

对信息生态研究提供资金资助的机构较多，表 13.6 列出了其中资助论文数量最多的前 5 名基金资助机构。其中美国、欧洲等发达国家和地区对此研究领域的资助较多。美国国家科学基金会的资助量最高，但也只占所有的 1.6%左右，说明各基金对此领域均比较重视。中国国家自然科学基金会对此领域资助排在第 4 位，说明中国在此领域的关注程度也相对较高，也是排名前五位机构中唯一的发展中国家的基金机构。高水平科研成果的产出离不开国家科研基金的支持，美国等发达国家在信息生态领域的研究成果与资金资助量基本成正比，中国在此领域的资助力度虽排名靠前，但高水平的国际化研究成果却相对较少，这在一定程度上反映出我国在此领域的国际化研究水平还有待进一步提升。

表 13.6　信息生态领域基金资助机构排名（前五名）

基金资助机构（所属国家/地区）	篇数（篇）	所占百分比（%）
National Science Foundation（美国）	27	1.673
Australian Research Council（澳大利亚）	12	0.743
European Commission（欧盟）	10	0.619
National Natural Science Foundation of China（中国）	9	0.558
National Geographic Society（美国）	5	0.310

13.2.4　研究热点分析

为对国外近三年的研究热点进行分析，作者在检索主题中以"information ecology"或"ecology of information"或"information ecosystem"为检索词，时间跨度限定为 2010 到 2012 年，数据库选择为 SSCI，检索的文档类型（document type）限定为文章（article），共检索到 651 篇文献；为排除其他不相关方向的文献，再次将检索条件中"研究方向"限定在"Information Science Library Science（信息科学和图书馆科学）"，检索结果有 50 篇文献，并对这些文献进行了研究热点方面的统计分析，如图 13.3 所示。发现近 3 年在信息和图书馆科学领域，国外的研究热点主要集中在信息生态系统（33%）、国家或社会信息生态环境分析（30%）、网络信息生态（14%）、信息生态技术（9%）、电子政务信息生态（7%）和教育领域信息生态（7%）这 6 大领域。尤其是从技术角度针对信息生态系统的研究成为美国、澳大利亚和日本等国际学术机构在研究中关注的热点。

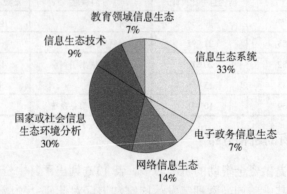

图 13.3　SSCI 中近三年研究热点的统计分析

13.3　国内论文的统计分析

13.3.1　时间序列上文献特点

1. 文献的年代分布

依据检索条件，得到国内信息生态领域共计 460 篇学术论文（补充《情报学报》中含有的 5 篇信息生态领域的论文，因《情报学报》期刊不在 CNKI 数据库中，但在此领域的学术影响因子较高），文献各年代的分布情况如图 13.4 所示。从图中可以看出，自 1992 年到 2012 年近 20 年的时间，我国信息生态领域的学术论文数量呈现上升趋势。在 2007 年到 2011 年期间呈现稳步上升阶段，并在 2011 年达到顶峰（78 篇）。这反映信息生态在国内的研究处于一个稳定的成长阶段，其关注度在最近几年逐步提升。

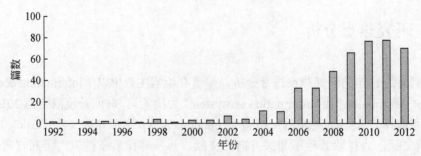

图 13.4　国内信息生态学术论文的年代分布情况

2. 文献的被引情况

从 CNKI 中信息生态论文的被引情况来看（图 13.5），篇均被引 7.865 次。较国外被引率来比相对较低，2000~2006 年被引量呈现增长趋势，且在 1998 年出现第一次的被引峰值（179 次），2006 年到达最高峰（525 次），2006~2012 年被引量又呈现逐渐下降趋势。这在一定程度上也反映出国内信息生态领域的早期研究成果的论文质量，在后期的学术影响力逐渐减弱。

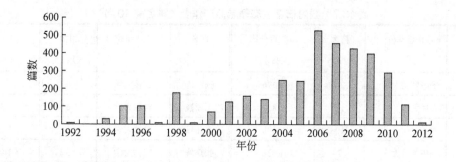

图 13.5　国内信息生态学术论文文献的被引情况

3. 学术关注度和热门被引文章

利用 CNKI 中的学术趋势工具搜索信息生态的学术关注度，得到国内信息生态领域学术关注度趋势图和热门被引文章（图 13.6）。从学术关注度来看，近五年信息生态的学术关注度在逐步增加。在该领域中陈署的两篇论文引用频次相对较高，陈署成为该领域中文献被引次数最多的学者。

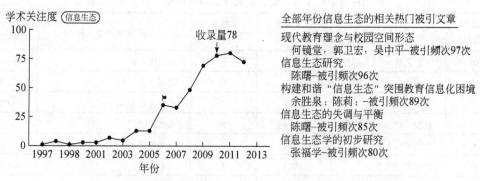

图 13.6　国内信息生态研究的学术关注度和热门被引文章

13.3.2　核心作者分析

1. 核心作者分析

根据普赖斯定律，对所有国内信息生态领域所发表的学术论文的核心作者及作者所在机构进行了统计分析。作者发表学术论文在 5 篇以上的前 10 位作者及他们所在的机构见表 13.7。在国内信息生态研究领域,论文发文量排名第一的是娄策群,共计发表的论文总数为 20 篇,在信息生态领域国内的核心作者最低发文量 m 的最大整数通过公式计算后为 3,3 篇以上(含 3 篇)发文作者的数量为 30 人,共发表学术论文 171 篇,占所有论文总数的 38%。这些数据说明信息生态的研究在国内已经形成一定的规模,以娄策群和靖继鹏为代表的核心作者群正逐步形成。

表 13.7 国内信息生态领域高产作者(排名前 10 名)

作者	作者单位	篇数 (篇)	所占百分比 (%)	作者	作者单位	篇数 (篇)	所占百分比 (%)
娄策群	华中师范大学	20	4.396	张海涛	吉林大学	6	1.319
靖继鹏	吉林大学	13	2.857	王晰巍	吉林大学	6	1.319
马 捷	吉林大学	10	2.198	李北伟	吉林大学	5	1.099
周承聪	华中师范大学	7	1.538	张连峰	吉林大学	5	1.099
张向先	吉林大学	7	1.538	张 丽	吉林大学	5	1.099

2. 发文单位分析

对所有信息生态领域文献的发布单位进行统计,发布文献量在 4 篇以上的单位见表 13.8。由表中可以看出,我国对信息生态的研究多为一些高校机构,以吉林大学和华中师范大学为代表的高校机构研究成果相对较多,这两所高校总计发表 91 篇文献,占全部 460 篇文献的 20%,说明这两所高校在国内信息生态学领域的研究已形成了一定的科学共同体。

表 13.8 国内信息生态学术论文的发文单位统计分析(发文量≥5 篇以上)

文献数 (篇)	发布文献单位名称	所占比例 (%)	文献数 (篇)	发布文献单位名称	所占比例 (%)
56	吉林大学	12.308	6	黑龙江大学	1.538
35	华中师范大学	7.692	5	福州大学	1.099
11	山西大学	2.418	5	长春工业大学	1.099
10	武汉大学	2.198	5	南昌大学	1.099
8	北京师范大学	1.758	5	淮南师范大学	1.099
8	安徽财经大学	1.758	5	南京大学	1.099
7	安徽师范大学	1.538	5	秦皇岛职业技术学院	1.099

13.3.3 文献分布特点

1. 文献的期刊分布

通过对 CNKI 数据库中信息生态论文的期刊所载论文进行统计分析,得到国内发表信息生态研究主题相关的期刊统计数据，排名前 10 位的期刊及发文量统计见表 13.9。从表中可以看出《图书情报工作》《情报科学》和《情报理论与实践》是信息生态学领域发文量相对较为集中的国内学术期刊，发文量约占总文献量的 25%。同时，从期刊发文的整体情况来看，除《中国电化教育》和《电子政务》两个期刊外，基本上都属于图书情报与档案管理领域的期刊范畴。从这些统计数据可以看出，目前我国对信息生态的研究已基本形成稳定的核心期刊，以图书情报及档案管理为特色的信息生态学科成熟度正在逐步形成。

表 13.9 国内信息生态载文量排名前 10 位的文献期刊

期刊	文献数量（篇）	所占比例（%）	期刊	文献数量（篇）	所占比例（%）
图书情报工作	41	9.011	现代情报	13	2.857
情报科学	40	8.791	中国电化教育	11	2.418
情报理论与实践	39	8.571	图书馆学刊	10	2.198
情报杂志	23	5.055	图书与情报	8	1.758
图书馆学研究	16	3.516	情报资料工作	7	1.538

2. 文献的学科领域分布

通过对 CNKI 中信息生态论文的学科分布情况进行统计分析（表 13.10），发现新闻与传媒、图书情报与档案管理这两个学科领域对信息生态的研究占大多数。这主要是由于我国信息生态的理论主要是在图书情报档案学科中首先获得了国家级社会科学基金的资助，这在一定程度推动了该学科领域在信息生态方向上的纵深化研究，促进了信息生态研究领域的发展及逐步成长。经济学、教育学、管理学、计算机科学在此领域的研究成果也相对较多，表现了国内信息生态领域的研究也逐渐呈现多学科交融的发展态势。

表 13.10 国内信息生态文献的学科分布（排名前 10 位）

学科领域	篇数（篇）	所占比例（%）	学科领域	篇数（篇）	所占比例（%）
新闻与传媒	192	42.198	档案	11	2.417
图书情报与档案管理	76	16.703	宏观经济管理与可持续发展	11	2.417
计算机应用	57	12.527	贸易经济	11	2.417
企业经济	35	7.692	环境科学与资源利用	10	2.198
教育理论与管理	30	6.593	高等教育	9	1.978

3. 文献的资金资助机构分布

国内对信息生态研究提供资金资助的机构相对较为集中，国内信息生态文献的基金资助论文数量排名在前 5 位的见表 13.11。其中国家社会科学基金和国家自然科学基金在此领域资助后形成的研究成果相对较多，占文献总数的 17%，地方性的资助基金如安徽省、湖北省、福建省、江苏省的基金资助也占有 4%。虽然比例不大，但也看出我国地方政府对信息生态领域给予较高的关注。

表 13.11　国内信息生态文献的资金资助机构分布

基金资助机构	篇数（篇）	所占百分比（%）
国家社会科学基金	70	15.385
国家自然科学基金	9	1.978
安徽省教育厅科研基金	4	0.879
中国博士后科学基金	3	0.659

13.3.4　研究热点分析

为对国内近三年的研究热点进行分析，作者将主题设定为"信息生态"，来源类别选择为"CSSCI"，时间跨度限定为 2010~2012 年，共检索到 93 篇文献；为排除其他不相关学科的文献，将"学科"检索条件选为"图书情报与数字图书馆、计算机软件及计算机应用、信息经济、互联网技术、企业经济"这几个学科属性上，共检索到 50 篇文献，并对这些文献进行了研究热点方面的统计分析，如图 13.7 所示。发现近三年国内信息生态的研究主要集中在图书馆信息生态（25%）、信息生态技术（20%）、网络信息生态（19%）、企业信息生态（15%）和电子商务信息生态（10%）上。从整体来看，国内近几年信息生态的研究主要从社会角度研究的成果相对较多。

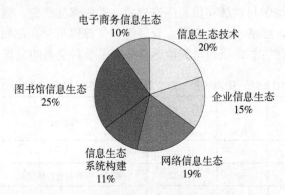

图 13.7　CNKI 中近三年研究热点的统计分析

13.4　文献对比分析

通过采用文献计量学的方法对 SSCI 数据库中的国际期刊学术论文和国内 CNKI 数据库中的国内学术论文进行比较分析，本书得出的研究结论如下。

13.4.1　时间序列上文献特点的比较分析

从时间脉络上来看，SSCI 数据库和 CNKI 数据库中发表的学术论文数量和被引量呈现逐年增长趋势。特别是在近五年成为学术界的研究热点，其所发表的学术论文质量和深度较高。这在一定程度上反映出信息生态领域是一个成长中的新兴学科，正处于一个蓬勃发展的时期。但比较而言，国际期刊中论文的篇均被引为 14.08 次，而国内只有 7.865 次，两者之间相差较大，同时从中国作者在 SSCI 国际期刊上发表的篇数总量来看，虽较以往有所增加，但其总数仅为美国的 7%，这在一定程度上说明我国信息生态领域的国际化成果产出和高水平研究论文还有待提高。

13.4.2　核心作者比较分析

从 SSCI 国际期刊上的核心作者分布和国内 CNKI 的核心作者分布情况来看，美国等发达国家是信息生态领域的主要研究力量，拥有绝大多数的国际化研究成果和核心作者，而我国在国际化领域的核心作者相对较少。比较而言，国际上在信息生态领域尚没有形成稳定的核心作者群和核心期刊群；国内在信息生态领域，核心作者群和学术共同体正在逐步形成，但国内在该领域的国际化高水平研究成果尚显不足。中国学者应加大在国际化期刊上高水平研究成果的研究产出，进一步推动在信息生态领域在国际化合作中的战略合作关系的建立，带动国内信息生态科学共同体国际化研究视角的拓展，研究方法的规范，研究内容的纵深，学科领域的交叉和融合，为该领域赶超国际先进水平创造更多的机会。

13.4.3　文献分布特点比较分析

从 SSCI 国际期刊上所发论文的分布情况来看，其分布相对分散，尚未形成稳定的核心期刊群；比较而言，国内期刊所发表的论文相对集中。从信息生态领域 SSCI 中所发表论文的学科领域来看，研究成果分布在地理学、经济学、信息图书馆学、人类学、计算机科学等不同的学科领域；国内的研究成果在学科领域上分布在经济学、教育学、管理学、计算机科学等不同领域。在学科分布的特点上有一定的相似性，多反映出很大的学科交融特征。从所获得资金资助情况来看，发达国家和我国的信息生态领域研究成果与资金资助的分布成正比。在 SSCI 领域，中国的国家自然科学基金对此领域的资助也排在国际前列，说明我国对此领域的资助也较重视，这在一定程度上推动了此领域国际化成果的提高产出的提高和研究水平的提升。

13.4.4　研究热点的比较分析

从中外信息生态学术论文近三年的研究热点来看，国外对信息生态的研究近三年更加侧重于如何利用信息生态的理论更好地指导信息生态系统中信息人、信息环境和信息技术协调发展；而从社会角度的研究主要聚焦在电子商务和网络信息生态中信息人、信息环境和信息技术的和谐发展对促进电子商务及网络发展的影响。比较而言，国内近三年的研究热点更加侧重从社会角度利用信息生态链、信息生态位、信息生态系统和信息生态失衡的相关理论进行数字图书馆、网络和电子商务发展中的信息生态问题；而从技术角度展开研究的学术成果相对国外成果来说较少，但随着 Web2.0 、云计算和大数据等新兴 IT 技术的发展，目前信息生态技术的研究近三年正呈现逐步上升的趋势。

展望未来，信息生态作为一门新兴的交叉学科，其发展的过程涉及生态学、计算机科学、经济学、人类学、图书情报科学、环境科学等不同的学科领域，是各个学科未来研究的热点。各相关学科应抓住这一学科交叉和发展中所面临的机遇，利用国际化合作的契机，抓紧提升我国信息生态领域在 SSCI 国际化期刊中高水平研究成果的产出，同时，借鉴吸收国外信息生态领域的最新研究成果、研究方法和研究视角，推动我国信息生态科学共同体的逐步形成和学科体系的逐步完善。

13.5　国内外研究主题分析

13.5.1　国外研究热点

1. 信息生态系统

美国学者 Manuel（2008）构建了一个基于 Web 环境下，满足不同设备需求的个人信息生态系统。英格兰学者 Moccozet（2009）在 2009 年国际数字生态和技术大会上构建了一个以用户信息交流和通信技术教育培训为信息生态环境的框架，并称其为 PIE（personal information ecosystem），该系统可以传递课程的内容，同时其培训内容可在 WEB2.0 通信环境下进行操作。McKeon（2009）构建了一个基于 Wiki 的网络信息生态系统，以对在线多种来源下的社会数据进行知识管理和实时的数据分析。

2. 电子商务中的信息生态

Rajshekhar 等（2005）利用互联网生态系统中古典模型的组织生态动力学特点，基于当前全球电子商务环境构建了一个电子商务生态模型。Assadourian（2008）通过对世界经济环境的分析，指出电子商务的发展离不开稳定的经济环境的支持，国家的经济环境是构成电子商务生态环境的成分之一。Zhu（2010）采用全球"E-readiness Ranking of the Economist Intelligence Unit"的二手数据，利用实证研究的方法对全球 60 个国家层面的信息生态环境对电子商务采纳和影响程度进行了分析。

3. 网络信息生态

英国阿伯丁大学商学院的 Hannabuss（2005）提出了基于数学分析和统计学理论的网络信息生态的构建模式。西班牙萨拉戈萨大学信息与图书馆学教授弗朗西斯科等（2011）提出运用网络信息生态的概念解决数字图书馆和信息服务的冲击和演变问题。西班牙图书和信息科学系教授 Francisco-Javier（2011）阐述了信息生态的概念对数字图书馆和信息服务演进的影响，并分析了数字图书馆的演进及发展受到图书馆在发展中的社会和经济功能的影响。

13.5.2　国内信息生态研究主题

在对中国学术期刊网络出版总库中的国内文献进行归类整理的基础上，运用基于关键词的文献聚类研究方法，发现目前国内信息生态领域的研究主要集中在信息生态链及信息生态位，信息生态系统平台及企业信息生态系统，网络及网站信息生态这几个研究方向上。

1. 信息生态链及信息生态位

娄策群等（2010）给出了信息生态链的定义、基本结构、本质、类型和理论框架。谢守美和方志（2011）从博客信息生产者、博客信息消费者、博客信息分解者和黑客 4 个方面阐述了博客信息生态链的影响因素，提出维护和管理博客信息生态链的措施。陈浩义（2011）提出基于创新信息生态位的企业技术创新能力构成模型，最后探讨企业创新信息生态位到技术创新能力的传导机理。陈燕红（2012）借鉴信息生态位变动的类型与原因，对信息生态位变动所产生的影响进行了分析。

2. 信息生态系统平衡及企业信息生态

韩子静（2008）分析了信息生态系统的核心要素是信息人、信息和信息环境，并给出了信息生态平衡的概念。尚东涛（2010）认为信息生态系统中的生态系统平衡与否，决定于作为子系统的信息主体、信息技术平衡与否。王晰巍（2008）分析了企业信息生态系统发展的基本要素及支撑要素，并给出企业信息生态系统的评价指标方法和算例。董微微（2011）等提出企业信息生态系统建设过程中应考虑政府、企业等主体，并采取一定措施以保证企业信息生态系统良性发展。

3. 网络及网站信息生态

赵需要等（2009）构建了网络信息生态系统评价指标体系，并从外生态和内生态两个层次对指标体系进行了建构。高彧军（2012）从网络信息生态系统的平衡与非平衡的客观性出发，分析了网络信息生态系统的生态链构成及其运行过程，并从自治和他治的视角研究了网络信息生态系统可持续发展的策略。陈明红和漆贤军（2012）利用多主体仿真技术构建网络信息生态系统的资源配置模型，采用 Netlogo 多主题仿真平台进行了系统模拟机优化配置。张海涛等（2012a、2012b）运用生态论、系统论及复杂系统自适应理论对商务网站信息生态系统的优化配置进行了研究，采用模糊综合评判方法对该系统的配置水平进行了分析。

13.6 信息生态研究发展趋势

从中外信息生态学术论文近三年的研究热点来看，国外对信息生态的研究近三年更加侧重于如何利用信息生态的理论更好地指导信息生态系统中信息人、信息环境和信息技术协调发展；而从社会角度的研究主要聚焦在电子商务和网络信息生态中信息人、信息环境和信息技术的和谐发展对促进电子商务及网络发展的影响。比较而言，国内近三年的研究热点更加侧重从社会角度利用信息生态链、信息生态位、信息生态系统和信息生态失衡的相关理论进行数字图书馆、网络和电子商务发展中的信息生态问题；而从技术角度展开研究的学术成果相对国外成果来说较少，但随着 Web2.0、云计算和大数据等新兴 IT 技术的发展，目前信息生态技术的研究近三年正呈现逐步上升的趋势。

在未来研究方向上，应进一步利用信息生态理论和方法解决我国当前社会发展中面临的各种社会问题，推进信息生态理论在研究中的广度和深度。在技术角度，可探讨应用计算机建模和系统开发的方法，研究环境监控系统、碳足迹跟踪系统、基于用户视角的多媒体感知系统等；在社会角度，可结合当前我国社会发展中诸如人口老龄化、企业社会责任、低碳经济、自然灾害等社会热点问题进行研究，针对目前国际上比较盛行的 twitter 和 facebook 等社交网络群体和中国盛行的博客、微博等新的网络衍生媒体等信息生态问题进行分析和探索。

展望未来，我国信息生态学科的发展急需国内相关学者在进一步洞察国外研究思想、研究方法及研究思路的基础上，不断完善、深化和拓展信息生态理论，并从研究视角、研究层次、研究方法等多个维度，科学地运用信息生态学科中的新思想和新观点来解决我国当前社会经济发展中的关键问题，并促成有中国特色和在国际上有代表性的信息生态学科体系下高质量、高水平研究成果的形成及交流。

参 考 文 献

陈浩义. 2011. 基于创新信息生态位视角的企业技术创新能力构成研究. 图书情报工作, 55(20): 71-75.

陈可. 2007. 论企业内部信息生态系统的均衡调理. 科技进步与对策, 08: 114-116.

陈明红, 漆贤军. 2012. 网络信息生态系统中信息资源配置仿真研究. 情报杂志, 31(5): 176-179.

陈曙. 1996. 信息生态研究. 图书与情报, (2): 12-19

陈燕红. 2012. 信息生态位变动及其影响机制研究. 情报探索, (8): 23-24.

董微微, 李北伟, 靖继鹏. 2011. 企业信息生态系统建设战略与对策研究. 情报科学, 29(2): 211-215.

窦彦昭. 2011. 社交网络中主观信息传播的研究. 大连: 大连理工大学硕士学位论文.

高彧军. 2012. 网络信息生态系统的自治与他治的整合体制研究. 图书馆学研究, (13): 9-12.

顾明毅, 周忍伟. 2009. 网络舆情及社会性网络信息传播模式. 新闻与传播研究, (05): 67-73, 109.

韩刚, 覃正. 2007. 信息生态链——一个理论框架. 情报理论与实践, (1): 18-21.

韩子静. 2008. 信息生态系统初探. 图书情报工作, (S2): 230-231.

黄谛. 2011. 基于社会网络的知识生态系统中的知识共享研究.合肥: 安徽大学硕士学位论文.

黄智生. 黄智生博士谈语义网 Web3.0. http: //www. infoq. com/cn/news/2009/03/semantic-web-and-web3 [2009-12-26] .

惠淑敏. 2002. 基于影响强度的社会网络搜索算法研究.图书情报工作, (02): 111-115.

蒋录全, 邹志仁. 2001. 信息生态学——企业信息管理的新范式. 图书情报知识, (3): 2-6.

蒋录全. 2003. 信息生态与社会可持续发展. 北京: 北京图书馆出版社.

李北伟, 靖继鹏, 王俊敏, 等.2010b. 信息生态群落演化过程研究. 情报理论与实践, 04: 1-5.

李北伟, 靖继鹏, 王俊敏, 等.2010a. 信息生态群落演化机理研究. 图书情报工作, 10: 6-10.

李枫林, 周莎莎. 2011. 虚拟社区信息分享行为研究. 图书情报工作, (20): 48-51.

李连子.2013.信息生态系统视角下网络团购的演进及信息环境影响因素研究. 长春: 吉林大学硕士学位论文.

梁战平. 2003. 情报学若干问题辨析. 情报理论与实践, (03): 193-198.

娄策群, 常微, 徐黎思. 2010. 信息生态链优化的准则探析. 情报科学, (10): 1441-1445.

娄策群, 等. 2014. 信息生态系统理论及其应用研究. 北京: 中国社会社会科学出社.

娄策群. 2009. 信息生态平衡及其在构建和谐社会中的作用. 情报科学, (11): 1606-1610.

卢剑波. 2005. 信息生态学. 北京: 化学工业出版社.

鲁晓薇. 2013. 微博对突发事件传播的影响研究. 济南: 山东师范大学硕士学位论文.

马捷, 靖继鹏. 2010. 信息生态系统的信息组织模式研究. 图书情报工作, (10): 15-19.

欧阳剑. 2009. 社会网络情景下信息组织的运动规律及特征. 图书情报工作(06): 111-114.

潘新, 邓贵仕, 佟斌. 2011. 基于社会网络的舆情传播模型构建与分析. 运筹与管理, (02): 176-179,185.

尚东涛. 2010. "平衡的信息生态": 可能抑或不可能. 图书情报工作, 54(24): 66-69.

邵波, 胡元蛟. 2011. 基于社会网络的知识创新与共享模型构建与分析. 情报杂志, (12): 135-139, 170.

唐泳, 马永开. 2006. 小世界社会网络中的信息传播(英文). 系统仿真学报,(04): 1084-1087.

田春虎. 2005. 信息生态问题初探. 情报杂志, (2): 90-92.

王东艳, 侯延香. 2003. 信息生态失衡的根源及其对策分析.情报科学, 21(6): 572-583

王方芳. 2010. SNS 虚拟社区的交往结构与信息传播研究. 大连: 大连理工大学硕士学位论文.

王辉, 施佺, 徐波, 等. 2011. 基于 Web 社会网络的节点间关系多样性分析. 解放军理工大学学报(自然科学版), (06): 593-598

王伟, 靖继鹏. 2007. 公共危机信息传播的社会网络机制研究. 情报科学, (07): 979-982.

王晰巍, 刘铎. 2010. 企业信息生态系统的要素及评价指标构建研究. 图书情报工作, 54(16): 22-25.

邬心云. 2012. 博客传播中个体的自我意识及其影响. 新闻界, (07): 45-48.

肖蜀吉. 2011. 企业信息生态系统评价指标体系构建研究. 图书情报工作, 55(14): 54-58.

谢守美, 方志. 2011. 博客信息生态链: 概念、影响要素及其维护. 图书情报工作, 33(6): 46-50.

马张华. 2008. 信息组织. 北京: 清华大学出版社.

薛纪珊. 2001. 信息生态与信息开发. 学会, (12): 53-54.

叶乃溪, 王晰巍, 崔凤玲. 2013. 基于信息生态链的企业绿色信息协同模式研究. 情报科学, (7): 25-29,122.

翟延祥. 2011. 基于社会网络分析的网络社区信息传播模式研究. 南京: 南京航空航天大学硕士学位论文.

张海涛, 闫奕文, 冷晓彦. 2010. 企业信息生态系统的逻辑模型与运行机制. 情报理论与实践, (4): 6-9.

张海涛, 张丽, 张连峰等. 2012a. 商务网站信息生态系统的配置与评价. 情报理论与实践, 35(8): 12-15.

张海涛, 张连峰, 孙学帅等. 2012b. 商务网站信息生态系统经营效益评价. 图书情报工作, (16): 20-24.

张海涛, 孙学帅, 张丽. 2012c. 商务网站信息生态系统构建与运行机制. 情报理论与实践, (8): 1-6.

张杰. 2007. 社会资本影响员工创造力过程模型研究. 杭州: 浙江大学.

张军. 2009. 网络信息链的动力与动态演化. 图书馆学研究, (4): 2-4.

张乐. 2009. 危机信息传播的社会网络结构和传播动力学研究. 合肥: 中国科学技术大学博士学位论文.

张向先, 郑絜, 靖继鹏. 2008. 我国信息生态学研究现状综述. 情报科学, (10): 1589-1593, 1600.

张向先, 张旭, 郑絜. 2010. 电子商务信息生态系统的构建研究. 图书情报工作, (10): 20-24.

张向先, 霍明奎, 孟楠. 2012. 商务网站信息生态位测度方法研究. 图书情报工作, 56(16): 6-9.

张新时. 1997. 信息生态学研究. 北京: 科学出版社.

赵爽. 2009. 论我国企业联盟知识共享的现状与出路. 湖南商学院学报, 15(6): 91-93.

赵文兵. 2011. 微博客用户特性及动机分析——以和讯财经微博为例. 现代图书情报技术, (02): 69-75.

赵需要, 周庆山, 张文德. 2009. 网络信息生态系统评价指标体系构建方略. 情报学报, (2): 303-309.

郑蕾, 李生红. 2012. 基于微博网络的信息传播模型通信技术, (02): 39-41.

Aharony N. 2012. Facebook use in libraries: an exploratory analysis. Aslib Proceedings , 64(4): 358-372.

Al-Khalifa H S, Al-Eidan R M. 2011. An experimental system for measuring the credibility of news content in Twitter. International Journal of Web Information Systems, 7(2): 130-151.

Assadourian E. 2008. Global economic groeth continues at expense of ecologicalsystems. World Watch, (3): 30-31.

Bartol K M, Srivastava A. 2002. Encouraging knowledge sharing: the role of organizational reward systems. Journal of Leadership & Organizational Studies, 9(1): 64-76.

Besten M D. 2012. Using social media to sample ideas: Lessons from a Slate-Twitter contest. Journal of

Systems and Information Technology, 14(2): 123-130.

Bosque D D, Leif S A, Skarl S. 2012. Libraries atwitter: trends in academic library tweeting. Reference Services Review, 40(2): 199-213.

Burton S, Soboleva A. 2011. Interactive or reactive? Marketing with Twitter. Journal of Consumer Marketing , 28(7): 491-499.

Coeckelbergh M. 2011. What are we doing?: Microblogging, the ordinary private and the primacy of the present. Communication and Ethics in Society, 9 (2): 127 - 136.

Connelly C E, Kelloway E K. 2003. Predictors of employees' perceptions of knowledge sharing cultures. Leadership & Organization Development Journal, 24(5): 294-301.

Coulter K S, Roggeveen A. 2012. Like it or not: Consumer responses to word-of-mouth communication in on-line social networks. Management Research Review, 35(9): 878-899.

Coyle J R, Smith T, Platt G. 2012. "I'm here to help": How companies' microblog responses to consumer problems influence brand perceptions. Journal of Research in Interactive Marketing, 6(1): 27-41.

Currie G, Kerrin M. 2003. Human resource management and knowledge management: enhancing knowledge sharing in a pharmaceutical company. The International Journal of Human Resource Management, 14(6): 1027-1045.

Davenport T H , Prusak L. 1997. Information Ecology:Mastering the Information and Knowledge Environment. Oxford: Oxford University Press.

Davenport T H, Prusak L. 2000. Working knowledge: How organizations manage what they know. Harvard : Harvard Business Press.

Davenport T H, Prusak L. 1997. Information Ecology:Mastering the Information and Knowledge Environment. Oxford: Oxford University Press.

Detlor B. 2001. The influence of information ecology on e-commerce initiatives. Electronic Networking Applications and Policy, (4): 286-295.

Doyle J D, Heslop L A, Ramirez A, et al. 2012. Trust intentions in readers of blogs. Management Research Review, 35(9): 837-856.

Dworak E, Jeffery K. 2009. Wiki to the rescue: creating a more dynamic intranet. Library Hi Tech, 27(3): 403-410.

Eddy B G , Hearn B , Luther J E, et al. 2014. An information ecology approach to science-policy integration in adaptive management of social-ecological systems. Ecology and Society, 19(3): 342-350.

Finin T, Joshi A, Kolari P, et al. 2008. The information ecology of social media and online communities. A I Magazine, 29(3): 77-92.

Frumkin J. 2005. The Wiki and the digital library. OCLC Systems & Services, 21(1): 18-22.

Goh H L, Lee C S. 2011. An analysis of tweets in response to the death of Michael Jackson. Aslib Proceedings, 63(5):432-444.

Grafton. 2006. The information ecology of e-government. Social Science Computer Review, 24(1):132-134.

Gummerus J, Liljander V, Weman E, et al. 2012. Customer engagement in a Facebook brand community. Management Research Review, 35(9): 857-877.

Hannabuss S. 2005. The laws of the Web:Patterns in the ecology of information. Library Review, 54(7): 440-442.

Hendriks P. 1999. Why share knowledge? The influence of ICT on the motivation for knowledge sharing. Knowledge and process management, 6(2): 91-100.

HO C I, Lee Y L. 2007. The development of an e-travel service quality scale. Tourism Management, 28(6): 1434-1449.

Hur W M, Park J, Kim M. 2010. The role of commitment on the customer benefit-loyalty relationship in mobile service industry. Service Industries Journal, 30(14): 2293-2309.

Keenan A, Shiri A. 2009. Sociability and social interaction on social networking websites . Library Review, 58(6):438-450.

Liu C C, Chen J C H. 2013. Using Q methodology to explore user's value types on mobile phone service websites. Expert Systems with Applications, 40(13): 5276-5283.

Lu H P, Lee M R. 2010. Demographic differences and the antecedents of blog stickiness. Online Information Review, 34(1): 21-38.

Malhotra Y. 2006. Information ecology and knowledge management: toward knowledge ecology for hyperturbulent organizational environments. Syracuse: Syracuse University.

Marsden C T. 2005. Free , open or closed-approaches to the information ecology. Emerald Group Publishing Limited, 7(5): 6-19.

McKeon M. 2009. Harnessing the Web information ecosystem with Wiki-based visualization dashboards. Transactions on Visualizationand Computer Graphics, 15(6): 1081-1088.

MIT Media Lab. 2012. Information Ecology. http:// www. media. mit. edu/

Moccozet L. 2009. Personal information ecosystem: A framework for immersive blended training in information and communication technologies literacy . Proceedings of the 3rd IEEE International Conference on Digital Ecosystems and Technologies: 229-234.

Nardi B A, O' Day V L. 1999. Information Ecologies: Using Technology with Heart. Cambridge: MIT Press.

P'erez-Quinones M A , Tungare M , Pyla P , et al. 2008. Personal information ecosystems:Design concerns for net -enabled devices. Latin American Web Conference:1-11.

Rajshekhar F G , Todd P R , Scherer R F. 2005. The dynamics of global ecommerce: An organizational ecology perspective. International Marketing Review, 22(4):420-435.

Scale M S. 2008. Facebook as a social search engine and the implications for libraries in the twenty-first century. Library Hi Tech, 26(4): 540-556.

Schaal M, Fidan G, Müller R M, et al. 2010. Quality assessment intheblog space. Learning Organization, 17 (6):529-536.

Simonin B L. 1999. Ambiguity and the process of knowledge transfer in strategic alliances. Strategic management journal, 20(7): 595-623.

Snijkers K. 2006. The information ecology of e-government: E-government as institutional and technological innovation in public administration. Information Society, 22(3): 187-188.

Sreenivasan N D, Lee C S, Goh D H L. 2012. Tweeting the friendly skies: Investigating information exchange among Twitter users about airlines. Program: Electronic Library and Information Systems, 46(1) :21-42.

Srivastava A, Bartol K M, Locke E A. 2006. Empowering leadership in management teams: Effects on knowledge sharing, efficacy, and performance. Academy of Management Journal, 49(6): 1239-1251.

Szulanski G. 1996. Exploring internal stickiness: Impediments to the transfer of best practice within the firm. Strategic management journal, 17(Winter): 27-43.

Tan K W. 2011. Influence detection between blog posts through blog features，content analysis，and community identity. Online Information Review, 35(3): 425-442.

Davenport T H, Prusak L. 1997. Information Ecology:Mastering the Information and Knowledge Environment . Publisher: Oxford University Press.

Tran G A, Strutton D, Taylor D G. 2012. Do microblog postings influence consumer perceptions of retailers' e-servicescapes?Management Research Review, 35(9):818-836.

Vasiliou C, Loannou A, Zaphiris P. 2014. Understanding collaborative learning activities in an information ecology: A distributed cognition account. Computers in Human Behavior, (41): 544-553.

Wei P, Xi Y L. 2009. Building a virtual community platform for subject information services at Shanghai Jiao Tong University Library. Electronic Library, 27(2): 271-282.

Zhu L, Thatcher S M. 2010. National information ecology: A new institutional economics perspective on global e-commerce adoption．Journal of Electronic Commerce Research, 11(1): 53-72.